CONSEILS POUR FORMER UNE BIBLIOTHEQUE PEU NOMBREUSE, MAIS CHOISIE.

par M. Formey

NOUVELLE ÉDITION, CORRIGÉE ET AUGMENTÉE.

Suivie de l'INTRODUCTION GÉNÉRALE à l'Etude des Sciences & Belles-Lettres par M. de la Martiniere.

A BERLIN,
CHEZ HAUDE ET SPENER,
M. DCC. LVI.

A la Science.

AVIS DE L'EDITEUR.

LES Editions de cet Ouvrage faites en pays étrangers, conseillent quelques Livres trop peu connus en France; nous n'en blâmons pas l'usage, mais nous avons cru devoir assortir les conseils à notre Patrie, & y publier une Edition d'un livre estimable, & dont la lecture y eut été restrainte à un seul ordre de personnes, en le laissant tel qu'il a paru ailleurs. Il est de Monsieur Formey, Secrétaire perpétuel de l'Académie Royale de Prusse; Son nom seul annonce le goût & le sçavoir; mais nous n'avons osé en décorer le titre de ce Volume, crainte que les changemens que nous nous sommes crus obligés de faire, n'eussent pas tous obtenu son suffrage. Nous ferons ſuivre ici la Liſte des Ouvrages déja publiés par ce Sçavant, & nous eſpérons que le Public le verra avec plaiſir.

AVERTISEMENT

DE L'AUTEUR.

JE n'ajouterai pas grand'chose aux Réflexions que contiennent les Avertissemens des premières Editions; J'ai été un peu surpris, que toutes les restrictions par lesquelles j'avois caractérisé le plan de ce petit Ouvrage, ayent encore permis à quelques personnes de se plaindre qu'il étoit trop superficiel. Il n'est pas si difficile de faire de grosses Compilations que je n'eusse pû me flatter d'y réussir, en feuilletant & en copiant. J'aurois eu, par exemple, une vaste tablature toute faite dans l'Ouvrage peut-être peu connu, dont voici le titre, trop curieux pour en retrancher une syllabe. MUSEI, five BIBLIOTHECÆ tam privatæ, quàm publicæ, Extructio, Cura, Usus. Libri IV. Accessit accurata descriptio Regiæ Bibliothecæ S. LAURENTII ESCURIALIS: Insuper Paræneſis allegorica ad amorem linguarum. Opus multiplici eruditione sacrâ simul & humanâ refertum; præceptis moralibus & litteralis, architecturæ & pictutæ subjectionibus, inscriptionibus & emblematis, antiquitatis philologicæ monumentis atque oratoriis schematis utiliter & amœne tessellatum. Autor P. CLAUDIUS CLEMENS, Ornacensis in Comitatu Burgundiæ, è Societate Jesu, Regius professor eruditionis in Collegio Imperiali Madritensi. Lugduni sumptibus Jacobi Prost. in-4°. 1635. *Avec une semblable bigarrure j'aurois pû donner à mon Livre un* format *des plus honorables. Mais je n'ai voulu faire que ce que j'ai fait, c'est-à-dire, indiquer les meilleurs Livres d'un usage à peu près universel, qui peuvent entrer dans un Cabinet. Je laisse aux Biliothécaires le soin de dresser des Bibliothéques.* (*) *Ainsi, sans altérer*

(*) Voyez outre *le Gallois*, *Traité des plus belles Bibliotheques*, *Hermann Conring*, *de Bibiotheca Augusta, quæ est in arce Wolfenb.* Helmst. 1661 & 1684. *J. L. Maderus de Bibliothecis & archivis*, *Helmst*. 1666. & *de Bibliothecis nova accessio*, &c. Helmst. 1703. M. *Neuburg*, Conseiller de Cour & Bibliothécaire de S. M. le Roi de Prusse, qui m'a communiqué obligeamment ces Ouvrages, m'en auroit indiqué sans peine plusieurs autres du même ordre, si j'avois voulu faite parade d'érudition.

en rien mon plan, je me suis contenté de corriher quelques fautes des premieres Editions, & d'ajouter quelques articles, ou omis, ou qui concernent des Ouvrages publiés depuis ce tems-là. Mais ayant rencontré par hazard dans mes lectures une Lettre du célébre La Mothe le Vayer (*), *qui justifie tout-à-fait mon idée, & qui est d'ailleurs curieuse, parce qu'elle est dans le point de vûe de la Littérature de ce tems-là, j'ai cru qu'elle feroit un ornement considérable de cette nouvelle Edition.*

(*) Dans le T. II. de l'Edition *in-folio*, Paris, 1654. pp. 454, 458. & T. 10 de l'Edition p. 106.

Lettre de M. la Mothe le Vayer, sur les moyens de dresser une Bibliotheque d'une centaine de livres seulement.

M. T. R. P. Je ne suis pas en si mauvaise humeur que devoit estre *Seneque*, quand il escrivoit au neufiesme Chapitre du premier Livre de la tranquillité de cette vie, une si notable invective contre les trop curieuses & trop nombreuses Bibliotheques de son tems. J'ay toujours au contraire fomenté les inclinations de ceux de mes amis, que je me suis apperceu estre portez à faire de ces louables amas de livres, dont le plaisir & l'utilité sont d'autant plus grands, qu'outre leur usage & la propre satisfaction de ceux qui les possedent, celle de beaucoup d'autres, qu'ils veulent obliger lorsqu'ils y ont recours, s'y trouve avec la leur, *bonum quo communius eo melius*. Et véritablement si nous louons la charité de quelques bonnes personnes qui font provision, & distribuent par les villes des remedes à beaucoup d'infirmitez corporelles; quelle estime ne devons-nous point faire de ceux qui ont de si belles boutiques, & si bien garnies, de seurs & véritables remedes contre toutes les maladies de l'esprit? Ce qui me fait souvenir de la belle inscription que ce grand Roy d'Egypte *Osmandus* posa sur la porte de la sacrée Bibliotheque, (1) ψυχῆς ἰατρεῖον, *animæ medicatorium*, au rapport de *Diodore* Sicilien. Ce n'est pas pourtant que la repréhension de *Seneque*, ne soit fort sensée, à l'esgard de ceux qu'on voit dans la vaine parade, & dans l'ignorante ostentation d'une Librairie, qui leur est souvent plus inconnue que les païs où ils ne furent jamais, *quibus libri non studiorum instrumenta*, comme il dit, *sed cœnationum ornamenta sunt*. Ils furent depuis comparez par le Roy *Alphonse* aux bossus, qui ne sont jamais sans leur bosse, & si ne la voyent jamais. Mais bien qu'il soit plus de ces φιλόβιβλοι que de φιλόσοφοι, pour user des termes de *Strabon*, quand il parle du Bibliothéquaire *Appellicon*; si est-ce que con-

(1) Lib. 1.

ſidérant la choſe nuëment en ſoy, je ſeray toujours plus preſt à faire eſtat de ceux qui ſe plaiſent à théſauriſer ainſi en nombre de volumes, qu'à pointiller ſur le peu de profit que quelques-uns en retirent.

Voilà mon R. P. ce que j'ay bien voulu vous mettre icy ſur le ſujet dont nous parlions cette aprés-dinée, avant que de venir à la demande que vous me faites touchant l'achapt de quelques livres. Pour y ſatisfaire, je vous diray que comme je ſçay bien qu'il n'eſt pas permis à un chacun de ſe donner autant de ce beau meuble, comme il pourroit en avoir de beſoin ; auſſi ay-je toujours cru qu'un homme dans une grande ville, & pleine de gens ſçavans comme celles-cy, ayant recours en de certaines occurrences & néceſſitez ſtudieuſes aux librairies de ſes amis, & à beaucoup de Bibliotheques, dont l'entrée eſt toujours aſſez libre, pouvoit avec fort peu de deſpence, & par l'achapt d'environ une centaine de volumes, ſe dreſſer une eſtude aſſez fournie pour faire toute ſorte de lecture. Car je conſidere les livres comme eſtant, ou d'une eſtude ſuivie & continuée, tels que ſont tous ceux qui traitent des Arts & des Sciences, ou d'un uſage & ſervice paſſager, & à tems, ainſi que ſont les Onomaſtiques, Gloſſaires, Nomenclateurs, Vocabulaires, Dictionnaires & Lexicons.

Quant à ces derniers, je tiens avec des per-

(1) 13. Geogr.

sonnes de grande littérature qu'on n'en sçauroit trop avoir, & c'est une chose évidente qu'il les faut posséder en pleine propriété, parce qu'ils sont d'un journalier & perpétuel usage, soit que vous soyez attaché à la lecture & intelligence de quelqu'Autheur, soit que vous vacquiez à la méditation ou composition de quelque ouvrage. Je voudrois donc pour commencer par ceux-cy, qu'il fist provision d'un Dictionnaire François-Latin, comme celui de *Nicot*, ou de *Monet*, & d'un autre Latin-François comme sont ceux des *Estiennes*. Qu'il eust de mesme un Lexicon Grec & Latin de *Scapula*, avec un autre Latin Grec &, tel qu'est celui de *Morel*. Que si les langues Hébraïque, Allemande, Espagnole, ou italienne, luy plaisent, il faut qu'il se donne les meilleurs Onomastiques de chacune; comme le *Pagninus* pour l'Hebreu, le Dictionnaire de *la Crusca*, ou du moins son *Compendium* pour l'Italien; & le Vocabulaire Espagnol Latin de *Covarruvias*, ou de *Nebricensis*, pour ce qui touche la langue Espagnole. Il a besoin encore des Dictionnaires de plusieurs langues réunies, tels que sont le *Calepin*, le Nomenclateur de *Junius*, & le Lexicon récent de *Martinius*. Ceux qui regardent en particulier les Arts & les Sciences, luy sont aussi nécessaires, comme le Dictionnaire Poëtique de *Robert Estienne*, le Géographique d'*Ortelius*, celuy des Villes de *Stephanus*, le Philosophique de *Goclenius*, le Chimique de *Rullandus*, le Mathématique de *Dasypodius*, & l'Etymologique de *Fungerus*. Je mets au même rang les Antiquaires de *Laurembergius*

& de *Lubinus* : Les Définitions de *Gorris* Pere & Fils, avec l'œconomie d'*Hypocrate* de *Fœsius* pour ce qui regarde la Médecine ; & le Lexicon de *Brisson* en ce qui touche la Jurisprudence. Quand on a le Grec en singulière recommandation, il faut joindre aux précédens le *Glossarium vetus*, le *Suidas*, l'*Etymologicum magnum*, le *Phavorinus Camertes*, le Lexicon d'*Harpocration*, l'Onomastique d'*Erotian* par *Eustachius*, & quelques autres semblables. Ensuite de ces Dictionnaires je mets volontiers, pour estre quasi aussi nécessaires, les livres qui portent titre de Bibliotheques, comme sont celles de *Photius*, de *Gesner*, de *Possevin*; & les autres particulieres, telles que des Historiens François, ou de quelque matiere déterminée. Je ne voudrois pas mesme négliger le trésor Critique de *Gruter*, ny de certains ouvrages de pareille farine, parce qu'il se trouve des occasions où ils peuvent beaucoup servir. Voilà donc comme avec vingt-cinq ou trente volumes, je voudrois satisfaire à l'un des membres de ma division qui regarde les livres de reprise, & qui ne sont utiles qu'en de certaines rencontres. Quant aux autres qui ont pour objet l'immensité des sciences, plus le nombre en est grand, voire infiny ; plus je voudrois me restraindre à de certains autheurs principaux, & qui semblent uniques, ou en fort petit nombre en chaque art ou science. Car de même que nous nous pouvons accommoder de la pluspart des Livres de nos amis, & de ceux qui se trouvent dans ces grandes & renommées Bibliotheques ; aussi y en a-t-il qu'il faut tellement se rendre propres par des lectures, & des notes particulieres, sur lesquelles nostre mémoire s'attache & se repose, qu'à moins de renoncer au mestier des Muses, l'on ne sçauroit se dispenser de les acquérir. C'est ainsi que nous voyons les Artisans posséder chacun de particuliers Instrumens, dont ils se servent mieux que de tous autres.

Or puisque la Théologie est la plus noble de toutes les connoissances, remarquons d'abord qu'une seule Bible vous donnera avec le fondement de toute la positive, la plus ancienne & plus authorisée de toutes les Histoires, comme celle qui commence par la création du Monde. La Somme de St. *Thomas* vous fera voir ensuite toutes les questions de la Scholastique, & vous tiendra lieu encore d'un bon Commentaire Chrestien sur Aristote.

A l'esgard de la Philosophie, où nous ne sommes aujourd'huy instituez que sur les principes du Peripatetisme, il faut de nécessité avoir un Aristote, que j'accompagnerois toujours du Divin *Platon*, & du riche thrésor de *Diogenes Laertius*, pour y voir les autres systèmes Philosophiques, & toutes ces belles pensées qu'il a ramassées des plus grands Personnages de l'Antiquité. Achetez après cela tous les Novateurs récens qui ont fait bande à part, & qui se sont rendus chefs de party, comme *Telesius*, & son Disciple *Campanella*, *Remond Lulle*, *Jordanus Brunus*, *Patrice* qui a fait les traitez *novæ Philosophiæ*, *& Disquisitionum Peripateticarum*, *Ramus*, *Carpentarius*, *Severinus*, *Danus*, *Gorlæus*, *Gomesius*,

& le grand Chancelier Anglois *Verulamius*. N'oublions pas nos intimes amis *Baranzanus* & *Gassendus*, non plus que *Sebastien Basson*, *Gilbert* avec la Philosophie magnétique, ou aimantée, le Jesuite *Cabæus*, & *Kirker* son Coadjuteur.

Pour ce qui concerne la Médecine, un *Hippocrate* pour l'ancienne, & un *Fernel* pour la moderne, doivent estre pris par ceux-mêmes qui ne sont pas de cette profession, avec un Anatomiste, soit du *Laurens*, soit autre, & un Herboriste, tel que *Mathiol* sur *Dioscoride*. Voire mesme parce que la santé du corps est si importante & si jointe à l'esprit, je ne voudrois pas que vous manquassiez d'un traité fait exprès pour elle, comme est celuy de l'eschole de Salerne, ou quelque autre semblable.

Ayez pour les Mathématiques les œuvres de *Ptolomée*, & d'*Euclide*, & particulièrement pour l'Astrologie, les sistemes nouveaux de *Tichon*, *Copernic*, *Kepler* & *Galilei*. Les Cartes Géographiques, tant anciennes que modernes, ne sont pas seulement d'ornement, mais de nécessité; surtout le supplément d'*Ortelius* pour l'intelligence des Histoires anciennes, & le dernier travail de *Bertius* sur ce sujet, quoy qu'assez imparfait. On se doit pourvoir sur les autres parties de ces disciplines selon l'envie que chacun a de s'y attacher précisément.

Il faut du moins avoir un autheur de Chronologie, sur les tables duquel la mémoire se puisse tenir ferme.

Vous sçavez ce qu'elle est à l'Histoire, dont je ne vous diray autre chose, sinon que hors les neuf Muses d'*Herodote*, & les cinq premiers livres de *Diodore* Sicilien, qu'on peut nommer les Bibles du Gentilisme, la lecture de tous les autres se peut faire en les empruntant. Si ce n'est que vous avez espousé quelque Historien d'une affection singuliere. Je ne vous parle point du *Berose*, ni des autres Autheurs supposez par *Annius de Viterbe*, dont l'imposture ne peut plus tromper personne. Faites le même jugement de l'Itinéraire d'*Alexander Geraldin*, & des Antiquitez Hetrusques d'*Inghiramius*, vous contentant d'en sçavoir la fausseté.

Les Corps du droit Civil & Canon, suffisent à ceux qui ne sont portez que d'un simple respect vers *Justinien*, & la Cour de Rome.

Vous aurez des Préceptes de Rhétorique, & des exemples d'Orateurs en *Ciceron*, & *Quintilien*, suffisamment. Mais je vous donne la Philosophie du premier qui fait le quart de ses œuvres, avec *Seneque*, & le petit *Epictete*, pour des piéces de Cabinet que vous ne sçauriez trop aimer si vous estes amy de la Morale, c'est-à dire, de vous-même. Peu de personnes s'exercent en l'éloquence Grecque : de sorte qu'il semble que les Autheurs des sciences qui ont escrit en cette langue, suffisent pour ce regard.

Quant aux Poëtes, un seul volume vous donnera tous les Grecs, un autre les Latins, & trois ou quatre moindres suffiront pour les Langues vulgaires.

Je ne vous dis rien des livres de Chymie, ny de ceux de Magie, parce que nous considérons icy l'estude d'un esprit moderé & bien fait, sans avoir esgard aux passions, ni aux desréglemens des autres. Si faut-il en avoir quelques-uns pour sçavoir ce qu'il y a d'utile dans la Chymie, qui ne se promet rien d'extravagant, dont le *Tyrocinium* de *Beguin* vous donnera quelque connoissance; & pour reconnoistre ce qui se trouve véritable dans la Magie qui ne sort point des bornes de la Nature, ce que le curieux *Baptista Porta* vous fera juger par sa magie naturelle.

Mais il ne faut pas oublier ceux qui nous ont particulièrement descrit de certains mestiers, comme *Vegece* celuy de la Guerre; *Vitruve* celui de l'Architecture; *Marc Varron*, *Columella*, & *Caton*, qu'on trouve reliez en un volume, celui de l'Agriculture; *Rudolphus Agricola* celuy des métaux; & quelques autres encore de qui l'on peut prendre des lettres de Maistrise, en ce que chacun d'eux a fait profession d'enseigner. Il me reste un livre à vous nommer que je n'ay réduit expressément sous aucun prédicament, ny mis jusques icy dans pas une classe, parce qu'il est transcendant, & qu'il va par-tout. C'est l'Histoire naturelle de *Pline* qui est de si grand usage dans une estude, qu'en cette seule piéce vous posséderez en quelque façon une Bibliothéque entiere.

Ce sera par elle, mon R. P. que je finiray ce petit diagramme, ou cette breve délinéation que vous m'avez demandée. Je pense vous y avoir désigné les Livres les plus nécessaires, soit pour estre d'un usage & service quotidien, tels que sont les premiers; soit pour estre de ceux dont parle l'Orateur Romain, *in quibus immorari oportet & senescere*. Vous voyez que j'ay fait un catalogue fort succinct de ceux-cy, tant à cause de mon premier dessein, que pour ce que je défere beaucoup au conseil que nous a donné *Seneque* en ces mots, *multo satius est paucis de authoribus tradere, quam errare per multos. Quintilien* nous l'a depuis répété en ces autres termes, *optimis assuescendum est, & multa magis, quam multorum lectione firmanda mens, & ducendus est color.* Or vous sçavez quelle est la couleur des hommes studieux, & ce que respondit l'Oracle à *Zenon* le Stoïcien, quand il lui demanda par quel moyen il pouvoit vivre heureux. Si vous n'en avez mémoire, je vous en feray d'autant plus librement souvenir, que les premiers Peres de l'Eglise se sont souvent servis de ces mêmes Oracles, pour authoriser les plus hauts mysteres de notre Foy. Sa responſe fut donc, au rapport de *Diogenes Laërtius*, qu'il obtiendroit facilement cette félicité, lorsqu'il auroit acquis la couleur des très-passez ; ce qui le porta à la lecture des Livres, & à l'estude sérieuse des bons Autheurs, qui luy acquirent enfin avec la passe couleur des morts dont parloit l'Oracle, les sentimens, qui seuls peuvent donner moralement parlant, la vraye félicité aux vivans.

LISTE

Liste des Ouvrages publiés par Monsieur Formey jusqu'à présent.

1. *Recueil de Piéces sur les affaires de l'Election du Roi de Pologne*, in-quarto, 1732.

2. *La Bibliotheque Germanique*, à laquelle il a travaillé lui troisiéme, depuis 1732. jusqu'en 1738, & en second jusqu'en 1742. Enfin seul depuis ce tems jusqu'au dernier période de ce Journal qui a fini au cinquantiéme Volume.

3. Il a travaillé en second les cinq premiers Volumes *de la nouvelle Bibliothéque Germanique*, & depuis il est resté seul à composer ce Journal.

4. Le *Sermon du Fidéle fortifié par la grace*, in-quarto 1736.

5. Il a donné en 1738. le *Ducatiana*, 2. Vol.

6. Il a aussi donné beaucoup de notes aux éditions qui ont paru depuis en Hollande des œuvres de *Rabelais*, de *Brantôme*, & aux *Ana* publiés par M. *des Maizeaux*.

7. *Mercure & Minerve*, ouvrage périodique en 1738, & continué quelques mois dans la même année seulement, sous le titre d'*Amusemens Littéraires, Moraux & Politiques*.

8. Il a eu part à un Ouvrage publié sous le titre : *Sermons sur le Mystere de la Naissance de Jesus-Christ*, 1738, *in-octavo*, publié par Mr. *Reinbeck*.

9. Il a enrichi de notes Philosophiques une brochure qui a pour titre : *Le Philosophe Roy*, ou *la Théorie des affaires publiques.*

10. Il est Editeur des *Sermons de M. Forneret*, in-octavo, 1738.

11. Il a eu part à la traduction de l'Ouvrage des *Considérations de M. Reinbck sur la Confession d'Augsbourg* : quelques raisons ont empêché qu'il ne fût publié.

12. *Correspondance entre deux amis sur la succession de Bergues & Juliers* in-quarto, 1738, réimprimé depuis à la suite de l'*Histoire de la succession de Bergues & Juliers*, in-12. 1739.

13. *Sermons sur divers textes de l'Ecriture Sainte*, in-octavo, 1739.

14. La traduction des *remarques historiques sur les Médailles & les Monnoyes de M. Hoehler*, in-quarto, 1740.

15. *Journal de Berlin* ou *nouvelles Littéraires & Politiques* pendant 1740.

16. *Mémoires pour servir à l'Histoire & au*

droit public de Pologne, traduit du Latin de *Lenguich*, in-octavo, 1741.

17. *Vie de M. Jean-Philippe Baratier*, in-octavo 1741.

18. *La Belle Wolfienne* avec *deux Lettres Philosophiques* & *un discours sur la Morale des Chinois*, in-8°. 6 Vol. 1741 à 1753.

19. Il a fourni quelques notes & additions à l'Edition des *Œuvres de François Villon*, in-octavo, 1742.

20. Il a fourni un Manuscrit de 1800 pages, contenant un grand nombre d'articles Philosophiques qui s'employent dans l'*Ecyclopédie* à fur & mesure d'impression.

21. *L'Anti-Saint-Pierre* ou *réfutation de l'Enigme Politique de l'Abbé de Saint-Pierre*, 1742.

22. *Sermon sur la Paix*. 1742.

23. *Réflexions Philosophiques sur l'immortalité de l'ame raisonnable*, traduites de l'ouvrage Allemand de M. *Reinbeck*. 1744.

24. La *Balance de l'Europe considérée comme la régle de la paix & de la guerre*, traduite de l'Allemand de M. *Kohle*, in-8°. 1744.

25. Depuis 1746 il a rédigé les *Mémoires de*

l'Académie Royale des Sciences de Berlin, en qualité de Secrétaire perpétuel. Il y en a présentement 9 Vol. Il a de plus composé un Volume pour l'*Histoire de cette Académie* qui a été déja imprimé deux fois. De plus il a dirigé l'édition des Volumes des *Prix* que cette Académie a distribuée.

26. Il a donné quelques articles à la *Bibliothéque critique* publiée jusqu'en 1745, par le Marquis d'*Argens*.

27. En Décembre 1745, il a fait le *Panégirique du Roi de Prusse*; qui fut imprimé à Berlin, *in*-4°. & ensuite traduit en Allemand à Magdebourg.

28. *Sermons sur les gratuités de l'Eternel*, 1746.

29. La même année il traduisit de l'Allemand *l'Extrait des Réflexions de la Cour de Prusse*, &c. *Concernant le droit de succession à la Comté d'Ostfrise*, in-quarto, & il dirigea un *Recueil de Lettres & de quelques autres piéces intéressantes pour servir à l'Histoire de la paix de Dresde*, in-quarto.

30. *Projet d'un établissement en faveur des pauvres*, 1746.

31. *Mémoire pour l'établissement d'une Ecole de Charité*, 1747.

32. Sermons à l'occasion de l'établissement d'une Ecole de Charité. 1747. Cette piéce a été suivie tous les ans d'une relation de cette Ecole.

33. *Medulla Volfiana*, seu *Elementa Philosophiæ*, in-8°. 1746.

34. Sur la fin de 1746, il donna la premiere Edition des *Conseils pour former une Bibliotheque*, la seconde en 1751, la troisiéme en 1755; voici la quatriéme.

35. *Essai sur la nécessité de la révélation*, réimprimé depuis dans ses *mélanges*.

36. *La Logique des vraisemblances*, réimprimée depuis à Leyde, & ensuite traduite en Allemand & en Anglois.

37. *L'idée, la régle & le modéle de la perfection*, sujets de trois sermons que l'Auteur a réunis depuis en un seul ouvrage sous ce titre : *Essai sur la perfection*, in-8°. 1751. réimprimé depuis dans ses *mélanges*.

38. *Recherches sur les Elémens de la matiere*, 1747. traduit peu après en Allemand, & imprimé *in*-4°. & depuis réimprimés dans ses *mélanges*.

39. *Traité des Dieux & du Monde* par *Salluste le Philosophe*, avec un Commentaire de l'Auteur, 1747. *in*-8°.

40. *Exposition abrégée du Plan du Roi de Prusse pour la réformation de la Justice*, in-octavo 1748. réimprimé depuis à la tête du *Code-Frederic*, & outre ce traduite en Allemand.

41. *Pensées raisonnables*, in-8°. 1749.

42. *Vindiciæ reformatorum*, in-8°. 1750.

43. *Lettre de M. Gervaise Holmes à l'Auteur de la lettre sur les Aveugles*, in-8°. 1750.

44. *La Bibliotheque impartiale*; Journal qui se publie depuis 1750. à Leyde, & dont l'Auteur ne prend plus la Direction en Chef depuis quelque tems.

45. *Le systême du vrai bonheur*, in-8°. 1750. réimprimé depuis en 1751. & encore dans les *mélanges* de l'Auteur.

46. *Epître dédicatoire du Dictionnaire Etymologique de la Langue Françoise*, par *Menage*, in-folio. 2 Vol. réimprimé à Paris, chez *Briasson* en 1750.

47. *Le Philosophe Chrétien* en trois Vol. dont le premier fut imprimé en 1750, le second en 1752, & le troisiéme en 1754. réimprimé deux fois depuis, & traduit en Allemand deux fois par deux Auteurs différens.

48. *Abrégé de l'Examen du Pyrrhonisme de M.*

de Crouzas ; cet ouvrage n'a jamais été imprimé eu françois, mais M. *de Haller* l'a traduit en Allemand, & il a été imprimé ainsi.

49. *La Théorie de la fortune*, in-8°. 1751 ; qui est une traduction de l'ouvrage Allemand de M. *Kæstner sur les événemens fortuits*, qui a remporté le prix à Berlin.

50. La traduction Françoise des *Conseils d'un pere à sa fille par Mylord Haliphax*, in-8°. 1753.

51. *Lettres sur la prédication*, in-8°. 1753.

52. *Les Mélanges Philosophiques* qui sont une collection de plusieurs piéces de l'Auteur, imprimées précédemment. Elle est en deux Vol.

53. *Le Catalogue raisonné de la Librairie d'Etienne de Bourdeaux*. 1754.

54. *La Comtesse Suédoise*, traduction de l'ouvrage Allemand de M. *Gellert*, 1754.

55. Il a retouché l'*Abrégé de l'Histoire universelle de M. de la Croze*, in-8°. & depuis on a traduit ce Livre en Allemand.

56. *L'Abrégé du droit de la Nature & des gens de M. Wolf*, in-4°. réimprimé aussi en 3 Vol. *in-12*.

57. *Sermons prononcés dans quelques occasions extraordinaires*, in-8°. 1754.

58. Il est chargé *du Journal épistolaire* qui s'imprime depuis cette année 1755. à Berlin. Il a encore fait nombre de *Dissertations*, *Eloges*, *Révisions* ou *Corrections* d'ouvrages, &c.

CONSEILS

CONSEILS

Pour former une Bibliothéque peu nombreuse.

INTRODUCTION.

APRÉS la Conversation, il n'y a point de moyen plus utile pour cultiver l'esprit, & employer le tems avec fruit, que la Lecture. Je ne sçais même, de la maniere dont se passent presque toutes les Conversations, si je n'aurois pas dû donner la préférence à la Lecture. On trouve peu de personnes, qui ayent les qualités nécessaires pour réunir l'utile à l'agréable dans la Conversation. Les ignorans ſont ſuperficiels; les ſçavans ſont pédanteſques : on n'a pas le tems d'approfondir les ſujets; des importuns vous troublent; quelque incident, quelque contradiction, amenent l'aigreur, on s'en retourne à vuide, ou mécontent. Au contraire, il y a un très-grand nombre de Livres excellens en tout genre, où tantôt l'importance des ſujets, tantôt le goût & les graces du ſtyle, quelquefois l'un & l'autre réunis, vous affectent, vous inſtruiſent, vous raviſſent. Un Livre, ſi je puis ainſi dire, eſt toujours acceſſible; à chaque moment vous pouvez profiter des reſſources qu'il vous préſente, elles s'offrent dans tous les tems & dans tous les lieux; & s'il y a des conjonctures où vous croyez qu'elles ne vous conviennent pas, vous pouvez le laiſſer, pour le reprendre enſuite avec une pleine liberté. Voilà, ce me ſemble, bien des endroits par leſquels le commerce des Livres l'emporte ſur celui des hommes.

Tout le monde n'eſt pas capable de lire ; tout le monde n'a pas le tems, & les moyens néceſſaires pour vaquer à cette occupation. Ce n'eſt pas que le moindre Artiſan ne pût y trouver un délaſſement plus ſalutaire, que dans les plaiſirs groſſiers qui lui ſervent de récréation. mais il ſeroit inutile de vouloir exciter en lui ce déſir ; *ignoti nulla cupido.* La lecture eſt donc le partage de deux ordres de perſonnes principalement. Premièrement, elle eſt celui des Sçavans ou plutôt, c'eſt leur métier ; les Livres ſont les outils de leur profeſſion. En ſecond lieu, la Lecture convient en général à toutes les perſonnes de l'un & de l'autre ſexe, qui ayant de l'éducation, de la naissance, un bien honnête, & du loisir, veulent tirer parti de tous ces avantages, & répandre de nouveaux agrémens sur leur vie.

Je ne m'ingére point à donner des avis aux Sçavans; ordinairement ils les reçoivent mal, & d'ailleurs ils seroient déplacés ici. Chacun d'eux ayant son objet, sa science favorite, son goût déja formé, sçait quels sont les Livres qui peuvent lui être utiles, ou agréables. Citoyen né de la République des Lettres, il connoît toutes les routes de cette contrée, & suit celles qu'il croit propres à le mener à son but.

Mais je crois pouvoir sans témérité offrir quelques secours, & quelques directions, à un grand nombre de personnes, qui pleines de goût,

& même d'ardeur pour les Belles-Lettres, ne sçavent comment satisfaire ces heureuses inclinations, tâtonnent, pour ainsi dire, dans le choix des Livres qui leur conviennent, & prodiguent leur argent pour de mauvaises acquisitions, ou n'acquièrent rien dans la crainte de le prodiguer. Il est désagréable en effet d'acheter au hazard, & d'avoir des Livres, des amas même de Livres, qui ne sçauroient vous dédommager par aucun endroit de ce qu'ils vous ont coûté.

Quand un Seigneur ne veut avoir une Bibliothéque que par ostentation, & pour meubler un de ses appartemens, il n'a besoin d'aucune direction; il n'a qu'à acheter à la toise, employer un bon Relieur, & faire décorer le Cabinet de ses Livres de quelques ornemens convenables; voilà qui est fait, il a atteint son but. Mais un Seigneur, une Dame, qui ont de l'esprit, du goût, & des connoissances, & qui veulent se ménager les délicieux momens que la Lecture peut leur procurer, doivent s'y prendre tout autrement. Il faut connoître avant que d'aimer, dit une Maxime commune. Ainsi, s'ils veulent se faire un choix de Livres qu'ils puissent aimer, former un Cabinet dans lequel ils entrent toujours avec satisfaction, il faut qu'ils n'y mettent que des Livres dont ils connoissent le mérite.

Mais comme il n'est guéres possible, que les personnes dont je parle, ayent l'idée de tous les Livres de ce genre; je ne crois pas qu'elles refusent un guide, qui joint à quelque expérience un désir sincère de les obliger. J'ai dessein de leur tracer ici un plan, au moyen duquel elles pourront aisément rassembler les meilleurs Livres dans chaque genre, & n'auront pas le désagrément ordinaire à tous ceux qui se forment une Collection, de la voir se grossir de bons & de mauvais Livres. Avec cinq à six cent Volumes, elles auront dequoi suffire à la lecture de toute leur vie; & elles n'auront pas la peine de les démêler dans cette foule immense de Livres, dont l'Univers est inondé.

Ce n'est point au reste par un pur effet du hazard, que je remplis cette tâche. Un Seigneur, que sa naissance & ses services ont élevé aux plus éminentes dignités, & qui protége les Belles-Lettres, parce qu'il en connoît le prix, m'a fait naître cette idée, & a daigné me témoigner, que l'exécution en seroit agréable à plusieurs autres personnes des plus distinguées. Je m'estimerai donc infiniment heureux, si je puis répondre en quelque sorte à son attente, & remplir un désir bien glorieux.

Il me reste encore deux ou trois choses à remarquer. D'abord, n'étant appellé qu'à tracer un plan resserré dans les bornes d'un petit nombre de Livres, il ne faudra pas s'étonner, si l'on ne trouve point ici divers Ouvrages, qui ont de la réputation, & qui la méritent jusqu'à un certain point. Je ne prétends pas donner la Liste de tous les bons Livres; quoiqu'il n'y en ait peut-être pas un, contre cent mauvais, ou très-médiocres, le nombre en excéderoit encore de beaucoup celui des Livres qui doivent former la Bibliothéque, dont je donne le plan.

D'ailleurs, je puis fort bien, ou par oubli, ou par défaut de connoissance, en avoir omis qui ont droit à la qualité d'excellens, & à l'entrée de la Bibliothéque en question. Les Connoisseurs qui m'accorderont à cet égard le secours de leurs lumieres, m'obligeront sensiblement.

Enfin, je ne prétends pas que mon goût soit une régle sûre & infaillible. Mais au fonds, je n'ai guéres indiqué que des Livres qui sont dans une possession déclarée des suffrages du Public, & auxquels on ne peut contester un rang que je régle d'après les décisions les plus universelles & les plus respectables.

J'ai rangé ce petit Catalogue raisonné en un certain nombre de Classes, ou Articles, auxquels il m'a paru qu'on pouvoit rapporter les meilleurs Livres en tout genre. Il ne s'agit point ici des Sciences particulieres, qui font l'objet d'un Sçavant de profession. Tous les Ouvrages que je conseille, appartiennent, ou peu s'en faut, à cette division rebattue, mais pourtant juste & significative; L'ESPRIT ET LE CŒUR.

ARTICLE I.

ÉCRITURE SAINTE, THÉOLOGIE, ET HISTOIRE ECCLÉSIASTIQUE.

TOUT homme qui a l'esprit juste & le cœur droit, doit regarder la Religion comme un objet souverainement intéressant. Les Livres qui traitent de la Religion, ont tous les caractères qui peuvent les rendre désirables. Et parmi ces Livres, il y en a qui sont l'ouvrage des plus grands & des plus beaux Génies; il y en a, où la Doctrine du salut joint à la sublimité naturelle & divine, tout ce que la Raiſon a de plus démonſtratif, ce que l'Eloquence a de plus fort & de plus touchant.

Le fondement de la Religion, c'eſt l'Ecriture Sainte; je la mets par conſéquent à la tête de tous les autres livres. Comme je ne ſuppoſe pas la connoiſſance des Langues Originales dans ceux auxquels je forme une Bibliothéque, ils doivent au moins acquérir les meilleures Verſions, & les meilleures Editions, dans leur Langue maternelle, ou dans les Langues qu'ils poſſédent.

La Bible la plus généralement eſtimée parmi nous, c'eſt celle qu'on vient d'imprimer Cologne en 5 Vol. *in*-12 petit format. Elle eſt correctement écrite & extrêmement exacte. La petiteſſe du caractére qui peut incommoder beaucoup de perſonnes, me met dans la néceſſité d'indiquer auſſi celle de M. de *Sacy*, en attendant qu'on imprime la premiere dans une autre forme & d'un caractére plus gros. Je remarque une fois pour toutes, que quand on achete ces Ouvrages & tous les Livres en général, il faut ſe pourvoir des dernieres éditions, qui pour l'ordinaire ont la supériorité sur les précédentes.

Le Nouveau Testament en particulier a paru aussi de différentes Versions, & en différentes formes. Celui qui a été imprimé à Cologne sous le nom de *Manuel du Chrétien*, avec l'*Imitation de J. C. Les Pseaumes*, & l'*Ordinaire de la Sainte Messe*, ne peut être trop répandu. Il est commode à porter sur soi ; mais étant aussi d'un caractére très-petit, on peut prendre pour une lecture plus facile ceux de M. de *Sacy*, du P. *Amelote*, du P. *Bouhours*, &c.

Un petit nombre de Paraphrases & de Commentaires sont un accompagnement très-utile à l'Ecriture Sainte, qui, claire dans les choses essentielles au salut, ne laisse pas de renfermer d'ailleurs bien des obscurités. En fait de Commentaires moraux, il y a celui de *Sacy* sur toute la Bible en 37 Volumes *in*-8° où l'on trouve tout ce que les Peres ont dit de meilleur pour l'intelligence des Livres sacrés. Elle est aussi de forme *in*-12.

Les Commentaires litteraux sur la

Bible ſont innombrables, & dans toutes les Langues. Le célebre P. *Dom Calmet* en a donné une véritable quinteſſence dans ſon *Commentaire Litteral ſur la Bible*, en neuf Volumes *in-folio*, Paris 1724. imprimé auſſi en 26 Volumes *in*-4°. Il faut y joindre le *Dictionnaire Hiſtorique, Critique & Chronologique, ſur la Bible*, par le même Auteur, 4 Vol. *in-folio*, remplis de figures, Paris 1740.

Je place à la ſuite de ces Livres reſpectables les *Diſcours Hiſtoriques & Critiques ſur les Evénemens les plus mémorables de l'Ancien & du Nouveau Teſtament*, *par Mrs. Saurin, Roques & de Beauſobre*, en 6 Volumes *in-folio*, avec les belles Figures de Mrs. *Hoet, Houbraken & Picart*, à la Haye 1728. C'eſt un ornement digne à tous égards d'un Cabinet choiſi.

Après les Livres de l'Ecriture Sainte, tout bon Chrétien doit lire le livre de l'*Imitation de J. C.* Quels conſeils plus admirables pourroit-on ſe procurer? Il y en a pluſieurs bonnes traductions, entre leſquelles le choix eſt aſſez indifférent.

On s'attend bien ſans doute que je n'indiquerai point ici de Syſtême de Théologie ; je les laiſſe dans le nombre des Livres réſervés pour les Sçavans de profeſſion. Un Ouvrage néanmoins où les Vérités de la Foi, & les Devoirs de la Morale, ſeroient déduits avec netteté, mériteroit d'entrer dans notre choix, & je ne puis rien indiquer de mieux à ce ſujet que le *Catéchiſme de Montpellier* ; il eſt imprimé à Paris *in*-4°. ou *in*-12. 3 Vol.

Perſonne n'ignore, que la Religion a été expoſée de tout tems aux attaques de l'Incrédulité, mais elles ſemblent avoir redoublé de force dans ces derniers ſiécles. Ce mal a produit un bien; il a occaſionné des Apologies, des Défenſes, des Démonſtrations de la Vérité du Chriſtianiſme, d'un ordre excellent. On peut les acquérir & les lire, avec autant de plaiſir que de fruit. Entre celles que l'Antiquité nous a tranſmiſes, on peut ſe borner à l'Ouvrage d'*Origene contre Celſe*, qu'un habile Traducteur, (*Elie Bouhéreau*,) a donné en François en un Volume *in*-4°. & un petit Ecrit intitulé, *l'Octavius de Minucius Felix*, dont nous avons la Version de Mr. *d'Ablancourt*.

A la tête des Défenseurs modernes de la Religion, je mets *Abbadie*, dont l'excellent *Traité de la Vérité de la Religion Chrétienne* en 3 Volumes *in*-12. est un vrai Chef-d'œuvre. On ne sçauroit non plus refuser de justes éloges à la *Religion Chrétienne prouvée par les faits, par Mr. l'Abbé de Houteville*, en 3 Vol. *in*-4°. Paris 1740. ou 4 *in* 12. & au Livre que M. l'Abbé *le François* a publié à Paris, sous le titre *de Preuves de la Religion*, 8 Vol. *in* 12. Le Livre de M. *Bossuet* qui a pour titre, *Exposition de la Doctrine Chrétienne de l'Eglise Catholique*, est un morceau si supérieur, qu'il est au-dessus de nos éloges. La fondation de Mr. *Boyle* a produit divers Discours des plus habiles Philosophes d'Angleterre, qui tendent à démontrer les mêmes vérités, & ces Discours abrégés sous le titre de *Défense de la Religion, &c. par Mr. Burnet*, & traduits en François, ont déja fourni six Volumes *in*-8°. L'illustre Théologien de Genève, *J. Alphonse Turrettin*, avoit aussi

aussi donné une suite de Thèses Latines sur ces matieres, dont Mr. *Vernet* éléve & émule de ce grand homme, a fait un *Traité de la Vérité de la Religion Chrétienne*, très digne d'assortir les précédens.

Quelques points fondamentaux du Christianisme ont été traités dans des Ouvrages séparés, & en particulier le Dogme capital de la Résurrection de N. S. sur lequel nous avons deux Ouvrages d'une grande force, traduits de l'Anglois. L'un est celui de *Ditton*, intitulé, *la Religion Chrétienne démontrée par la Résurrection de N. S.* où régne le plus haut degré de l'évidence ; & l'autre *les Témoins de la Résurrection*, ou la force des preuves est rehaussée par la maniere ingénieuse de les proposer.

En voilà assez pour la Théologie ; mais l'Histoire Ecclésiastique ouvre un plus vaste champ, & offre des Ouvrages d'une grande étendue, & en très-grand nombre. Continuons à faire un choix.

Il faut un Corps d'Histoire Ecclésiastique, suivi & poussé jusqu'à nos jours. Je ne crois pas, qu'on puisse se déterminer mieux qu'en faveur de celui de Mr. l'Abbé *Fleury*, qui, soit pour l'exactitude, soit pour l'impartialité, soit pour le style excellent dans sa simplicité, ne laisse presque rien à désirer. L'Edition de Paris *in*-12. peut suffire, ou l'abbrégé qu'on en a fait en plusieurs Volumes *in*-12. sous le nom de Cologne.

Un Auteur bien recommandable pour l'exactitude, c'est Mr. *le Nain de Tillemont*. On a de lui des *Mémoires pour l'Histoire Ecclésiastique des six premiers siècles*, imprimés *in*-4°. qui fourniront l'examen de plusieurs Questions, qui ne peuvent pas être discutées avec la même étendue dans une Histoire.

La connoissance des Auteurs Ecclésiastiques peut être puisée dans le Livre du fameux *Dupin*, *Nouvelle Bibliothéque des Auteurs Ecclésiastiques*, in-4° Paris. L'Abbé *Goujet* y a fait un Supplément.

Le Christianisme naissant, si différent par la sainteté des mœurs, de celui de nos jours, mérite bien d'être connu. Le même Abbé *Fleury*, dont nous venons d'indiquer *l'Histoire Ecclésiastique*, en a donné une idée aussi belle que juste, dans ſon Livre des *Mœurs des premiers Chrétiens*. J'ajouterai à cette occaſion que tous les Livres de cet exact, véridique, & judicieux écrivain, doivent entrer dans une Bibliothéque choiſie.

A ces tems ſont immédiatement liés ceux qui virent naître les Héréſies. Un ſeul Ouvrage peut donner l'idée des principales, c'eſt l'Hiſtoire des *Héréſies par M. Hermant*, 4 Vol. *in*-12.

Ceux pour qui l'Hiſtoire Eccléſiaſtique de l'Abbé Fleury, & ſa continuation, ſeroient une trop longue lecture, ou une trop grande dépenſe, pourroient ſe borner à l'Hiſtoire de l'Egliſe, par l'Abbé de *Choiſy*, 11 Vol. *in*-12. Le ſtyle en eſt facile & élégant, & elle va juſqu'à nos jours. Enfin il y a un abrégé d'Hiſtoire Eccléſiaſtique en 2. Volumes *in*-8°. dans le goût de l'abrégé Chronologique de M. le Préſident *Hainault*.

Un François doit être curieux de connoître l'Hiſtoire Eccléſiaſtique par rapport à la France. Il ne peut mieux s'en inſtruire que dans *l'Hiſtoire de l'Egliſe Gallicane* par différens Jéſuites, dont le dernier eſt le *P. Berthier*, ſi connu par le Journal de Trevoux, auquel il a, depuis plusieurs années, la principale part.

Les Papes occupent une place trop respectable dans l'Eglise, pour n'avoir pas leur Histoire à part. Il y en a une en François en 5 Vol. *in*-4°. qui quoique mauvaise, est cependant jusqu'à nos jours, la seule qu'on puisse indiquer. On ne peut trop se défendre en le lisant, des traits pleins de fausseté & de malice répandus dans cet ouvrage, contre la mémoire de plusieurs Pontifes illustres.

Enfin un Ouvrage qu'on peut rapporter à cet Article, & qui joint à l'agrément & à la variété des matieres la beauté de l'exécution, ce sont les *Cérémonies & Coutumes Religieuses de tous les Peuples du monde, représentées par des Figures dessinées de la main de Bernard Picard, avec une Explication Historique & quelques Dissertations curieuses*, en sept Volumes *in-folio*.

ARTICLE II.

PHILOSOPHIE.

CE seroit une immense carrière à fournir que la lecture de tous les Ouvrages qui se rapportent à la Philosophie, & parmi ces Ouvrages il y en a beaucoup qui sont fort au-dessus de la portée des Lecteurs ordinaires.

Une personne qui entend le Latin, & qui a fait quelque étude de la Géométrie, pourroit orner son Cabinet des Œuvres de trois ou quatre des Philosophes les plus célébres dans ces derniers siécles. Tels sont *Descartes*, *Gassendi*, *Newton* & *Wolff*. On a en François une partie des Œuvres Philosophiques de ces Auteurs célébres.

L'Histoire Critique de la Philosophie par Mr. Bruker, en Latin 5 Vol. *in*-4°. Leipzig, est l'ouvrage le plus achevé que nous ayons dans ce genre. L'Auteur l'avoit d'abord publié en Allemand par Demandes & par Réponses, & ce Livre lui avoit déja fait beaucoup d'honneur. Il l'a depuis étendu, & comme refondu, pour en faire sa grande Histoire ; où l'on ne sçait ce que l'on doit le plus admirer, de l'érudition, de la netteté & de l'ordre dans lequel les matieres sont traitées, de la solidité du jugement, ou des graces du style de l'Auteur.

Ceux qui, faute d'entendre le Latin, seront privés de cette lecture, en trouveront une espéce de dédommagement dans un Ouvrage François qui porte le même titre ; *Histoire Critique de la Philosophie par Mr. Deslandes*, 3 Vol. *in*-12. L'Auteur fait espérer une suite à cet Ouvrage.

Pour suivre à présent l'ordre des principales parties de la Philosophie, on pourra se borner pour la Logique au fameux *Art* de *Penser*, à la *Logique de Crousaz*, & à *l'Introduction à la Logique & à la Métaphysique par M. s'Gravesande.* L'agréable assaisonne l'utile dans la *Philosophie du bon sens*, dont M. le Marquis d'*Argens* vient de donner une derniere

Edition considérablement augmentée.

Je n'indique ici que trois Ouvrages principaux pour la Métaphysique, sçavoir, *la Recherche de la Vérité, par le P. Malebranche* en 4 Vol. *in*-12. *l'Essai de Locke sur l'Entendement humain*, *in*-4°. ou 4 Vol. *in*-12. & la *Theodicée de Leibnitz*, en deux *in*-8°. On peut y joindre un Livre, où la Morale & la Métaphysique sont heureusement alliées. Ce sont les *Recherches sur l'Origine des Idées que nous avons de la Beauté & de la Vertu*, en deux Vol. *in*-12. Amst. 1749 M. l'Abbé *de Coudillac* est encore un Ecrivain distingué dans le même genre. On a de lui un *Traité des Systêmes*, un *Essai sur l'Origine des Idées*, & un *Traité des Sensations*. Il y a aussi beaucoup à profiter dans la lecture des *Mêlanges* de M. d'*Alembert*.

Les Livres les plus agréables & les plus utiles sont sans contredit ceux qui roulent sur la Physique; & plusieurs excellens Auteurs se disputent ici l'entrée de notre Cabinet. On ne sçauroit la refuser aux suivans; *Derham*, *Théologie Physique*, & *Théologie Astro-*

nomique : Nieuventyt, l'Existence de Dieu démontrée par les merveilles de la Nature ; le Spectacle de la Nature, les *Mémoires sur les Insectes par Mr. de Réaumur, l'Essai de Physique de M. Muschenbroeck*, en 2 Vol. *in*-4°. *&c. Mr. Bazin* a donné des Abrégés du grand Ouvrage de Mr. *de Réaumur*, qui sont faits de main de Maître. Il a débuté par *l'Histoire des Abeilles*, & il a publié depuis *l'Abrégé de l'Histoire des Insectes*. Joignez-y le *Traité d'Insectologie*, & les *Recherches sur les Feuilles*, par M. *Bonnet*.

Les *Observations d'Histoire Naturelle faites avec le Microscope*, par *Joblot in*-4°. Paris 1755.

Le *Traité des Sens* de Mr. *Le Cat* est très-bon.

Pour la Physique Expérimentale en particulier, il y a les *Expériences Physiques de Pierre Poliniere*, & sur-tout les *Leçons de Physique de l'Abbé Nolet*.

Le *P. Buffier* a traité presque toutes les parties de la Philosophie, en divers Volumes *in*-12. mais pour s'épargner la peine de les rassembler, il faut acheter son *Cours de toutes les Sciences* en un Volume *in-folio*.

Le *P. Régnault* a mis en Entretiens la Physyque en 4 Vol. *in*-12. On a encore son *Origine ancienne de la Physique nouvelle.*

Après cela divers Auteurs ont traité des sujets particuliers de Physique, comme *la Figure de la Terre, &c.* par *Mr. de Maupertuis*, dont on a recueilli presque tous les Ouvrages en deux Volumes *in*-12.

La *Pluralité des Mondes* de Mr. *de Fontenelle*, sera toujours un chef-d'œuvre inimitable.

N'oublions pas pour la gloire du beau sexe, les *Institutions Physiques* de Mme *du Châtelet.*

Le *Traité de l'Aurore Boréale*, par M. *de Mairan*, est un vrai modèle en son genre.

Glanons encore quelques petits Ouvrages. *Les Observations curieuses sur toutes les parties de la Physique* en 3 Vol. *in*-12. Paris, sont rédigees avec intelligence. Elles sont en partie du *P. Bougeant*, connu par son ingénieux *Amusement sur le Langage des Bêtes. Le Voyage du Monde de Descartes, par le P. Daniel* se fait lire avec plaisir.

N'oublions pas les Livres utiles de M. Duhamel ſur *la Culture des Terres* & ſur la *Conſervation des grains*, *la Diſſertation de M. Tillet ſur la cauſe qui corrompt les bleds* & ſes *expériences pour y trouver un remède*. Le *Calendrier des Laboureurs & des Fermiers*, celui *des Jardiniers*, &c. Tous ces Livres de Phyſique appliqués à la Pratique, ſont dignes de plus grands éloges.

Il n'y a point de plus vaſtes Recueils ſur toutes les matières Philoſophiques que les Mémoires des différentes Académies. Les plus étendus & les plus conſidérables ſont ſans contredit ceux de l'Académie Royale des Sciences de Paris, publiés ſans interruption depuis l'an 1699. On va imprimer *in*-12. ſéparément des Mémoires, & par ordre des matieres l'Hiſtoire entiere de l'Académie des Sciences de M. *de Fontenelle*.

La maniere dont Mr. *de Bremond*, mort à la fleur de ſon âge, avoit commencé à publier les *Tranſactions Philoſophiques*, les auroit miſes en état de figurer à côté des Mémoires précédens. On travaille au reſte de la traduction de ce ſameux Recueil à Paris, & l'impreſſion ne tardera pas à être annoncée au Public. *Les Eſſais de la Societé d'Edimbourg* 7 Vol. *in*-12. ſont bien dignes de nos éloges.

Il y a encore de grands Ouvrages ſur l'Hiſtoire Naturelle, qui décoreroient bien un Cabinet, dans lequel on ne regretteroit pas une certaine dépenſe. En voici trois; la *Phyſique Sacrée de Scheuchzer*, *l'Hiſtoire du Danube du Comte de Marſigli*, & la belle Collection *d'Albert Seba*. Mais il y en a un, qui pourroit bien effacer les autres, lorſqu'il ſera fini; c'eſt *l'Hiſtoire Naturelle, générale & particulière avec la Deſcription du Cabinet du Roi, par Mr. de Buffon & d'Aubenton* en 15 Volumes *in*-4°. dont les quatre premiers ont déja paru.

Enfin les Dictionnaires Philoſophiques ſont des répertoires utiles. Il y a en Latin celui de *Chauvin*, *in-folio*; mais ce qui vaut mieux, c'eſt *l'Encyclopédie*, traverſée d'abord par divers obſtacles, qui n'ont fait que lui donner un nouveau degré de perfection. Il y en a déja quatre Volumes; cet Ouvrage ſera un honneur immortel aux Lettres, aux Sçavans qui le dirigent, & à la Nation dans le sein de laquelle il s'exécute.

ARTICLE III.

BELLES-LETTRES.

JE m'absorbe ici dans un véritable Océan, & l'on ne doit pas s'attendre que je puisse me ranger aux loix d'une exacte Méthode. J'espere pourtant, que je n'omettrai rien d'essentiel.

Ici appartiennent d'abord tous les Auteurs Anciens, tant Grecs que Latins, mais qui ne sçauroient être d'usage qu'aux personnes qui ont fait les études, qu'on appelle Humanités. C'est une source féconde d'agrémens pour elles, & l'on voit en effet tous les jours des Seigneurs de la plus haute distinction, montrer à cet égard un goût & des connoissances, qui leur font un honneur infini. Je n'indiquerai pourtant, ni les

Auteurs, ni les Editions, parce que, généralement parlant, ceux auxquels ces Livres conviennent, ont les lumieres suffisantes pour les acquérir. Il y a des noms d'Editeurs qui décident presque sûrement de la bonté & de la beauté des Editions, comme ceux des *Grævius*, *Gronovius*, *Burmann*, &c. On recherche ensuite les *Dauphins*, ou Livres publiés autrefois avec une Paraphrase & des Notes à l'usage de Mgr. le Dauphin, & les *Variorum*, ou compilations des Notes de plusieurs Sçavans sous le Texte d'un Auteur. C'est pourtant marchandise fort mêlée que tout cela, sur-tout parmi les *Variorum*. Les plus célébres Auteurs Latins ou Grecs ont été traduits en François, & j'indiquerai à la fin de cet article ceux des Traducteurs qui ont le plus de réputation, & les Auteurs Latins ou Grecs qu'ils ont rendus dans notre Langue.

Deux grands Ouvrages doivent d'abord paroître ici à la tête des Belles-Lettres. Le premier, ce sont les *Mémoires de l'Académie Royale des Inscriptions & Belles-Lettres de Paris in-4°.* L'autre, c'est le fameux Ouvrage du *P. Montfaucon*, intitulé *l'Antiquité expliquée*, en 15 Volumes *in folio*, Paris.

Aux Belles-Lettres sont encore essentiellement nécessaires les deux célébres *Dictionnaires de Bayle & de Moreri*. Le premier est un Ouvrage vraiment unique & inimitable, qui, malgré tout ce que l'on en a dit de désavantageux, & sur certains articles avec fondement, passera à la postérité la plus reculée. Les dernieres Editions sont de 1720, 1730 & 1740. Je conseillerois celle de 1730. M. *de Chaufepié*, Pasteur d'Amsterdam, en donne une Continuation, ou *Nouveau Dictionnaire Historique*, aussi en quatre Volumes *in-folio*, qui est un Ouvrage des plus estimables. L'autre Dictionnaire, le *Moreri*, est pour ainsi dire, un mal nécessaire. Immense Chaos d'Articles de toute espéce, malgré toutes les révisions & toutes les corrections, il fourmille encore de fautes; mais avec tout cela on ne sçauroit s'en passer. Il y a l'Edition de Paris en 6 Vol. *in-folio*, avec deux Supplémens en deux Vol. chacuns.

En général toutes les especes de Dictionnaires se rapportent aux Belles-Lettres, tant ceux qui ne sont que pour les Langues, que les Dictionnaires d'Antiquités, Tresors, &c.

Un Ouvrage fort utile pour la Littérature, c'est celui de *Baillet*, intitulé, *Jugemens des Sçavans sur les principaux Ouvrages des Auteurs, revûs, &c. par Mr. de la Monnoye.* Il y en a une Edition en 8. Vol. *in*-4°. L'Abbé *Goujet* publie actuellement une *Bibliothéque Françoise*, en plusieurs Volumes *in*-12. qui est dans le même goût, & pleine de recherches intéressantes. Il y en a déja 14 Vol.

Un Livre qui mérite d'être recommandé, c'est le *Cours de Belles-Lettres distribué par exercices*, par M. l'Abbé *Batteux*, en quatre Vol. *in*-12. Edit. de Paris.

Les Vies des Sçavans sont une partie de la connoissance des Belles-Lettres. On les trouve pour la plûpart dans les Dictionnaires; mais il sera bon d'y joindre les *Memoires du Pere Niceron*, qui sont 44. Volumes *in*-12. sans oublier *l'Histoire de l'Académie Françoise par*

Mrs Pelisson & *d'Olivet* ; & les Volumes d'Eloges, qui ont pour Auteurs Mrs. *Fontenelle*, *de Boze*, & *de Mairan*.

Il y a des Recueils sous le titre *d'Ana*, qui sont un peu décriés, mais parmi lesquels il ne laisse pas d'y en avoir de fort curieux. *Mr. des Maizeaux* en a rassemblé quelques-uns des meilleurs en deux Volumes *in*-12. sçavoir, *Scaligerana*, *Thuana*, *Perroniana*, *Pithoeana* & *Colomesiana*. Je n'y voudrois ajouter que *Menagiana* & *Parrhasiana*.

Les Mélanges de Littérature de Vigneul Marville sont dans le goût des bons *Ana*.

Les Médailles sont, pour ainsi dire, un département considérable de la Littérature. Je ne parle point des grandes & précieuses Collections qu'on en a publié ; mais au moins faut-il avoir *les Cesars de Julien* par *Mr. de Spanheim*, & *l'introduction à la connoissance des Médailles* du *P. Joubert*, de l'Edition en 2 Vol. Paris, donnée par M. *de la Bastie*. Il n'y a pas long-tems qu'on a publié les *Lettres* du célébre *Gisbert Cuper*, qui contiennent d'excellentes choses dans ce genre.

Autre

Autre département, c'eſt la Mythologie, pour laquelle je me bornerois à celle de l'Abbé *Banier*, en 3 Vol. *in* 4°. ou en 8 Vol. *in*-12. & *à l'Hiſtoire du Ciel de l'Abbé Pluche*. 2 Vol. *in*-12. On vient auſſi de mettre au jour un fort bon *Dictionnaire Mythologique*, Paris 3 Vol *in*-12. de l'Abbé *de Clauſtre*.

On a travaillé ſoigneuſement à porter la Langue Françoiſe à ſon plus haut degré de pureté & de perfection. Nos Dictionnaires & nos Grammaires en font foi. Le *Dictionnaire de l'Académie* eſt une eſpece de Code du Langage. *Le Traité de l'Ortographe de M. le Roy*, imprimé à Poitiers *in*-8°. & le *Dictionnaire Univerſel*, vulgairement appellé le *Dictionnaire de Trevoux*, ſont très-recommandables. Il y a pluſieurs Editions du Dictionnaire de *Pere Richelet*. Celle *in folio*, en trois Volumes, eſt la plus complette.

L'Etymologie eſt une partie très-digne de nos recherches ; elle eſt infiniment précieuſe aux Auteurs de la Langue. Le *Dictionnaire Etymologique de M. Ménage*, auquel on a joint *celui des vieux*

C

mots par *François par Borel*, 2 Vol. *in fol.* est ce que je puis indiquer de mieux en cette partie.

Nous avons des Observations sur la Langue, & des Grammaires. Le *Pere Bouhours* a donné plusieurs petits Ouvrages rélatifs à la pureté du langage. Les *Remarques de Vaugelas* ont été universellement estimées, & il y en a plusieurs Editions, d'abord avec les Remarques de *T. Corneille*, & ensuite avec celles de l'Académie Françoise. *La Grammaire raisonnée de Mrs. de Port-Royal, avec les excellentes Notes que M. Duclos* vient d'y ajoûter, est d'un mérite reconnu. L'Abbé *Régnier* a donné une Grammaire qu'on peut regarder comme celle de l'Académie. On en a du *P. Buffier*, & d'une foule d'autres Auteurs. Les deux meilleures sont celles *de la Touche*, & *de Restaut*. Tout ce que l'Abbé d'Olivet a écrit sur la Grammaire, est excellent, & trop connu pour avoir besoin d'être indiqué en détail. On trouvera un de ses meilleurs écrits parmi les *opuscules* de divers Académiciens qu'il a fait reimprimer en 1754. Le journal de l'Abbé de *Choisy* qui fait partie de ce Volume, n'avoit point encore paru. On y reconnoîtra bien l'Auteur du *Voyage de Siam*.

L'Abbé *Girard* a remonté aux sources mêmes de la Langue, dans un Ouvrage extrêmement solide, que nous avons de lui, sous le titre de *Principes de la Langue Françoise*. Il s'étoit déja fait une grande réputation par son Traité *des Synonimes*, Chef-d'œuvre de précision, & de délicatesse.

Il ne faut que nommer M. *du Marsais* pour dire que c'est un des premiers Grammairiens de nos jours. Son livre *des Tropes*, *in*-8°. est un Ouvrage admirable.

La décadence du Langage causée par le précieux & par l'affectation, fit éclorre un petit Ouvrage fort ingénieux de l'Abbé *des Fontaines*, sous le titre de *Dictionnaire Néologique*. Il me rappelle le *Matanasius* ou *Chef-d'œuvre d'un Inconnu*, Ouvrage principalement dû à *Mr. de Saint Hiacynte*, & plein d'une fine raillerie contre les mauvais Commentateurs. On a d'autres Satyres d'un goût approchant, comme *le Parnasse Réformé*

& *la Rélation d'une Assemblée tenue au bas du Parnasse*, par *Gueret* Amsterd. 1719.

Je ne vois plus rien à ranger sous cet Article que les bonnes Traductions des Anciens. Elles sont faites pour ceux qui n'entendent pas les Originaux; mais, à dire le vrai, ceux même qui ont étudié les Langues, en tirent bon parti. *Du Ryer* a eu son tems, & a encore aujourd'hui son mérite. La célébre Version de *Q. Curce* par *Vaugelas*, fruit de trente années de travail, & celles que *d'Ablancourt* a données en si grand nombre, vinrent offrir des modéles fort supérieurs aux précédens. Mais le Traducteur que les sçavans préférent à tous les autres, malgré l'éloignement des tems où il a écrit, est le fameux *Amyot*. On a de lui une traduction de *Plutarque*, & les *Amours de Daphnis & Chloé*, traduits du Grec de *Longus*.

Mr. & Mme. *Dacier* ont ensuite fourni pendant long-tems la même carrière de concert, & se sont distingués à l'envi par de bonnes Traductions des meilleurs Auteurs. Parmi celles de Mr. *Da-*

ier, le *Plutarque* me paroît tenir le premier rang. On en a une belle Edition en neuf Volumes *in*-4°. Paris, 1734. & une en dix Volumes *in* 12. Son *Horace* en dix Volumes *in*-12. est aussi un Ouvrage considérable, plus encore par les Notes que par la Traduction. *L'Iliade & l'Odyssée d'Homere*, par Mme *Dacier*, sont selon moi, ce qu'elle a de plus achevé. Son *Terence* & son *Anacreon*, sont aussi fort bons.

J'entasse à présent, sans égard à l'ordre des tems, le *Demosthene* de *Toureil*, les excellentes *Lettres à Atticus* de l'Abbé *Mongault*, toutes les Traductions de l'Abbé *d'Olivet*, auxquelles on ne sçauroit trop donner d'éloges, *le Diodore de Sicile* de l'Abbé *Terrasson*, le *Pausanias* & le *Quintilien* de l'Abbé *Gedoyn*, l'*Horace*, le *Juvenal* & le *Perse* du *P. Tarteron*, l'*Horace* du *P. Sanadon*; celui de l'Abbé *Batteux*, le *Tacite* d'*Amelot de la Houssaye*, le *Tite-Live* de *Guerin*, le *Virgile* du *P. Catrou* & de l'Abbé *des Fontaines*, &.

Cette énumération d'Auteurs me fait penser à la fameuse dispute sur les Anciens & les Modernes. Entre une foule d'Ecrits qu'elle a produits, je ne nommerai que l'Ouvrage de Mr. *Perrault*, intitulé, *Parallele des Anciens & des Modernes*, la Digression de Mr. de *Fontenelle* sur la même matiere, à la suite de son discours sur l'Eclogue; l'*Examen impartial de M. Fourmont*, où il y a de bonnes choses, l'agréable écrit de Mme. *Lambert* qui a pour titre, *Homere en arbitrage*, *les causes de la Corruption du Goût* par Mme. *Dacier*, & les *Reflexions sur la Critique* de Mr. *de la Motte*.

On ne sçauroit lire avec plaisir les Auteurs Grecs & Latins, tant en Original, que dans les Traductions, si l'on n'est au fait des coûtumes de leur tems. On trouvera ci-après à l'article HISTOIRE, les ouvrages faits sur les mœurs de différentes Nations. Je les indique en cet endroit, parce qu'ils m'ont paru y être plus à leur place.

Il seroit à souhaiter, qu'il y eût sur les Antiquités Romaines beaucoup d'Ouvrages aussi bien faits que *l'Histoire des Grands Chemins de l'Empire Romain* par Mr. *Bergier*.

ARTICLE IV.

JOURNAUX.

CEt article n'eſt proprement qu'une dépendance du précédent, le but des Journaux étant d'ouvrir la route des Belles-Lettres aux perſonnes qui n'ont pas le tems, ou les moyens, de s'y livrer entiérement. La lecture des Journaux eſt utile, à meſure qu'ils paroiſſent, pour connoître l'état préſent de la République des Lettres ; & quand ils ſont bien faits, on les relit avec plaiſir & avec fruit au bout de pluſieurs années.

On ſçait que Mr. *de Sallo*, Conſeiller au Parlement de Paris, eſt le Père des Journaux, qui depuis leur invention ſe ſont multipliés à un point accablant, de ſorte qu'il faut une Notice fort étendue pour faire connoître les Journaux, deſtinés eux-mêmes à faire connoître les autres Livres. Mr. *Camuſat* a fait une *Hiſtoire des Journaux*, qui renferme

C iv

bien des Anecdotes curieuses, quoiqu'elle ne soit rien moins que complette.

Je n'ai garde de conseiller l'acquisition de tous les Journaux qui ont existé, & qui existent. Cette seule Collection ne tiendroit pas dans le Cabinet que nous formons. Je laisse même ceux qui voudront suivre mes directions, le choix entre les Journaux que je vais indiquer, me contentant de n'en nommer que de bons.

Le *Journal des Sçavans* est le plus ancien, & le meilleur. Commencé en 1665, il n'a souffert depuis ce tems-là que de légeres interruptions, & il paroît encore régulièrement tous les mois. Ses Auteurs remplissent leur fonction avec habileté, & sur-tout avec impartialité. On imprime à Paris la *Table générale des Journaux des Sçavans*, & cet Ouvrage aussi utile que bien fait, pourroit seul contenter un Amateur par les secours utiles qu'il peut offrir dans une espace de quatre-vingts années de recherches dans la Littérature Françoise ou étrangère.

Mr. *Bayle* a donné *les Nouvelles de la République des Lettres* en onze petits Volumes depuis 1684, jusqu'en 1687. Je ne crois pas que personne ait jamais mieux réussi dans ce genre. Quand il renonça à ce travail, plusieurs Ecrivains recueillirent sa succession. Ce fut Mr. *Jacques Bernard* qui continua sous le même titre, & son travail s'étend depuis 1699, jusqu'à sa mort arrivée en 1718.

Mr. *Basnage de Beauval* fit paroître l'*Histoire des Ouvrages des Sçavans* en 24 Volumes, depuis 1687 jusqu'en 1709.

Le célebre *Jean le Clerc* n'a pas donné moins de 83 Volume de Journaux, sçavoir la *Bibliothéque Universelle* en 26 Volumes, la *Bibliothéque choisie* en 28, & la *Bibliothéque ancienne & Moderne* en 29. Cela s'étend depuis 1686 jusqu'en 1727.

Les Mémoires Littéraires de la Grande Bretagne, par M. *de la Roche*, & la *Bibliothéque Angloise*, par Mr. *de la Chapelle*, sont des Journaux très-estimés.

Les *Observations sur les Ecrits modernes* de l'Abbé *des Fontaines*, poussées jusqu'au XXXIV. Tome, ont toujours captivé agréablement l'attention des Lecteurs. Elles ont été précédées du *Nouvelliste du Parnasse*, 2. Vol. *in*-12. & suivies *des Jugemens sur quelques Ouvrages modernes*, tous enfans du même pere. On lui attribue encore en partie les *Réflexions sur les Ouvrages de Littérature*, qui ont paru sous le nom de l'Abbé *Granet* en 12 Vol. Ces deux Auteurs faisoient entr'eux société dans ces Ouvrages. On peut y joindre les différentes suites par *Fréron*, *la Porte* & autres, mais en se défiant de leur partialité.

Les *Mémoires de Trévoux*, commencés avec ce siécle, se publient par mois. La *Bibliothéque Françoise*, & la *Bibliothéque Britannique*, ont pris fin ; mais celle-ci est bien avantageusement remplacée par le *Journal Britannique* de Mr *Maty*, l'un des meilleurs Ouvrages qui ayent encore paru dans ce genre. La *Bibliothéque Germanique* se publie régulièrement tous les trois mois ; & la *Bibliothéque Impartiale* tous les deux mois.

La *Bibliothéque raisonnée* qui a paru pendant près de vingt ans, à Amsterdam, eſt un fort bon Journal.

Le *Mercure Hiſtorique* n'eſt preſque qu'une récapitulation des Gazettes. Mais on y trouve une ſuite précieuſe des piéces de politique depuis quatre-vingts ans, & on ne les trouve que dans ce ſeul recueil; ce qui rend ce livre conſidérable. D'autre part il paroît & diſparoît continuellement une foule d'Ecrits périodiques en tout genre, en particulier de Feuilles hebdomadaires & volantes, qui ne tardent guéres à ſe replonger dans l'oubli. Il s'en trouve pourtant quelques-unes qui méritent d'être conſervées par les Curieux. Les *Amuſemens du Cœur & de l'Eſprit* en 15 Volumes, ſont un Recueil aſſez bien fait. Et que dirons-nous du *Mercure de France*, Ouvrage immortel par ſa durée? On eſpere qu'il reprendra de nouvelles forces ſous M. *de Boiſſy*.

ARTICLE V.

HISTOIRE.

RIen ne figure mieux assurément dans le Cabinet d'un Homme de condition que les Historiens. Il y a peu d'occupations plus attrayantes que celle de contempler dans les bons Auteurs en ce genre, le Tableau des événemens innombrables, dont ce monde a été le Théatre depuis son origine. Je ne puis parler que des Histoires générales; la collection des Historiens particuliers va bien au-delà de mon but.

Je voudrois pour lire l'Histoire avec fruit, qu'on se fût d'abord rempli l'esprit des livres publiés depuis quelques années sur les mœurs des Nations anciennes & modernes. J'en connois plusieurs de très-bons, *les Mœurs des Israélites & des Chrétiens* par *Fleury*, que j'ai déja cités à l'article de l'*Histoire Ecclésiastique*, *les Mœurs des Grecs* par *Menard*;

les *Mœurs & usages des Romains* par *le Febvre de Morsan*, deux Volumes, & enfin ceux des *François* par *le Gendre*, *précédés de la traduction de Tacite des Mœurs des Germains in*-12. Ces Ouvrages sont des Introductions très-favorables à l'étude de l'Histoire. Ensuite on peut se servir avec succès de la *Méthode pour étudier l'Histoire par Mr. Lenglet du Fresnoy*: & ceux auxquels l'Article que je donne ne suffira pas, trouveront abondamment dans cet ouvrage dequoi se satisfaire.

On peut distinguer l'Histoire en Ancienne & en Moderne.

Je trouve pour l'Histoire Ancienne, celle qui paroît encore par Volumes, sous le titre *d'Histoire Universelle*, &c. *par une société de gens de Lettres*. Trad. de l'Anglois, en plusieurs Volumes *in*-4°. C'est un vrai puits d'érudition.

Les Juifs étant le plus ancien Peuple du Monde, leur Histoire séparée peut précéder les autres, & on en aura une suite complette jusqu'à présent, en acquérant le *Joseph* de la Traduction *d'Arnaud d'Andilly*, l'excellente *Histoire des Juifs & des Peuples voisins* par *Pri-*

deaux, avec *l'Histoire sacrée & prophane* de *Schukford*, qui en est comme le supplément, & enfin *l'Histoire des Juifs* depuis N. S. jusqu'à présent, par *M. Basnage.*

Il faut avoir *les Elémens de l'Histoire* par *Vallemont*, 4 Vol. *in*-12. la *Chronologie du P. Petau* en 5 Volumes *in*-12. *Puffendorff, Introduction à l'Histoire Universelle*, continuée par Mr. de *Grace.*

Le mérite des Ouvrages de Mr. *Rollin* est décidé. Quoique son *Traité des Etudes* eût été mieux placé dans l'article des Belles-Lettres, il n'est pas étranger ici, par la quantité de morceaux Historiques dont il est semé. Son *Histoire Ancienne* & *son Histoire Romaine*, que Mr. *Crevier* vient d'achever d'une maniere à nous consoler de la perte de Mr. *Rollin*, sont deux Ouvrages également utiles, pour éclairer l'esprit, & pour former le cœur à la vertu. On ne sçauroit leur donner meilleure compagnie que l'incomparable *Discours sur l'Histoire Universelle* par Mr. *Bossuet.*

On a une *Histoire de Grece*, trad. de l'Anglois de *Temple Stanyan*, qui peut être placée à côté des précédentes. Elle est traduite par M *Diderot*.

L'*Histoire des Celtes* par Mr. *Pelloutier*, a été fort goûtée du Public.

Toutes les Histoires de l'Abbé *de Vertot* ont été reçues avec empressement. Ce sont, pour ne pas les séparer, *les Révolutions de la République Romaine*, son chef-d'œuvre, celles de *Suede*, & *de Portugal*, & la belle *Histoire des Chevaliers de Malte*.

En voici qui peuvent aller de compagnie, *Tillemont*, *Histoire des Empereurs, qui ont régné durant les six premiers Siécles de l'Eglise; & Echard*, *Histoire Romaine*, depuis la fondation de Rome jusqu'à la prise de Constantinople. M *Crevier* publie actuellement *l'Histoire des Empereurs*.

On a pour l'Empire en général l'Histoire de *Heiss*. Mais celle du *P. Barre*, en onze Volumes *in* 4°. lui est supérieure. L'*Abrégé d'Histoire Universelle*, & les *Annales de l'Empire* de M. *de Voltaire*, sont un genre à part, aussi bien que son *Siécle de Louis* XIV. Les Royaumes de l'Europe ont eu divers Historiens de réputation. Tels sont pour l'Espagne *Mariana*, en 5 Volumes *in*-4°. Paris 1725. *Ferreras*, de la traduction de Mr. *d'Hermilly*, en dix Tomes *in*-4°. Paris 1751. & le *P. d'Orléans*, continué par deux de ses confreres ; pour la France *de Thou*, traduit en François, *Mezeray*, le *P. Daniel*, dont on fait une Edition nouvelle en 16 Vol. *in*-4°. à Paris, & l'excellent *Abregé Chronologique* du Président *Hénault*, qui dans sa briéveté renferme plus de sens, de force, & de sçavoir, que les ouvrages les plus *volumineux*; pour l'Angleterre *Rapin-Thoiras*, le *P. d'Orleans*, qui a écrit admirablement les *révolutions* de ce pays, & les *Mémoires de G. Burnet*; pour les Provinces-Unies *le Clerc & Basnage*; Pour le Portugal, *Neufville* & *la Clede*; pour le Dannemarck, *des Roches*, & dans peu les Ouvrages de M. *Mallet*; pour Venise, *Nani*, &c.

C'est avec raison que les *Mémoires pour servir à l'Histoire de Brandebourg*, dont il y a une magnifique Edition en 2 Volumes *in*-4°. ont été appellés un ouvrage de *Main de Maître*.

Quant à l'Histoire *Bysantine & Asiatique*,

tique, il y a le Corps d'Histoire Byzantine traduit par le Président *Cousin*, & ce que *Marsigli* & *Cantimir* ont écrit sur l'Empire Ottoman. La Chine a présentement la belle *Description Historique & Géographique* du P. *du Halde*, le Japon celle de *Kempffer*, la Nouvelle Espagne celle du Pere de *Charlevoix*, le Cap de Bonne Espérance celle de *Kolbe*, &c. mais ces Livres appartiennent presque à titre égal à la Géographie. Enfin à l'égard de l'Amérique, *l'Histoire des Yncas* par *Garcilasso de la Vega*, *la Conquête de la Floride* du même, & celle que *Solis* a donnée *de la Conquête du Mexique par Cortez* & celle du *Perou*, sont des Livres qu'on ne se lasse point de lire.

A ces Histoires générales on peut joindre diverses Histoires particulieres, dont la plûpart portent le titre de Mémoires : mais il y a beaucoup de choix à faire, la plûpart des faiseurs de Mémoires abusant de ce titre pour en imposer à la crédulité du public.

En fait d'Histoire particuliere, je n'en connoitrois guéres de plus attachante que *l'Histoire de Louis XIII.* par *le Vassor* si je n'étois obligé de prévenir mes lecteurs contre les fausses imputations, trop souvent renouvellées. Lisez aussi l'Histoire de *Louis XI.* par M. *Duclos*; & celle de *Louis XIV.* par *Reboulet*, en attendant une meilleure. Pour les Mémoires, on n'a pas besoin de remonter plus haut que *Comines*, après quoi l'on trouve *Sulli*, *Monluc*, *Bassompierre*, le Cardinal *de Retz*, *Joly*, les Duc de la *Rochefoucault*, & de *Rohan*, *Mlle de Montpensier*, les Piéces qui forment le *Journal de Henri III.* le *Journal de l'Etoile*, les *Mémoires de Condé*, &c.

Voici des vies très-bien écrites; celles du Cardinal *Ximenés*, par *Marsolier*, de *Théodose* & du Cardinal *Commendon*, par *Flêchier*, de *Henri VII.* Roi d'Angleterre, par *Marsolier*, de l'Empereur *Julien*, par la *Bletterie*; de *Ciceron*, traduite de *Midleton*, de *Turenne* par *Ramsay*, de *Charles XII.* par *Voltaire*, & les *Vies des Hommes Illustres de France*, par *d'Auvigny*, continuée depuis, & beaucoup mieux, par l'Abbé Perau.

L'Abbé *Raynal* s'est essayé dans un nouveau genre d'écrire l'Histoire. Celles qu'il a données du *Statdhouderat*, & *du Parlement d'Angleterre*, sont, pour ainsi dire, des Galeries de Tableaux, d'un coloris éclatant, & dont les traits sont fort & hardis. Mais, outre que la perfection de l'Histoire exige bien d'autres caractéres, ces Tableaux ne sont pas toujours ressemblans; l'antithese, ou telle autre Figure, y tient souvent la place de la vérité, & de la réalité. Il nous a donné depuis ses *Mémoires Historiques, Militaires & politiques*, &c. 3 Vol. *in*-12. & il est à souhaiter qu'il les continue.

Les livres d'Histoire & les morceaux historiques dans tous les genres sont sans nombre. Il n'y a de difficile que le choix; il ne meurt presque point de Roi, de Prince ou de Général, que son Histoire, ou ses Mémoires, ne paroissent au plus tard trois mois après son trépas; mais on auroit grand tort de faire fond sur ces sortes d'ouvrages, que des Auteurs faméliques brochent ordinairement à la hâte d'après les Mercures & les Gazettes.

ARTICLE VI.

ROMANS.

ON pourroit dire des faiseurs de Romans, à l'égard des Historiens qu'ils sont comme les bâtards à l'égard des enfans légitimes ; mais, pour adoucir la comparaison, j'ajoute qu'il en est aussi à peu près comme des bâtards, dont l'expérience justifie qu'ils ont souvent plus d'esprit, plus d'agrémens, qu'ils sont mieux partagés des dons de la nature, que les enfans légitimes. Il y a sans contredit des Romans écrits avec un art infini, qui attachent, qui émeuvent, qui font passer l'esprit par une foule de situations différentes, auxquelles on se livre avec plaisir. Mais la fureur d'écrire dans ce goût, & les mauvaises copies d'excellens Originaux, ont tellement multiplié le nombre des Romans, qu'il seroit également impossible & inutile, de vouloir les faire tous entrer dans notre Cabinet. Il n'y qu'à jetter les yeux ſur la *Bibliothéque des Romans de Gordon de Percel* (Lenglet du Freſnoy) 2 Vol. *in*-12. 1734. pour s'en convaincre.

Il y a peu de perſonnes qui puiſſent s'amuſer à la lecture des anciens Romans écrits en vieux ſtyle. La réputation d'*Amadis de Gaule* eſt parvenue juſqu'à nous ; mais les Volumes dont il eſt compoſé, ſont rares & difficiles à raſſembler. On a rajeuni ce Héros, auſſi-bien que ſon fils *Eſplandian ;* & quelques-uns des grands Romans en dix & douze Volumes, ont été réduits à trois ou quatre.

Il n'eſt pas douteux que ces grands Romans, qui ont été ſi fort en vogue, il y a un Siécle, n'euſſent leur mérite auſſi-bien que leurs défauts, & il y en a qu'on peut lire encore avec goût & avec interêt. C'étoient de véritables Poëmes Epiques en Proſe. Voici les principaux. *L'Aſtrée de Meſſire Honoré d'Urfé. Le Polexandre de Gomberville. L'Ariane de Deſmarets. La Caſſandre, la Cleopatre, & le Faramond de la Calpre-*

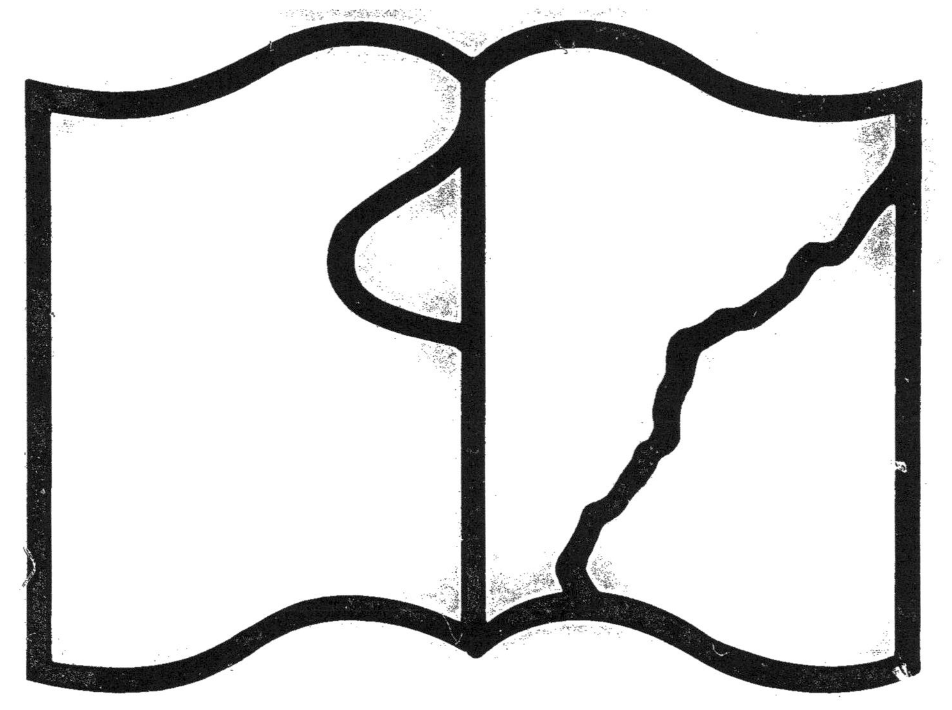

néde. *Le grand Cyrus*, *l'Ibrahim Baſſa*, & la *Clelie* de *Mlle de Scudery*.

Mme *de Villedieu*, connue auparavant ſous le nom de Mlle *des Jardins*, a écrit quantité de petits Romans, où il y a beaucoup d'art & d'eſprit. On a la collection de toutes ſes Œuvres, en 12 Volumes *in*-12, Paris.

Deux petits Ouvrages exquis dégoûterent entiérement des grands Romans, ſçavoir la *Princeſſe de Cleves* & *Zayde*. J'y pourrois joindre *la Comteſſe de Gondez*, dont rien n'égale la délicateſſe.

Mme *de Gomez* & Mlle *de Luſſan* ont diſtingué leur plume dans ce genre. Les *Journées Amuſantes* de la premiere ſont bien écrites. Ses *Cent Nouvelles* ont auſſi du ſtyle, mais on y trouve une certaine uniformité, que la longueur de l'ouvrage rend laſſante. Les *Anecdotes de la Cour de Philippe Auguſte* de Mlle *de Luſſan*, ſont tout-à-fait intéreſſantes.

Mme la Comteſſe *d'Aunoy* réuſſiſſoit fort bien dans la compoſition des Romans. On lit avec plaiſir *Hippolite Comte de Douglas*, *le Comte de Warwick*, *les Mémoires de la Cour d'Espagne*, *Jean de Bourbon*, *Prince de Carenci*, &c.

J'indiquerai tout à la fois quelques petits Romans, dont la lecture m'a fait plaisir; sçavoir, *le Comte de Comminges*, *le Siége de Calais*, *les malheurs de l'Amour*, (on sçait aujourd'hui qu'ils sont tous trois de feu Madame *de Tencin*,) *les Mémoires de Milord* * * * petit livre plein d'esprit & de délicatesse, *la Comtesse de Vergi*, *Edele de Ponthieu*, *l'Histoire secrette de Bourgogne*, *la Reine de Navarre*, *le Connétable de Bourgogne*, *Diane de Castro*, *&c.* On trouvera la plûpart de ces Ouvrages dans la *Bibliothéque de Compagne*, en 12 Volumes *in*-12. qui est un Recueil fort bien dressé.

On a vû naître tout à la fois trois sortes de goûts différens dans la composition de nos Romans modernes, & l'on peut dire, que les Auteurs qui les ont mis en vogue, excellent chacun dans leur genre.

Le premier goût, dans lequel un tragique touchant domine, c'est celui de l'Abbé *Prévôt d'Exiles*. Quoiqu'il y ait quelquefois dans ses Romans des faits qui péchent contre la vraisemblance, ils sont en général extrêmement séduisans ; le style en est pur, les événemens liés avec art, les situations touchantes, la morale sensée & utile. Ses principaux Ouvrages dans ce genre, sont les *Mémoires d'un Homme de Qualité qui s'est retiré du monde*, *l'Histoire de Cleveland*, le *Doyen de Killerine*, & les *Mémoires d'un honnête Homme*. En général on ne court point de risque en demandant tous ses Romans qui sont très-attachans.

Le second goût, c'est celui de Mr. *de Marivaux*, auquel un petit nombre de faits très-simples, servent seulement, pour ainsi dire, de prétexte pour amener une foule de Réflexions délicates, originales, mais qui tiennent quelquefois un peu de l'alembiqué & du précieux. On ne peut pourtant guéres lui reprocher que l'heureux défaut d'avoir trop d'esprit. Pour s'en convaincre, il n'y a qu'à lire son *Paysan parvenu*, & la *Vie de Mariamne*.

Le troisiéme goût, c'est celui de Mr. de *Crébillon*, le fils, & je n'entreprends pas de le définir. Qu'on en cherche l'idée dans *l'Ecumoire, le Sopha, Grigri & Atalzaide.* Les deux derniers sont d'une autre main, & inférieurs, sur tout le dernier.

La même plume a écrit avec un peu plus de décence *les Egaremens du Cœur & de l'Esprit.* Mais c'est acheter trop cher le rang d'Auteur, & de Bel-Esprit, que de l'acquérir par de semblables productions. *Ah! quel Conte! les Heureux Orphelins*, & même les *Matines de Cithére*, font présumer que cet Auteur est épuisé.

Quoique Mr. le Marquis *d'Argens* n'ait écrit ses Romans que pour s'amuser, & que d'autres Ouvrages ayent assuré sa réputation, je lui ferois pourtant tort en ne les indiquant pas.

Il y a quantité de Mémoires, dont les Auteurs ont voulu passer pour véridiques, & qui ne laissent pas d'être Romanesques en tout, ou du moins en partie. Tels sont les *Mémoires du Comte de Grammont*, par le Comte *Hamilton*, Ouvrage d'un caractére original, & du premier mérite en ce genre. Tels sont encore les *Mémoires de Mr. le Comte*

*D * * * avant sa retraite*, & ceux de *Mme la Comtesse D * * * avant sa retraite*, qu'on met ordinairement à la suite des Œuvres de *S. Evremont*, & qu'on a attribués à l'Abbé de *Villiers*. Tels sont encore les Mémoires de *Montbrun*, *d'Artagnan*, de M. L. C. D. R. de *Vordac*, *&c.* toutes productions du Sr. *de Courtilz*, qui en a donné une foule d'autres. On peut s'amuser quelques momens avec ces Ouvrages, mais il ne convient pas d'en rassembler un grand nombre.

*Les Confessions du Comte D * * ** ne méritent pas de demeurer dans l'oubli, non plus que les *Mémoires pour servir à l'Histoire des Mœurs du XVIII. Siécle*, & de Mme de *Luz*, tous trois de Mr. *Duclos*. Je ne connois aucun Roman de ce siécle supérieur aux *Confessions*.

Il y a quelques années que les *Amusemens des Eaux de Spa*, & *des Eaux d'Aix*, eurent une assez grande vogue.

Nous avons quelques anciens Livres, que je ne puis guéres placer qu'ici. Tels sont les *Oeuvres de Brantome*, dont on a une Edition en 15 Volumes *in*-12. Rien de plus amusant pour ceux qui ſont ſenſibles aux graces de l'enjouement & de la naïveté. Le *Rabelais* n'eſt pas à beaucoup près auſſi attachant, & malgré tous les Commentaires qu'on y a faits, il eſt encore très-obſcur. La derniere Edition eſt en deux Volumes *in*-4°. ou ſix Vol. *in*-12. S'il y en a une qu'on puiſſe lire avec agrément, ou du moins ſans danger, c'eſt celle qui porte pour titre, *Le Rabelais Réformé*, en 8 Vol. *in*-12. Le *Décameron de Bocace*, les *Cent Nouvelles de la Reine de Navarre, l'Hiſtoire Comique de Francion*, *&c.* ſont des livres amuſans mais trop libres.

N'oublions pas l'incomparable Chevalier de la Manche *Dom Quichote*. Il n'y a que quatre Volumes qui ſoient *de Cervantes*, les autres ſont des continuations fort inférieures. *La Vie de Guzman d'Alfarache* eſt auſſi un livre original. Perſonne n'a mieux attrapé le goût de cette ſorte de Romans que Mr. *le Sage*. Ses deux meilleurs livres ſont *le Diable Boiteux*, & *Gil-Blas*. Tous deux excellens.

Le *Bachelier de Salamanque* eſt un cadet, qui ne déshonore pas ſes aînés.

Les Anglois n'ont pensé à produire des Romans que depuis quelque tems ; mais ils ont bien regagné celui qu'ils avoient perdu. Leur *Pamela* a fait un bruit extraordinaire, & il me semble qu'on a donné sur son sujet dans l'excès de la louange & dans l'excès de la critique. La *Clarisse* a de grandes beautés ; mais elle ne finit point. M. *de la Place* a saisi le goût du Public, dans un grand nombre de Romans Anglois qu'il a réduits. L'*Orpheline Angloise* est un des plus agréables.

Les *Mémoires de Cecile* & la *Laideur Aimable*, ont été fort goûtés. Le *Véritable Ami*, ou *la Vie de David Simple*, & les *Avantures d'Ardrews*, sont deux bons Ouvrages; ma[is] il y régne une certaine rudesse, contraire à nos mœurs & à notre façon de penser.

L'Etourdie est au contraire dans un goût judicieux, & la lecture en est attachante.

L'Orient fécond en fictions & en allégories a fourni matiere à plusieurs Volumes de Contes Orientaux, dont il suffit bien de connoître les *Mille & un Jour*, & *les Mille & une Nuit*.

Enfin les *Contes* mêmes *des Fées* prétendent un coin de notre cabinet, & plusieurs sont écrits en effet assez ingénieusement pour nous amuser aussi-bien que les enfans à qui ils sont particuliément destinés. On connoît assez les meileurs. Tels sont ceux de Mesdames d'*Aunoy* & de *Murat*, *Acajou* de M. *Duclos*, *la Princesse Sensible*, &c.

ARTICLE VII.

POESIE.

QUe de trésors s'offrent ici à nos recherches ! Combien de routes différentes sur le Parnasse, qui ont toutes conduit à l'immortalité ceux qui s'y sont distingués. Un coup d'œil sur le célébre Monument de Mr. *Titon du Tillet* démontrera ce que j'avance.

Il faut pourtant trier ici, comme partout ailleurs; & dans l'essain des Poëtes, il y a pour le moins autant de frélons que d'abeilles.

Je n'indiquerai pas beaucoup d'Ouvrages destinés à donner des préceptes sur la Poësie. C'est la Nature & non l'Art, qui fait les Poëtes. On a *la Poëtique d'Aristote*, traduite par Mr. *Dacier*, la *Pratique du Théatre* de l'Abbé *d'Aubigniac*, *le Traité du Poëme Epique du P. le Bossu*, *les Réflexions sur la Poësie Françoise* par le P. *du Cerceau*, *l'Examen Philosophique de la Poësie*, & les *Réflexions sur la Poësie en général de Rémond de St. Mard*, & surtout les *Réflexions sur la Poësie & sur la Peinture par* Mr. l'Abbé *Dubos*.

Les discours de Mr. de la *Motte* à la tête de ses *Odes*, de ses *Fables*, de son *Iliade*, de ses *Tragédies*, & de ses *Eglogues*, forment une Poëtique presque complette & très-Philosophique. Les Réflexions de Mr. de *Fontenelle* sur la Poëtique, sont un de ses meilleurs Ouvrages.

Nos anciens Poëtes ne sçauroient être fort goûtés des Lecteurs modernes. Ceux qui veulent avoir le choix de leurs meilleurs morceaux, doivent se procurer la *Bibliothéque Poëtique*, 4. Volumes *in*-4°. ou 4 Vol. *in*-12. Ce Recueil est estimé à juste titre, & il tient lieu des Poësies de nos anciens Poëtes, où souvent le médiocre surpasse trop le bon.

Les trois Poëtes anciens qui ont conservé le plus de réputation, sont *Malherbe*, *Regnier* & *Clement Marot*. On en a de très-belles Editions *in*-4°. & *in*-12. Et à propos d'Editions, je dirai, qu'on trouve de magnifiques Editions, tant en petit *in-folio qu'in*-4°. des principaux Poëtes modernes, *Boileau*, *Fontenelle*, *Racine*, &c. avec tous les ornemens que l'Imprimerie a inventés. Elles sont assurément très-propres à orner un Cabinet, mais il faut une grande dépense pour s'assortir dans ce goût, & un Curieux ordinaire fera bien de s'en tenir aux bonnes Editions *in*-12.

Je passe tout d'un coup à *Boileau*, le Législateur & le Restaurateur de la Poësie. J'avoue que je ne connois point de Poëte qui puisse lui disputer la prééminence. Si ces vers sont le fruit d'un travail pénible, ils valent aussi ce qu'ils lui ont coûté, & l'heureuse facilité de nos Poëtes modernes ne les met point en droit de s'égaler à lui. Ce seroit une peine ſuperflue que de faire connoître ſes Ouvrages en détail. La bonne Edition *in*-8°. eſt en 5 Vol. Paris avec les figures de *Cochin*.

Pour nommer tout de ſuite les trois plus grands Poëtes François, (je n'y comprends pas les Auteurs Dramatiques,) je paſſe immédiatement après à *Rouſſeau*, digne d'un renom immortel, & que perſonne n'a jamais égalé en divers genres de Poëſie, ſur-tout dans le Lyrique. On a fait une très-belle Edition *in*-4°. de ſes Œuvres depuis ſa mort; mais ce qui mérite plus particuliérement des éloges dans ſes Œuvres, eſt recueilli dans un petit Volume imprimé à Paris, ſous le titre *d'Oeuvres choiſies de M. Rouſſeau, in*-12.

Le troiſiéme Poëte du premier rang n'eſt pas difficile à deviner, & perſonne, je penſe, ne conteſtera cette qualité à Mr. *de Voltaire*, qui a donné à la France la gloire du Poëme Epique, vainement tenté avant lui, & qui n'a laiſſé preſqu'aucun genre d'écrire où il n'ait réuſſi. Sa proſe eſt peut-être encore au-deſſus de ſes vers. Il y a pluſieurs Editions de ſes

Œuvres,

Œuvres, dont la derniére est en onze Volumes, petite forme *in*-12.

Je ne m'ingérerai pas à régler plus loin l'ordre des Poëtes, & je vais indiquer tous ceux qui méritent ce titre; comme ils se présenteront à mon esprit, avec un mot seulement sur ce qui fait le mérite de chacun d'eux.

Nous retrouvons d'abord Mr. *de Fontenelle*, qui a sçu allier pendant près d'un siécle ce que les Muses ont de plus gracieux avec ce que les Sciences ont de plus sublime. On trouve dans ses Œuvres des *Eglogues*, & d'autres Piéces de Poësie, qui ne sont pas un des moindres matériaux de l'édifice de sa réputation.

Il seroit dur de refuser à Mr. *de la Motte* une place parmi les Poëtes, après tous les travaux qu'il a essuyés pour l'obtenir. Si ces Œuvres ne brillent pas par les charmes de la Poësie, on y trouve au moins une force, une solidité de raisonnement & de morale, qui suffit pour attacher le lecteur. C'est ce qui est sur-tout vrai de ses *Odes*, qui sont fort estimées par ces endroits-là. Il y a beaucoup d'invention dans les fables, & l'invention est le caractére du génie. Il étoit moins Versificateur que Poëte, moins Poëte par le style que par le fond des idées.

Madame *Des-Houlieres* a réuni l'agréable & l'utile. Ses Poësies ont toutes les graces de l'Harmonie, & toute l'énergie de la Raison.

Les Piéces de Mme la Comtesse *de la Suze* & de Mr. *Pelisson* ont été imprimées ensemble, & sont en effet à peu près du même caractére, délicat & enjoué.

Une autre Société bien assortie, c'est celle de M. *de la Fare & de l'Abbé de Chaulieu*, les Poëtes de la Nature, & les ornemens d'une Cour polie & spirituelle.

Quoi de plus aimable que le Voyage de *Bachaumont & de Chapelle* ! M. *le Franc* en a donné un de *Languedoc & de Provence*, qui, sans égaler le précédent, n'est pas pourtant indigne de lui être associé.

Les Poësies Françoises de Mr. l'Abbé *Regnier Desmarais* réunissent avec ſuccès pluſieurs goûts différens.

Les accords de la Lyre de l'Illuſtre *Pavillon*, n'ont jamais rendu que des ſons gracieux.

L'Abbé *de Villiers* a chanté l'Amitié d'une maniere très-propre à en inſpirer le goût ; & toutes ſes Poëſies ſont ingénieuſes & naturelles, mais d'un ſtyle un peu foible.

Il n'y a que des Cenſeurs pédanteſques, auxquels l'élégant badinage du P. *du Cerceau* puiſſe déplaire.

Les Poëſies de Mr. *de la Monnoye*, raſſemblées par Mr. *de Sallengre*, ont été ſuivies d'un nouveau Volume imprimé en France. On y retrouve par-tout le tour d'eſprit qui lui étoit propre, de l'enjouement, de la fineſſe & du naturel, qualité d'autant plus remarquables en lui, qu'il avoit beaucoup d'érudition.

Celles de Mr. l'Abbé *de Bernis* lui ont également frayé la route de la Gloire & celle des Honneurs.

Aimable *Greſſet*, qui pourroit t'oublier ? Ton *Ver vert*, & tant d'autres raviſſantes Poëſies, forment un des Recueils les plus précieux pour un homme de goût.

Grécourt feroit bien attachant, s'il n'allarmoit pas si fouvent la pudeur par des Piéces véritablement cyniques.

Heureux les Poëtes qui, comme l'héritier du nom & de la lyre de l'immortel *Racine*, confacrent leurs accens à ces grands fujets, qui furent autrefois les premiers objets de la Poëfie, fille du Ciel dans fon origine, à célébrer l'Etre fuprême, fes perfections, fes œuvres, fes bienfaits. Le Poëme de *la Religion* fuffit pour procurer une double immortalité à fon Auteur. On pourra y joindre la belle Traduction de l'anti Lucrece du Cardinal de *Polignac*, par M. de *Bougainville*.

Paffons au Théatre, & voyons-y d'abord régner trois Poëtes que l'heureux fiécle de Louis le Grand a produits, & qui n'ont point eu jufqu'à préfent d'égaux. Je parle de *Corneille* & de *Racine* dans le Tragique, & de *Moliere* dans le Comique; & je ne dis rien qui ne foit généralement avoué. Il a paru, je l'avoue, depuis eux quelques Piéces excellentes, & comparables, si l'on veut, aux leurs; mais aucun Auteur n'a occupé le Théatre aussi long-tems, & avec un succès aussi soutenu que ces trois-là. Les Editions de leurs Œuvres sont suffisamment connues. Les dernieres de *Paris*, *in*-12. sont les meilleures.

Comme la Collection des Auteurs Dramatiques est celle que quantité de personnes font avec le plus de plaisir, je vais indiquer presque tous ceux qui me sont connus. On a donc les Théatres de *Crebillon*, *Campistron*, *la Motte*, *Quinault*, *Destouches*, *Piron*, *Boursault*, *Brueys*, *Palaprat*, *Du Fresny*, *Regnard*, *Voltaire*, *Boissi*, *La Chaussée*, *la Grange-Chancel*, *la Fosse*, *Mlle Bernard*, *Marivaux*, *le Sage*, *le Grand*, *Hauteroche*, *Dancourt*, *Baron*, *Mont-Fleury*, *Poisson*, *Nadal*, *Mlle Barbier*, *Autreau*, que son *Démocrite prétendu fou* rendra immortel, à quoi il faut joindre l'ancien & le nouveau *Théatre Italien* avec les *Parodies*, & le Recueil en plusieurs Volumes, & de deux Editions différentes, qui est intitulé *Nouveau Théatre François*. En Voilà, ce me semble, assez pour satisfaire les plus avides en ce genre.

J'apperçois le fléau de la Mélancolie, l'inimitable *Scarron*, qui, après avoir tant réjoui ſes contemporains, ne ceſſera jamais d'égayer la poſtérité. On a une très-jolie Edition de ſes Oeuvres en dix petits Volumes.

La Fontaine va de pair avec les plus illuſtres Poëtes de ſon tems. Ses Fables ne ſeront jamais égalées. Mr. *Richer*, quoiqu'éloigné de ſon modéle, n'eſt pas ſans mérite.

Quand j'omettrois les *Contes de la Fontaine*, ils n'en ſeroient pas moins connus & lûs. Ceux de *Vergier* en attrapent aſſez bien le goût.

Lainez a laiſſé échaper quelques fragmens, qui font regretter ceux qui ſe dérobent à nos recherches.

Segrais & Brébeuf ont acquis de la gloire, dans leur tems, en traduiſant, le premier *Virgile*, le ſecond *Lucain*.

Ceux qui n'entendent pas l'Anglois & l'Italien, ſçauront gré de leur travail aux Traducteurs de *Pope*, de *Milton*, de *Leonidas*, du *Théatre Anglois*, du *Paſtor Fido*, de *la Luſiade*, du *Taſſe* & de *l'Arioſte*, par *Mirabaud*.

Mais je ne puis me refuser au plaisir d'applaudir à l'ouvrage de l'Abbé *Yart*, qui nous a donné dans notre Langue les meilleurs morceaux des Poëtes Anglois avec des Notes, dans lesquelles il compare les Auteurs de cette Nation avec les anciens ou les François; il y a joint des discours fort utiles & souvent très-agréables sur chaque genre de Poësie. Son livre a pour titre, *Idée de la Poësie Angloise*, & nous en avons déja six Volumes, en attendant 7 ou 8 qui termineront ce Receuil.

Il y a eu d'excellens Poëtes Latins dans les derniers siécles. Heureux qui peut lire & goûter *Rapin*, *Commire Vaniere & Santeuil*, & les deux Poëmes sur la Peinture de l'Abbé *Marsy*. Le Recueil de Poëmes Didactiques donné par le Pere *Oudin* en trois Volumes *in*-12. est précieux pour ceux qui aiment la Poësie Latine.

Le Poëme sur la Peinture, de l'Abbé *Marsy*, a été traduit en prose françoise, par M. *Meusnier de Querlon*; & il l'a placé après celui de *Dufresnoy* dans un Volume *in*-12. auquel il a donné pour titre *l'Ecole d'Uranie*, &c. 1753.

ARTICLE VIII.

ELOQUENCE.

LEs grands modèles de l'Eloquence sont assurément dans l'Antiquité. L'influence qu'elle avoit alors sur le Gouvernement, les grandes affaires qu'elle étoit appellée à manier, les dignités & la puissance qu'elle concilioit aux Orateurs, tout cela lui donnoit un essor & des forces, auxquelles l'Eloquence moderne ne sçauroit atteindre. Il y a pourtant eu de beaux & d'heureux génies qui se sont signalés dans cette carriére, soit en annonçant les vérités de la Religion, soit en faisant retentir leur voix devant les Tribunaux.

L'Eloquence sacrée a eu de grands hommes en France. On y trouve *Bourdaloue*, *Bossuet*, *Fléchier*, *Cheminais*, *la Rue*,

& celui que je nomme le dernier, pour insister sur son mérite, *Massillon*, dont les Oeuvres, qui ont été imprimées en 13 Volumes *in*-12. sont ce que je connois de plus accompli dans ce genre.

Saurin, parmi les Protestans, a mérité de très-grands éloges, & il n'est pas seul dans cette classe qui ait excellé.

M. l'Abbé *Trublet*, Auteur des Essais de Morale & de Littérature, vient de donner un Volume de Panégyriques de Saints, précédés de réflexions sur l'Eloquence en général & sur celle de la chaire en particulier. Je crois que les uns & les autres seront très-goûtés.

Il y a deux Livres qui donnent d'excellens préceptes sur l'Eloquence sacrée; sçavoir, *l'Eloquence Chrétienne par le P. Gisbert*, & *les Maximes sur le Ministre de la Chaire par Gaichiès*.

Au Barreau ont brillé *Patru*, *le Maître*, *Gillet*, &c. Mais *Cochin* les a tous effacés. On peut voir ce qu'en dit l'Abbé *Trublet*, p. 95 & *suiv.* de ses *Réflexions sur l'Eloquence*. Quoique les 22 Vol. des *Causes célébres*, eussent pû avoir un Auteur plus judicieux, que M. *Gayot de Pitaval*, il y a pourtant tranſcrit des morceaux d'une force & d'une éloquence, qui peuvent engager à en faire l'acquiſition.

En fait de préceptes, *la Rhétorique* ou *l'Art de parler de l'Amy*, *le Quintilien* François, & ce qu'on en trouve dans *Rollin*, ſuffiront.

ARTICLE IX.

MORALE ET GOUT.

L'Antiquité nous a tranſmis d'excellens Moraliſtes. Pluſieurs Ouvrages de *Ciceron*, & preſque tous ceux de *Seneque*, roulent ſur des matieres de Morale. Mais il faut ſur-tout faire attention aux *Réflexions de Marc Antonin*, que Mr. *Dacier* a traduites, & à la *Conſolation de la Philoſophie par Boëce*, dont la derniere Traduction eſt de Mr. de *Francheville*.

Dans notre ancien langage, nous avons deux livres qui ſe ſoutiennent encore aujourd'hui, *la Sageſſe de Charron*,

& ſur-tout les *Eſſais de Montagne*, l'un des Ouvrages que je connoiſſe, le plus propre à calmer les ennuis, & à remettre dans ſon aſſiette une ame ébranlée.

Les *Caractéres de Théophraſte par la Bruyere*, ont une ſupériorité décidée dans ce genre. S'il y a quelque Auteur qui puiſſe être placé immédiatement après, c'eſt Mr. l'Abbé *Trublet*, dont les *Eſſais* ont été infiniment goûtés, & *l'Introduction à la connoiſſance de l'Eſprit humain ſuivie des Maximes*, par *Vauvenargue*. Les *Maximes de la Rochefoucault*, & *la Fauſſeté des Vertus humaines par Eſprit*, donnent de la corruption de l'homme une idée qui paroît outrée, & qui va preſque à la deſtruction de toute vertu. Les *Réflexions de l'Abbé de Villiers ſur les défauts d'autrui*, ſont tombées dans une eſpéce d'oubli qu'elles ſont bien loin de mériter. Les *Conſidérations ſur les Mœurs de ce Siécle*, renferment preſque autant de ſentences que de mots.

Le *Traité du vrai mérite* par *Claville* a été fort recherché, comme le nombre de ſes Editions en fait foi; mais il eſt un peu diffus, & ſent la compilation. Il y a un *Recueil de divers Ecrits ſur l'Amour & l'Amitié*, &c. publié par Mr. de *Saint Hyacinthe*, où régne une véritable Métaphyſique de ſentiment & de goût.

L'Ouvrage poſtume de l'Abbé *Terraſſon*, intitulé *la Philoſophie applicable à tous les objets de l'eſprit & de la raiſon*, eſt un des Livres les plus propres à faire bien penſer ſur-tout, & je n'en connois point de plus philoſophique.

Les Anglois nous ont donné le modéle d'une ſorte d'Ouvrages, dans leſquels ils ſont demeurés les maîtres. Ce ſont ceux qui portent les noms de *Spectateur*, de *Mentor moderne*, & de *Babillard*. Ouvrages pleins de ſuc & d'énergie. La *Bibliothéque des Dames*, & *le Héros* appartiennent à cette collection. *Van Effen* n'a pas mal réuſſi dans ce genre, témoin ſon *Miſantrope*, ſon *Spectateur*, & ſa *Bagatelle*, qui ſe trouvent dans la derniere Edition qu'on a faite de toutes ſes Oeuvres. Il y a un *Spectateur François* de Mr. *de Marivaux*, auquel ſont joints *l'indigent Philoſophe* & *le Cabinet du Philoſophe*, & par le même Auteur. Rien n'eſt plus ingénieux.

Les *Essais de Morale* de M. *Nicole*, ont beaucoup de réputation. *L'Institution d'un Prince* par *Duguet*, & *les Leçons de la Sagesse*, sont des Livres estimables. Dans le premier, ce qu'il y a de morale vaut bien mieux que ce qu'il y a de politique. Les *Dialogues Socratiques* de M. *Vernet*, sont exquis pour le fonds, & pour la forme.

On peut chercher la Morale plutôt que le Goût dans les Ouvrages de Mr. *de St. Evremond*, l'un des Ecrivains les plus nerveux, mais dans quelques endroits obscur, affecté, & dur, & dans ses Poësies au-dessous du médiocre, quoique souvent très-ingénieux. L'Abbé *de St. Real* en approche beaucoup, ou même le surpasse. J'y joins *le Chevalier de Méré*, quoiqu'il y ait un peu d'affectation dans ses Ecrits. M. *de Moncrif* a donné divers Ecrits de Morale également ingénieux & solides.

La maniere de bien penser dans les Ouvrages d'esprit, par le P. *Bouhours*, *les Pensées ingénieuses*, *le Traité du Beau*, par *Crouzas*, & *un Essai sur le Beau*, du P. *André*, Jésuite, qui est devenu rare, appartiennent au goût.

Les Beaux Arts réduits à un même principe, présentent la leçon soutenue de l'exemple ; la Théorie du Beau y est revêtue des plus belles couleurs. Préceptes, Images, Elocution, tout est d'un grand Maître.

Voici quelques Ouvrages que je réunis sous un même point de vûe ; les *Dialogues des Morts de Fenelon & de Fontenelle, les Dialogues des Dieux de Rémond de St. Mard, les Dialogues sur les Plaisirs* sous le nom de *Patru & d'Ablancourt, les Oeuvres du Comte Hamilton, & le Temple de Gnide.*

On a diverses Républiques imaginaires, qui cachent sous le voile de l'Allégorie des Instructions morales. Tel est le *Gulliver*, de l'ingénieux *Swift*, dont le badinage inventif s'est diversifié en une infinité de formes toutes amusantes & utiles. Son *Conte du Tonneau* est un Livre tout-à-fait original. Il y a un *Nouveau Gulliver* de l'Abbé *Des-Fontaines*, *le Voyage des Sevarambes, l'Utopie de Thomas Morus*, qu'il faut associer à l'*Eloge de la Folie d'Erasme, au voyage souterrain de Klimmius*, aux *Mémoires de Gaudence de Luques*, & au *Naufrage des Isles flottantes*.

L'Education des Enfans étant un des objets les plus importans dans la Société, d'habiles Ecrivains ont consacré leurs veilles à donner des préceptes, ou à tracer des modeles sur ce sujet. En fait de préceptes, on a les *Traités sur l'Education de Locke & de Crouzas, l'Education des Filles* par *Fenelon*, & les *Reflexions de Mme la Marquise de Lambert*, une lettre excellente, quoique peu connue sur l'éducation, imprimée en 1751, chez *Prault*, qu'on attribue à M. de la *Condamine*. En fait de modéles le plus accompli se trouve dans le *Télémaque*, auquel ressemblent, quoiqu'imparfaitement, les *Voyages de Cyrus par Ramsay*, & le *Sethos de l'Abbé Terrasson. L'Histoire des sept Sages de Larrey* peut trouver place ici.

L'Anti-Machiavel tient parmi les Livres le même rang que son Auteur occupe parmi les hommes.

Sous le titre de Lettres, on a donné un grand nombre d'Ouvrages, où la Morale & le goût sont réunis. Je ne cautionne pourtant pas toute la Morale qui se trouve dans les Livres que je vais indiquer : elle est un peu relâchée dans quelques-uns d'entr'eux.

Les *Lettres Provinciales de Pascal* sont ce qu'on peut lire de plus ingénieux, & cela me rappelle ses *Pensées*, qui auroient dû être placées dans notre premier Article.

Et *Mes Pensées*, qu'en dira-t-on ?

Un autre Chef-d'Ouvre dans son genre, ce sont les *Lettres Persanes*, Livre qu'on relit toujours avec un plaisir nouveau. L'*Espion Turc* a été plus estimé qu'il ne l'est aujourd'hui.

Muralt est un Misantrope de la compagnie duquel on ne se lasse point. Ce n'est pas en riant, c'est en grondant, qu'il dit la vérité ; mais il a beau se fâcher, ses travers plaisent toujours, parce qu'il est rare qu'ils ne soient pas soutenus d'un fonds exquis de bon sens.

Il a eu un Emule dans l'Abbé le *Blanc*, qui a peut-être moins de force, mais qui embrasse plus d'objets, & qui les pese à une balance pour l'ordinaire plus exacte.

Je

Je mets *Madame de Sevigné* à la tête de toutes les perſonnes qui ont écrit des Lettres de ſentiment ; & ſon illuſtre Couſin, *Buſſi-Rabutin*, malgré tout ſon eſprit, ne l'a point égalé. On doit ſçavoir bon gré à M. *de la Beaumelle* de nous en avoir donné de Madame *de Maintenon*, & de nous promettre un beaucoup plus grand nombre. *Balzac*, & *Voiture*, ont fait beaucoup de bruit dans leur tems ; mais ils ſont fort déchus aujourd'hui. Il y a bien du goût & de l'enjouement dans les Oeuvres de *Sarraſin*, de *Bourſault*, de *Peliſſon*, & de *Bouhours*. *Les Entretiens d'Ariſte & d'Eugene*, de ce dernier ont occaſionné une des plus fines Critiques qui ayent jamais été faites, ſous le titre de *Sentimens de Cleante*, par *Barbier d'Aucour*.

Les Lettres ſur les Phyſionomies ont fait quelqu'honneur à leur Auteur, qui a encore donné au Public des *Conſeils ſur l'Amitié*.

Les fameuſes *Lettres Portugaiſes*, & les *Lettres de la Marquiſe de R*** par*

Crebillon, ſont de celles dont je n'ai pas voulu garantir la Morale.

Les Lettres d'une *Peruvienne* occupent une place très-honorable parmi les livres de ſentiment, ou plutôt c'eſt un chef-d'œuvre, qui reſpire toujours la vertu, auſſi-bien que *Cenie*, piéce de Théatre du même Auteur, Madame de *Graſigny*.

L'immenſe Recueil des *Jeux Floraux* fourniroit quelques bons Volumes, ſi l'on n'y mettoit que les piéces couronnées, comme on a fait pour l'Académie Françoiſe. J'en dis autant de tous les Recueils des Académies de Province ; il faudroit choiſir & traduire à peu de Volumes.

ARTICLE X. (*)

SCIENCE MILITAIRE ET MATHEMATIQUES.

IL y a de grands Ouvrages dans lesquels on peut puiser comme à la source tout ce qui concerne la Science Militaire, tant dans la Théorie que dans la Pratique. Le plus renommé, c'est le *Polybe du Chevalier Folard. Les Mémoires de Feuquieres, les Batailles du Prince Eugene, &c.* donnent l'exemple avec la leçon. On peut lire aussi l'Histoire Militaire de Louis XIV. par *Quincy*, & le *Traité des Légions*.

On vient d'augmenter le nombre de ces Livres si utiles aux Eleves de Mars, en exécutant avec toutes les beautés

(*) Je suis redevable des matériaux de presque tout cet Article & d'une partie du suivant, à M. le Major *Humbert*, Membre de l'Académie Royale; qui a fourni des additions à cette nouvelle Edition.

Typografiques le bel Ouvrage intitulé, *L'Art de la Guerre par M. le Maréchal de Puyſegur.*

On a publié à Paris les *Inſtructions Militaires du C. de S. in-*8°. Livre utile.

Tout ce qui regarde la guerre ſe trouve en abrégé dans l'*Eſſai ſur la guerre* de M. le Comte *Turpin*, deux Volumes *in*-4°. D'ailleurs l'ouvrage eſt écrit avec agrément.

Voici des Livres qui roulent ſur des matieres particulieres. *Coehorn, Nouvelle Fortification*, la Haye 1706. *Deidier, le parfait Ingénieur François*, Paris 1742. *in*-4°. *Rozard. Nouvelle Fortification Françoiſe*, &c. Nuremberg 1731. *in*-4°. *Belidor, la Science des Ingénieurs dans la conduite des travaux de fortification.* Paris 1729. *Landſberg, les Fortifications de tout le monde*, &c. 3. Tom. *in*-4°. Dreſde 1737. Cet Ouvrage donne une idée de tous les Syſtêmes de fortification, & découvre ce qu'il y a de bon ou de mauvais. L'Auteur eſt un homme de grande expérience. *St. Remy, Mémoires d'Artillerie*, deux Tomes *in*-4°. Il y en a pluſieurs Editions. Enfin *Vauban*, *de l'Attaque & de la défenſe des Places*, &c. deux Tomes *in-*4°. à la Haye 1737. On peut y joindre *Elémens de l'Art militaire, par* Mr. *d'Hericourt*, à la Haye 1748. *in*-8°. Il y a un *Dictionnaire militaire* en 4 Vol. *in*-12.

Par rapport aux Mathématiques, nous ne parlerons point des Traités de Géométrie ſublime, puiſqu'il s'agit uniquement de former la Bibliothéque d'un Cavalier qui cherche à s'inſtruire dans les choſes que la bienſéance ne lui permet pas d'ignorer. Nous nous bornons donc à indiquer les livres ſuivans. *Crouſaz. Reflexions ſur l'utilité des Mathématiques, & un Eſſai d'Arithmétique démontrée*, Amſt. 1715. *in*-12. *Le Traité de la Grandeur en général, &c. du P. Lami*, *in*-12. *Les nouveaux Elémens de Géométrie* du même, Paris *in*-12. Les *Oeuvres de Mathématiques du P. Pardies*, la Haie, *in*-12. 1691. Les *Oeuvres poſthumes de Rohault*, 2 Tomes *in*-12.

Mr. *Clairaut* a publié des *Elémens de Géométrie*, Paris *in*-8°. 1741. qui ſont véritablement à la portée de tout Lecteur, qui veut y apporter un peu d'attention. *L'Abrégé de Géométrie* de Mr. *Rivard* est très-bien fait : il a été recommandé par Mr. *Rollin*.

Pour la Géométrie Pratique, entre une foule de Livres qui la concernent, voici ceux qu'on peut donner pour les meilleurs. *Seb. le Clerc*, *Pratique de Géométrie sur le papier & sur le terrain*, *in*-8°. 2. Tom. Paris 1691. *Méthode de lever les plans & les Cartes de Terre & de Mer, &c.* Paris 1693. *in*-12. *La Géométrie Pratique de l'Ingénieur, ou l'Art de mesurer, divisé en 8 Livres*, par *Clermont* in-4°. La *Science des Ingénieurs* par *Belidor*, qui a d'ailleurs donné d'excellens Ouvrages sur les différentes parties des Mathématiques.

Si l'on veut un Cours complet de Mathématiques, il y a celui de Mr. *Wolff*, en Latin *in*-4°. ou en Allemand *in*-8°. On a en François un *Cours de Mathématiques par Ozanam* en 8 Tomes *in*-8°. y compris les *Récréations Mathématiques*, Paris 1697. Mais cet Ouvrage, quoique fort cher, n'approche pas du précédent, & n'est pas à beaucoup près si complet.

Le Dictionnaire Mathématique d'Ozanam, Paris, est un bon Livre, mais inférieur pour l'universalité des termes de cette Science au *Dictionnaire de Mathématiques*, par *Saverien in-4°.* 2 Vol.

La Méchanique étant une science aussi agréable qu'utile, on pourra se procurer à cet égard les Livres suivans. *Bion, Construction & usage des Instrumens de Mathématiques.* La meilleure Edition est de Paris, *in-4°.* Je ne sçache guéres de Livres de Mathématiques plus commode & mieux fait. *Machines & Inventions approuvées par l'Académie Royale des Sciences*, Paris 1735. 6 Volumes *in-4°.* *Traité des forces mouvantes pour la pratique des Arts & des Métiers, par* Mr. *le Camus*, Paris 1724. *in* 12. C'est un petit Ouvrage très-propre à donner une idée distincte de toutes sortes de machines. *La Méchanique du Feu, ou Traité des Nouvelles Cheminées, Traité des moyens de rendre les rivieres navigables.*

N'oublions pas l'*Architecture Hydraulique, ou l'Art de conduire, d'élever, & de ménager les eaux*, par M. *Belidor*, à Paris, grand *in-quarto.*

Pour l'Architecture Navale & la Navigation, on estime *l'Art de bâtir les Vaisseaux avec les Pavillons des différentes Nations*, Amst. 1719. *in*-4°. *Traité complet de navigation*, *par Bouguer*, Paris 1706. *in*-4°. *Dictionnaire de Marine par Aubin*, *in-quarto*.

Pour l'Architecture Civile, on ne peut se dispenser d'avoir le *Vitruve* de M. *Perrault*, Paris, *in-folio*, le *Palladio*, *Scamozzi*, *Serlio* (on a ces trois derniers en Italien & en François,) & *Vignole*, sous le titre de *Cours d'Architecture* par *Daviler*, augmenté par *le Blond*, & réimprimé à Paris. On n'a pas mis dans cette Edition le *Dictionnaire des termes de l'art de bâtir*, mais en revanche on l'a augmentée de plusieurs nouvelles Planches, & de desseins conformes à l'usage présent, aussi-bien que de Remarques, parmi lesquelles on en trouvera quelques-unes contre le mauvais goût de certains ornemens, qui paroissent vouloir prendre le dessus. *L'Architecture de Seb. le Clerc*, à Paris *in*-4°. 1714. est un modèle de bon goût dans cette science.

Le *Cours d'Architecture enseigné dans*

l'Académie Royale d'Architecture, par M. *Blondel*, à Paris, *in-folio*, 1698, est aussi un très-bon livre. Il y a un autre Auteur de même nom, qui a publié en 1738, à Paris un Traité; *De la décoration des Edifices en général*, en un Volume *in-quarto.*

Le *Parallele de l'Architecture de M. de Chambray*, in-folio, Paris, est un Livre excellent pour la Théorie, comme le suivant l'est pour la Pratique: *L'Architecture moderne, ou l'Art de bien bâtir, pour toutes sortes de personnes, tant pour les maisons des particuliers que pour les Palais.* 2 Tomes in-quarto.

Les *Entretiens sur les Vies des Peintres & des Architectes par Felibien*, Paris, *in-quarto*, réimprimés en 6 Volumes avec bien des augmentations, sont un bon livre, de même que l'*Abrégé de la Vie des Peintres*, par M. *de Piles*, à Paris, 1715. *in*-12. & le *Cours de Peinture par Principes*, du même Auteur, *in*-12. à Paris 1708. En général les Ouvrages de M. *de Piles* sont excellens, & contiennent tous les mystères de l'Art développés avec beaucoup de netteté. Il faut lire encore ſur ce bel Art le *Traité de Peinture & de Sculpture* de Mrs *Richardſon pere & fils*, 3 Vol. *in*-8°. & les *Vies des Peintres Flamands, Hollandois & Allemand* en 2 Vol *in*-8°. avec de très-bons portraits par M. *Deſcamps*.

On eſtime auſſi l'*Abbrégé de la Vie dès plus fameux Peintres avec leurs Portraits*, &c. par M.... de l'Académie Royale des Sciences de Montpellier, *in*-4°. Paris, 3 Vol.

L'Art de bien ordonner les Jardins étant du reſſort de l'Architecture, entre un nombre infini d'Ouvrages qui en traitent, les ſuivans me paroiſſent les plus utiles : *Inſtruction pour les Jardins fruitiers & potagers*, *Traité des Orangers*, & *Réflexions ſur l'Agriculture*, &c. par M. *de la Quintinie*, 2 Tom. in-4°. Paris. *La Théorie & la Pratique du Jardinage, où l'on traite à fonds des beaux Jardins, appellés les Jardins de propreté, comme ſont les Parterres, les Boſquets, les Boulingrins*, &c. in-4°. Paris.

ARTICLE XI.

GEOGRAPHIE ET VOYAGES.

JE commence cet Article par le *Grand Dictionnaire Géographique* de M. *de la Martiniere*, *in-folio*. C'est à la vérité un ornement de Bibliotheque, mais il a le défaut inévitable dans les premieres Editions de ces sortes d'Ouvrages, c'est à-dire, beaucoup d'inexactitudes & d'omissions, quelquefois capitales, témoin celle de *St. Petersbourg*, dont l'Article ne s'y trouve point.

L'Atlas Historique de Gueudeville est peut-être encore plus suspect du côté de l'exactitude ; mais la beauté de l'exécution & la variété prodigieuse des matieres, en font un livre très-amusant.

On a un *Dictionnaire Géographique universel, tiré de Baudran*, par *Maty*, in-4°. *Méthode pour étudier la Géographie par Lenglet du Fresnoy*, Paris, 8 Vol. *in*-12.

Robbe & *la Croix* seroient assez bons,

s'il n'y avoit pas tant de fautes pour ce qui concerne l'Allemagne. On ne peut guéres se passer pour cet Empire de la Géographie de *Hubner* le fils, en Allemand, 3 Tomes *in* 8°. Berlin, 1741.

Cet Ouvrage si utile a été traduit tout nouvellement en François, & imprimé à Lausanne, en trois Tomes, *in* 8°.

A ces Livres il faut ajouter les Cartes des meilleurs Auteurs. Toutes celles *de l'Isle*, qui sont au nombre de 80. sont très-bonnes; M. *Buache* son gendre & son successeur continue ce Recueil avec succès.

Les Cartes de M. *d'Anville* sont excellentes. Il a donné dix-sept Cartes anciennes & beaucoup de nouvelles, & le *Nouvel Atlas de la Chine, de la Tartarie Chinoise, du Thibet & de la Corée*, à la suite de l'*Histoire de la Chine* du *P. Duhalde*.

Parmi les Cartes de *Homann*, on peut hardiment choisir les Provinces de l'Allemagne. J'en dis autant de celles de *Seutter*: elles sont presque toutes bonnes. Pour les Pays-Bas, on peut faire une Collection entre les Cartes de

Vischer, d'*Ottens*, & de *Mortier*.

Voici encore des Cartes que je recommande. L'Allemagne en 4 feuilles par *Eisenschmidt*. La Hongrie en 4 feuilles, par le Capitaine *Muller*. La Bohême en 8 feuilles par le même. Toutes les Cartes de *Zurner*, de *Zollmann*, & surtout de celles de M. *Hase*, ainsi que le bel *Atlas de Russie* imprimé à Petersbourg, en François & en Russe.

L'Académie de *Berlin* a fait graver un Atlas travaillé avec beaucoup de soin, sous la direction du célébre M. *Euler*.

Le Blason & quelques ouvrages Héraldiques doivent entrer dans notre Cabinet, comme ; *Marc Vulson de la Colombiere, l'Art Héraldique, ou la Science du Blason*, *in-folio*, Paris. Le *Théatre d'Honneur & de Chevalerie*, du même, 2 Vol. Paris 1643. *L'Office des Rois d'armes*, du même, *in*-4°. Paris.

On tirera encore meilleur parti des Ouvrages de *Spener*, sçavoir, *Phil. Jac. Speneri Insignium Theoria*, & sur-tout, *Historia insignium illustrium*, &c. Francf. *in-folio*. C'est l'Ouvrage le plus curieux

& le plus exact que l'on puisse acquérir sur la science Héraldique, sur-tout pour les Familles de l'Empire & des Royaumes Septentrionaux. L'Auteur étoit en correspondance étroite avec le Pere *Menestrier*, dont on a *la Science de la Noblesse, avec le Blason*, Paris 1691. *in*-12. On a du même Auteur, *Origine des Ornemens des Armoiries*. Paris, 1680. *in*-12. & la *Nouvelle Méthode raisonnée du Blason*, in-12. à Lyon. *Les Souverains du Monde*, *in* 12. 5 Tomes, sont un Ouvrage traduit de l'Allemand.

Passons aux Voyages; le nombre en est prodigieux, mais il est aisé de se borner. D'abord on pourra avoir *l'Histoire des Voyages*, dont les Volumes *in*-4°. traduits de l'Anglois, paroissent à Paris par les soins de Mr. l'Abbé *Prévôt*. On a aussi le *Recueil des Voyages au Nord* avec fig. 10 Vol. *in*-12. Amst. 1731. & suiv.

Il y a des Voyages sçavans, comme ceux de *Tournefort*, de *Spon* & *Wheler*, la *Description de l'Egypte par Maillet*, & les *Voyages du Dr. Shaw*, qui sont pleins d'érudition, sans y rien perdre du côté de l'agrément.

Les principaux Voyageurs que je me rappelle, sont *le Gentil*, *Tavernier*, *Monconys*, *de Bruyn*, *Olearius*, *Chardin*, *Dampier*, *Paul Lucas.*

Le P. *Labat* a fait une grande quantité de Voyages du fonds de son Cabinet. Ils sont amusans, mais on a sujet de douter de leur fidélité.

Le *Voyage d'Italie de Misson*, & les *Mémoires de* Mr. le *Baron de Pollnitz*, ont tout ce qui peut attacher un Lecteur curieux & de bon goût.

Nous avons eu depuis le *Voyage de l'Amérique Méridionale* par D. *Antonio d'Ulloa & Don Juan*, Commandeur d'*Alliaga*, & le *Voyage de l'Amiral Anson*, qui sont tout-à-fait intéressans pour ceux qui préferent l'exactitude au merveilleux. Il a paru aussi un *Voyage à la Baye de Hudson*, qui a son mérite.

Les Rélations de Mrs *Bouguer* & surtout celles *de la Condamine* ont excité l'attention par divers endroits. Celles-ci sont écrites avec plus d'agrémens & tiennent plus de choses à la portée de tous les Lecteurs, sans en être moins Philosophiques.

ARTICLE XII.

JURISPRUDENCE ET MEDECINE.

C'Eſt uniquement pour ne rien omettre que j'indique ces deux Sciences, & l'on ſent bien, que mon plan ne me permet pas d'en tirer beaucoup d'Ouvrages propres à enrichir notre Collection.

Par la Juriſprudence, j'entends ſeulement les matieres du Droit Naturel & du Droit Public, entant qu'elles peuvent être l'objet de l'attention d'une perſonne, qui ne s'y eſt pas ſpécialement conſacrée.

Un Ouvrage fondamental qui peut ſervir d'Introduction à tous ceux qui concernent le Droit, c'eſt *l'Eſprit des Loix*, par lequel feu M. de *Monteſquieu* s'étoit confirmé dans la poſſeſſion depuis long-tems acquiſe, d'un des premiers rangs de la République des Lettres. On ne devoit pas moins attendre

attendre de l'Auteur des *Considérations sur les causes de la grandeur & de la décadence des Romains.*

Je n'indiquerai pour le Droit Naturel que les Traductions que Mr. *Barbeyrac* a données des meilleurs Ouvrages en ce genre. Tels sont le *Droit de la Guerre & de la Paix par Grotius*, le *Droit de la Nature & des Gens par Puffendorff*, le *Traité des Loix Naturelles par Cumberland*, & les Ouvrages de M. *Burlamaqui.*

Le Droit Public a fourni matiere à d'amples Recueils, qui sont d'un prix considérable. Les plus estimés son ceux de *Lamberti*, de *Dumont*, & de *Rousset.* On a aussi des Mémoires de divers Congrès, comme *des Pyrénées*, *de Ryswik*, *de Nimegue*, *d'Utrecht.* Les Lettres & Mémoires du Cardinal *d'Ossat*, de *Walsingham*, & du Comte d'*Estrades*, sont d'excellens modéles en fait de Politique & de Négociation.

Un des plus vastes Recueils Publics qu'on ait exécuté, ce sont les *Actes de Rymer*, dont il existe une Edition faite en Hollande avec beaucoup d'exactitude.

Le *Droit Public Germanique*, en 2 Vol *in*-8°. est un livre fort bien fait.

L'Ambassadeur & ses fonctions par Wicquefort, est un Livre d'usage.

En fait de Politique générale les *Discours de Gordon sur* Tacite, & le *Traité du Gouvernement civil* par *Locke*, sont deux Ouvrages d'une grande force.

Depuis quelque tems il paroît des Livres sur le Commerce, qui fournissent des ouvertures admirables, & jusqu'à présent peut connues. Il faut mettre à la tête les *Elémens du Commerce*, & y joindre les *Remarques sur les avantages & les desavantages de la France & de la Grande Bretagne*, &c. du prétendu Chevalier *Nickols*, avec trois ou quatre dans le même genre. Les *Remarques* sont de M. *Dangeul*; mais il en a emprunté une partie des meilleurs Ouvrages Anglois sur le Commerce, entr'autres de celui de M. *Tucker*, qui a à peu près le même titre.

Les *Discours Politiques* de M. *Hume*, méritent tous les Eloges qu'ils ont reçus, & M. l'Abbé *Le Blanc* en a donné une bonne Traduction.

Il ne me reſte que la Médecine, & j'aurai peu de choſes à dire ſur cet article. On peut en puiſer l'Hiſtoire dans *le Clerc*, & dans *Freind*, qui l'ont écrite. *L'Etat abrégé de la Médecine par Allen*, eſt un Livre inſtructif. On peut attribuer le même caractére au *Traité des Maladies*, &c. par *Helvetius*. Un livre très-judicieux & à la portée de tous les Lecteurs, c'eſt celui de Mr. le *François*, Docteur de Paris, intitulé *Réflexions critiques ſur la Médecine, ou l'on trouve ce qu'il y a de vrai & de faux dans les jugemens qu'on porte au ſujet de cet Art.* 2 Vol. *in*-12. à Paris, chez Cavelier, 1723. Le premier Tome eſt ſur la Médecine, le ſecond ſur les Médecins.

On lira avec plaiſir l'*Eſſai ſur la Santé par Cheyne*, & le petit Ouvrage qui porte le nom de *Cornaro*.

Il y a un petit nombre de Traités particuliers, curieux & amuſans. On trouvera tels, ſi je ne me trompe, celui des *Vertus médicinales de l'Eau commune*, & celui *de l'Eau de Goudron*, qui a fait pendant quelque tems beaucoup de bruit.

Perſonne ne ſera fâché d'avoir dans ſon

Cabinet *les Chymies de Boërhawe*, *d'Hoffmann*, *de Lemery*, &c. les livres d'Anatomie *de Winslow* & de M. *Tarin*.

La structure du Cœur par M. *Senac* in-4°. 2 Vol. & l'Histoire *des Plantes usuelles par Chomel*, 3 Vol. *in*-12.

Si quelqu'un veut prendre un vol plus élevé, qu'il lise les *Boerhawe*, les *Hoffmann*, les *Stahl*, les *Van-Swieten*, & & les *Haller*. Rien ne rend la Médecine du corps plus utile que de ne pas négliger celle de l'Esprit ; & M *le Camus* a donné un bon Ouvrage sur cette derniere.

Au reste, le meilleur Recueil en Médecine, c'est le *Dictionnaire de Médecine*, 6 Vol. *in-folio*, imprimé à Paris.

Je finis par un conseil général ; il y a quelques Auteurs dont il faut qu'un homme d'esprit & de goût ait tous les Ouvrages, parce que s'ils ne sont pas tous excellens, il y a de l'excellent dans tous.

Quant aux jugemens que je porte des livres que je conseille, j'ai cru pouvoir mettre quelquefois quelques restrictions à mes éloges. Peut-être même n'en ai-je pas pas assez mis à l'égard des Auteurs vivans ; mais j'ai craint qu'ils ne fussent plus blessés de la critique la plus légere, que flattés d'avoir été *conseillés*.

Au lieu d'Epigraphe, je finirai ce Volume par un beau fragment de la lettre que le Cardinal Bessariou écrivit en 1499 au Doge & au Sénat de Venise, & par laquelle il leur fait présent de sa magnifique Bibliothéque. Ce morceau peut être comparé avec le bel éloge des Sciences que *Ciceron* a placé dans l'oraison pour *Archias* : Voici les termes du Cardinal.

Je croyois ne pouvoir acquérir ni d'ameublement plus beau, plus digne de moi, ni de trésor plus utile & plus précieux. Ces Livres dépositaires des Langues, remplis des exemples de l'antiquité, remplis de mœurs, de loix, de Religion, sont toujours avec nous, nous entretiennent & nous parlent. Ils nous instruisent, nous forment, nous consolent, ils nous représentent des choses éloignées de notre mémoire, & nous les mettent sous les yeux. En un mot, telle est leur puissance ; telle est leur dignité & leur influence, que s'il n'y avoit point de Livres, nous serions tous ignorans & grossiers; nous n'aurions ni la moindre trace des choses passées, ni aucun exemple, ni la plus legere notion des choses divines & humaines. Le même tombeau qui couvre les corps, auroit englouti les noms célébres.

TABLE

DES LIVRES ET DES AUTEURS INDIQUÉS DANS CET OUVRAGE.

ARTICLE PREMIER. pag. 1re.

Ecriture Sainte, Théologie, & Histoire Ecclésiastique.

LA Bible, 6 Vol. in-12. petit format,

— Trad. par Sacy.

Le Nouveau Testament ſous le titre de Manuel du Chrétien, où ſe trouve dans le même Volume l'ordinaire de la Meſſe, l'Imitation de J. C. & les Pſeaumes.

Le Nouveau Teſtament de Sacy.

— d'Amelotte.

— de Bouhours.

Commentaire moral ſur la Bible, P. Sacy.

— Littéral par Calmet.

Dictionnaire de la Bible, P. Calmet.

Diſcours hiſtorique ſur la Bible, par Saurin, Roques & Beauſobre.

Imitation de Jeſus-Chr.

Cathéchiſme de Montpellier.

Origene contre Celſe.

Octavius de Minutius Felix.

Abbadie, Vérité de la Religion Chrétienne.

Le François, preuves de la Religion Chrét.

Boſſuet, expoſition de la Doctrine Chrétienne.

Burnet, Défenſe de la Religion.

Turretin & Vernet, Traité de la Vérité de la Religion Chrétienne.

Ditton, la Religion Chrétienne démontrée par la Réſurrection.

Témoins de la Résurrection.
Fleuri, Histoire Ecclésiastique.
— la même en abrégé.
Tillemont, pour l'Histoire Ecclésiastique.
Dupin, Bibliothéque des Auteurs Ecclésiast.
Fleuri, Mœurs des Chrétiens.
Hermant, Histoire des Hérésies.
Choisi, Histoire Ecclésiastique.
Abrégé de l'Histoire Ecclésiastique dans le goût de celui du Président Henault
Histoire de l'Eglise Gallicanne.
Histoire des Papes.
Cérémonies & Coutumes Religieuses.

ARTICLE II. p. 21

Philosophie.

Oeuvre de Descares.
— de Gassendi.
— de Newton.
— de Wolf.
Brucker, Histoire Critique de la Philosophie, en Latin.
Deslandes, H. Cr. de la Ph.
L'Art de Penser.
La Logique de Crousaz.
L'Introduction à la Log. & à la Métaph. par s'Gravesande.
La Philosophie du bon sens.
Malebranche, Recherche de la Vérité.
Locke, Essai sur l'Entendement.
Théodicée de Leibnitz.
Recherches sur l'origine des ides, par Hutchinson.
Condillac, Traité des Systêmes.
— Essai sur l'origine des Idées.
— Traité des Sensations.
Mélanges de M. d'Alembert.
Derham, Théol. Physiq.
— Astronomique.
Nieuwentyt, Existence de Dieu.

Le Spectacle de la Nature.
Réaumur, Mémoires sur les Insectes.
Muschembroeck, Essai de Physique.
Bazin, Histoire des Abeilles.
—— Abrégé de l'Hist. des Insectes.
Bonnet, Traité d'Insectologie.
—— Recherches sur les Feuilles.
Observations d'Histoire Naturelle faites avec le microscope, par Joblot.
Le Cat, Traité des Sens.
Expériences Physiques de Poliniere.
Leçons de Physique de l'Abbé Nollet.
Buffier, Cours des Sciences.
Régnault, Entretiens de Physique.
—— Origine Ancienne de la Physique moderne.
Maupertuis, Figure de la Terre.
—— Ses Oeuvres.
Fontenelle, Pluralité des Mondes.
Institutions Physiques de Madame du Châtelet.
Tr. de l'Aurore Boréale, par M. de Mairan.
Bougeant, Observat. curieuses sur toutes les parties de la Physique.
—— Amusement Phil. sur le langage des Bêtes.
Daniel, Voyage du Monde de Descartes.
Culture des Terres.
Conservation des grains.
Tillet, Dissertation sur la cause qui corrompt les épics de bled & ses expériences.
Calendrier des Laboureurs & des Fermiers.
—— des Jardiniers.
Mémoires des Académies des Sciences.
Transactions Philosophiques, traduites par Bremond.
Essai d'Edimbourg.
Sheuchzer, Physique Sacrée.
Marsigli, Histoire du Danube.
Albertus Seba.
Mrs. de Buffon & d'Aubenton, Hist. Naturelle.
Dictionnaire Philosoph. de Chauvin.
Encyclopédie.

ARTICLE III. p. 28.

Belles-Lettres.

Auteurs Grecs & Latins.
Dauphins.
Variorum.
Mémoires de l'Académie Royale des Inſcriptions & des Belles-Lettres.
Montfaucon, l'Antiquité expliquée.
Dictionnaire de Bayle.
—— de Chaufepié.
—— de Moreri.
Baillet, Jugemens ſur les Ouvr. des Sçavans.
Goujet, Biblioth. Françoiſe.
Cours de Belles-Lettres, par Exercices.
Mémoires du P. Niceron.
Pelliſſon & d'Olivet, Hiſt. de l'Acad. Françoiſe.
Eloges par M. de Fontenelle.
—— par M. de Boze.
—— par M. de Mairan.
Recueil d'Ana par Mr. des Maiſeaux.
Scaligerana.
Thuana.
Perroniana.
Pithæana.
Colomeſiana.
Menagiana.
Parrhſiana.
Vigneul Marville, M. de Litter.
Shanheim, Ceſars de Julien.
Joubert, la Science des Médailles.
Lettres de M. Cuper.
Mythologie de l'Abbé Banier.
Pluche, Hiſtoire du Ciel.
Dictionnaire Mythologique.
—— de l'Académie Françoiſe.
Le Roi, Traité de l'Ortographe Françoiſe.
Dictionnaire de Trévoux.
—— de Richelet.
Ménage, Dictionnaire Etymologique de la Langue Françoiſe.
Bovet, Dictionnaire des vieux mots.
Remarques du P. Bouhours.
—— de Vaugelas avec les notes de T.

Corneille, & de l'Académie.

Duclos, Grammaire raisonnée de Port-Royal.

Grammaire de Régnier.

Grammaire de Buffier.

— de la Touche.

— de Restaut.

D'Olivet sur la Grammaire.

— Opuscules des divers Académiciens.

Journal de l'Abbé de Choisy.

Voyage de Siam.

Girard, principes de la Langue Frnçoise.

— Synonymes.

Dumarsais, les tropes.

Dictionnaire Néologique.

Mathanasius.

Le Parnasse Réformé.

Rélation d'une Assemblée tenue au bas du Parnasse.

Traductions de du Ryer.

— de Vaugelas, Q. Curce.

— d'Ablancourt.

— d'Amyot, Plutarque.

— Amours de Daphn & Chloé.

— de Mr. Dacier. { Plutarq. Horace.

— de Mme Dacier. { Homere. Térence. Anacreon.

Démosthene de Toureil.

Lettres à Atticus de Mongault.

Traductions de l'Abbé & d'Olivet.

Diodore de Sicile de Terrasson.

Pausanias, Quintilien } de Gedoyn.

Horace, Juvenal & Perse } Du P. Tarteron.

Horace de Sanadon.

— de Batteux.

Tacite d'Amelot de la Houssaye.

Tite-Live de Guerin.

Virgile de { Catrou & Desfontaines

Perrault, Paralèles.

Fontenelle sur les anciens & modernes.

Fourmont, examen impartial.

Mr. Lambert Homere en arbitrage.

Mme Dacier, Corruption du Goût.

La Motte, Réflexions sur la Critique.

Bergier, Histoire des Grands Chemins.

ARTICLE IV. p. 39.

Journaux.

Camusat, Histoire des Journaux.
Journal des Sçavans.
Table génerale du Journal des Sçavans.
Nouvelles de la République des Lettres, par Bayle.
— par Bernard.
Basnage de Beauval, Histoire des Ouvrages des Sçavans.
Le Clerc, Bibliothéque Universelle.
— Choisie.
— Ancienne & Moderne.
Mémoires Litter. de la G. Bretagne.
Bibliothéque Angloise.
Desfontaines, Observations sur les Ecrits modernes.
Feuilles périodiques de Granet.
— de Freron.
— de la Porte.
Memoires de Trévoux.
Bibliothéque Françoise.
— Britannique.
Journal Britannique.
Bibliothéque Raisonnée.
Bibliothéque Germaniq.
— Impartiale.
Mercure Hist. & Polit.
Amusemens du Cœur & de l'Esprit.
Mercure de France.

ARTICLE V. p. 44.

Histoire.

Fleury, Mœurs des Israélites & des Chrétiens.
— des Grecs par Menard.
— Usages des Romains, par Lefebvre de Morsan.
— des François, par le Gendre
Lenglet du Fresnoy, Méthode pour étudier l'Histoire.
Histoire Universelle par une Société de gens de

Lettres.
Hiſtoire des Juifs par Joſephe.
— Prideaux & Schukford.
— — Baſnage.
Vallemont, Elémens de l'Hiſtoire.
Hiſtoire Univ. de Petau.
— — Puffendorff.
Rollin, Traité des Etudes.
— Hiſtoire ancienne.
— — Romaine.
Boſſuet, diſcours ſur l'Hiſtoire Univerſ.
Temple Stanyan, Hiſtoire de Grece.
Hiſtoire des Celtes, par M. Pelloutier.
Vertot, Révolutions de la Républiq. Romaine.
— — de Suede.
— — de Portugal.
— Hiſtoire des Chevaliers de Malte.
Hiſtoire des Empereurs, par Tillemont.
— Romaine d'Echard.
— — de Crevier.
—de l'Empire par Heiſs.
— par le P. Barre.
Voltaire, Abrégé d'Hiſt. Univerſ.
— Annales de l'Empire.
—Siécle de Louis XIV.

Hiſtoire d'Eſpagne par Mariana.
— par Ferreras.
— par le P. Dorleans.
De Thou, Hiſtoire de ſon tems.
Hiſtoire de France, par Mezerai.
— le P. Daniel.
— Abr. Chronol. par le Preſ. Henault.
— d'Angleterre, par Rapin Thoyras.
Le P. d'Orleans, Révolutions d'Angleterre.
Mémoires de la G. Bretagne, par Burnet.
Hiſtoire des Provinces Unies, par le Clerc.
— par Baſnage.
— de Portugal, par Neuf-ville.
— — la Clede.
— de Dannemark, par de Roches.
— par Mallet.
— de Veniſe par Nani.
— de Conſtantinople, trad. par Couſin.
— par le Comte de Marſigli.
— par le Prince Cantimir.
Du Halde, Deſcription de la Chine.
Kempfer, Hiſt. du Japon.

Charlevoix, Histoire de la nouvelle d'Espagne.
Kolbe, Description du Cap. de Bonne Espérance.
Garcilasso de la Vega, Histoire des Yncas.
— Conquête de la Floride.
De Solis, Conquête du Mexique & du Perou.
Le Vassor, Histoire de Louis XIII.
Duclos, Histoire de Louis XI.
Reboullet, Histoire de Louis XIV.
Mémoires de Comines.
— de Sulli.
— de Monluc.
— de Bassompierre.
— du Cardinal de Retz.
Mémoires de Joli.
— du Duc de la Rochefoucault.
— de Rohan.
— de Mlle de Montpensier.
Journal de Henri III.
— de l'Estoile.
Mémoires de Condé.
Vie de Ximenés.
— de Theodose.
— de Commendon.
— de Henri IV.
— de l'Empereur Julien.
— de Ciceron.
— de Turenne.
— de Charles XII.
— des Hommes Illustres, par d'Auvigny.
Raynal, Histoire du Stathouderat.
— du Parlement d'Angleterre.
— Mémoires Historiques.

ARTICLE VI. p. 52.

Romans.

Gordon de Percel, Bibliothéque des Romans.
Amadis de Gaule.
Esplandian.
Astrée.
Polexandre.
Ariane.
Cassandre.
Cleopatre.
Faramond.
Cyrus.
Ibrahim Bassa.

Clelie.
Oeuvres de Madame de Villedieu.
La Princesse de Cleves.
Zayde.
La Comtesse de Gondez.
Les Journées Amusantes.
Les Cent Nouvelles.
Anecdotes de la Cour de Philippe Auguste.
Hippolite Comte de Duglas.
Le Comte de Warwick.
Mémoires de la Cour d'Espagne.
Jean de Bourbon, Prince de Carenci.
Le Comte de Comminges.
Le Siége de Calais.
Les Malheurs de l'Amour.
Mémoires de Milord * * *
La Comtesse de Vergi.
Edele de Ponthieu.
Histoire secrette de Bourgogne.
La Reine de Navarre.
Le Connétable de Bourbon.
Diane de Castro.
La Bibliothéque de Campagne.
Mémoires d'un homme de Qualité.
Histoire de Cleveland.
Le Doyen de Killerine.
Mémoires d'un honnête homme.
Le Paysan parvenu.
Vie de Marianne.
L'Ecumoire.
Le Sopha.
Grigri.
Atalzaïde.
Les Egaremens du Cœur & de l'Esprit.
Ah! Quel Conte!
Les heureux Orphelins.
Matines de Cythere.
Romans du Marquis d'Argens.
Mémoires du Comte de Grammont.
Mém. du Comte D * * avant sa retraite
— de la Comtesse D * * avant sa retraite
— de Montbrun.
— d'Artagnan.
— de M. L. C. D. R.
— de Vordac.
Les Confessions du Comte D * *
Mémoires pour servir à l'Histoire des Mœurs du XVIII. Siécle.
Mémoires de Me. de Luz.
Amusemens des Eaux de Spa.
— — d'Aix.
Oeuvres de Brantome.
Rabelais.

Le Rabelais réformé.
Decameron de Bocace.
Cent Nouvelles de la R. de Navarre.
Histoire Comique de Francion.
D. Quichotte.
Guzman d'Alfarache.
Le Diable Boiteux.
Gilblas de Santillane.
Le Bachelier de Salamanque.
Pamela.
Clarisse.
L'Orpheline Angloise.
Les Mémoires de Cecile.
Le Laideur Aimable.
La Vie de David Simple.
Les Avantures de Joseph Andrews.
L'Etourdie.
Mille & un jour.
Mille & une nuit.
Contes des Fées.
Acajou.
Princesse sensible.

ARTICLE VII. p. 61.

Poësie.

Parnasse de Titon du Tillet.
Poëtique d'Aristote.
Pratique du Théatre d'Aubignac.
Le Bossu, Traité du Poëme Epique.
Du Cerceau, Réflexions sur la Poësie Françoise.
Rémond de St Mard, Examen Philosophique de la Poësie.
— Réflexions sur la Poësie en général.
Du Bos, Réflexions sur la Poësie & la Peinture.
Discours de la Motte sur l'Ode.
sur la Fable.
la Tragédie.
l'Eglogue.
Bibliothéque Poëtique.
Réflexions de M. de Fontenelle sur la Poësie.
Oeuvres de Malherbe.
Satyres de Regnier.
Oeuvres de Clement Marot.
— de Boileau.
— de Fontenelle.
— de Rousseau.
— de Voltaire.
— de la Motte.
Poësies de Mme des Houlieres.
— de la Comtesse de la Suze

Suze & de Mr Pelisson.
— de la Fare & Chaulieu.
Voyage de Bachaumont & Chapelle.
— de Languedoc & de Provence.
Poësies de Regnier Desmarais.
— de Pavillon.
— de l'Abbé de Villiers.
— du P. du Cerceau.
— de Mr. de la Monnoye.
— de Mr. l'Abbé de Bernis.
— de Gresset.
— de Grecourt.
Oeuvres de M. Racine le fils.
Poëme du Cardinal de Polignac.
Théatre de Corneille.
— de Racine.
— de Moliere.
Théatre de Crebillon.
— de Campistron.
— de la Motte.
— de Quinault.
— de Destouches.
— de Piron.
— de Boursault.
— de Brueys & Palaprat.
— de du Fresny.
— de Regnard.
— de Voltaire.
— de Boissy.
— de la Chaussée.
— de la Grange Chancel.
— de la Fosse.
— de Mlle Bernard.
— de Marivaux.
— de le Sage.
— de le Grand.
— de Hauteroche.
— de Dancourt.
— de Baron.
— de Montfleury.
— de Poisson.
— de Nadal.
— de Mlle Barbier.
— d'Autreau.
Théatre Italien. } 20 Vol.
Nouveau Théatre Italien. }
Parod. du Théatre Italien. }
Nouveau Théatre François.
Oeuvres de Scarron.
Fables de la Fontaine.
— de Richer.
Contes de la Fontaine.
— de Vergier.
Piéces fugitives de Lainez.
L'Eneïde de Segrais.
La Pharsale de Brébeuf.
Pope de l'Abbé du Resnel.
Paradis perdu de Milton.
Leonidas.

Le Théatre Anglois.
L'Arioste.
Le Pastor Fido.
La Lusiade.
Le Tasse.
Arioste de Mirabaud.
Idée de la Poësie Angloise.
Poësies Latines des Peres Rapin.
— Commire.
— Vaniere.
— de Santeuil.
— de Marsy.
— Oudin.
Traductions de Querlon.
Dufresnoy.

ARTICLE VIII. p. 58.

Eloquence.

Sermons de Bourdaloue.
— de Bossuet } Oraisons
— de Flêchier } funebres.
— de Cheminais.
— de la Rue.
— de Massillon.
— de Saurin.
— de L'Abbé Trublet.
Eloquence Chrétienne de Gisbert.
Maximes sur le Ministere de la Chaire de Gaichiés.
Plaidoyés de Patru.
— de le Maitre.
— de Gillet.
Oeuvre de Cochin.
Causes célébres.
Lami, l'Art de parler.
Quintilien en François.
Rollin.

ARTICLE IX. p. 60.

Morale & Goût.

Reflexion de Marc-Antonin.
Consolation de Boëce.
Charron, de la Sagesse.
Essais de Montaigne.
La Bruyere, Caractères.
Essais de Trublet.
Introduction à la connoissance de l'Esprit humain.
Maximes de la Rochefoucauld.

Esprit, Fausseté des Vertus.
Réflexions de l'Abbé de Villiers sur les défauts d'autrui.
Considér. sur les Mœurs de ce Siécle.
Claville du vrai mérite.
Recueil sur l'Amour, l'Amitié, &c.
Terrasson, Philosophie.
Le Spectateur.
Le Mentor Moderne.
Le Babillard.
La Bibliothéque des Dames.
Le Héros.
Oeuvres de Van Effen.
Marivaux, Spectateur François.
- Cabinet du Philosophe.
Essais de Morale de Nicole.
Duguet, Institution d'un Prince.
Leçons de la Sagesse.
Les Hommes.
Dialogues Socratiques.
Oeuvres de Saint Evremond.
— de S. Real.
— de Meré.
— de Moncrif.
Maniere de bien penser dans les Ouvrages d'esprit.
Pensées ingénieuses.
Traité du beau par Crouzaz.
Essai sur le beau, par le Pere André, Jésuite.
Discours sur l'Harmonie.
Les Beaux Arts réduits à un même principe.
Dialogue des Morts, par Fenelon.
— par Fontenelle.
— des Dieux, par St. Mard.
— sur les Plaisirs.
Oeuvres d'Hamilton.
Temple de Gnide.
Gulliver.
Conte de Tonneau.
Nouveau Gulliver.
Voyage des Sevarambes.
Utopie de Morus.
Eloge de la Folie d'Erasme.
Voyage Souterrain de Klimmius.
Mémoires de Gaudence de Luques.
Naufrage des Isles flottantes.
Education des Enfans, par Loke.
— — par Crousaz.
— des Filles, par Fenelon
Réflexions de la Marq.

de Lambert.

La Condamine, Lettres sur l'Education.

Telemaque.

Voyages de Cyrus.

Sethos.

Larrey, Histoire des sept Sages.

Anti-Machiavel.

Pascal, Lettres Provinciales.

— Pensées.

Mes Pensées.

Lettres Persannes.

L'Espion Turc.

Lettres de Muralt.

— de l'Abbé le Blanc.

— de Mme de Sevigné.

— de Bussi Rabutin.

— de Mme de Maintenon.

— de Balzac.

— de Voiture.

Oeuvres de Sarrasin.

— de Boursault.

— de Pellisson.

— de Bouhours.

Entretiens d'Ariste d'Eugene.

Sentimens de Cléante.

Lettres sur les Physionomies.

Conseils de l'Amitié.

Piéces diverses de M. Vatel.

Lettres Portugaises.

— de la Marquise d R**

— d'une Peruvienne.

Cenie.

Recueil de Jeux Floraux

ARTICLE X. p. 83.

Sciences Militaires, & Mathématiques.

Polybe de Folard.

Mémoires de Feuquieres.

Batailles du Prince Eugene.

Quincy, Histoire militaire de Louis XIV.

Traité des Légions.

Art de la Guerre du Maréchal de Puysegur.

Coehorn Nouvelle Fortif.

Deidier, le Parfait Ingénieur.

Rozard. N. Fortification Françoise.

Belidor, la Science des Ingénieurs

Landsberg, les fortifications de tout le Monde.

S. Remy, Mémoires d'Artillerie.

Vauban, attaque & défenses des Places.

D'Héricourt, Elémens de l'art militaire.

Dictionnaire militaire.

Crousaz, Utilité des Mathématiques.

Essai d'Arithmétique démontrée.

Lami, Traité de la Grandeur.

— Nouveaux Elémens de Géométrie.

Oeuvres de Mathématiq. de Pardies.

— posthumes de Rohault.

Elémens de Géométrie de Clairault.

Abrégé de Géométrie de Rivard.

Le Clerc, Pratique de Géométrie.

Méthode de lever les Plans.

La Géométrie pratique de l'Ingénieur.

Cours de Mathématique de Wolff.

— d'Ozanam.

avec les Récréations Mathématiques.

Dictionnaire Mathématique de Wolff.

— d'Ozanam.

Bion, Construction des Instrumens.

Machines approuvées par l'Acad. Royale.

Le Camus, Traité des forces mouvantes.

La Méchanique du feu.

Des moyens de rendre les rivieres navigables.

Architecture hydraulique, par Belidor.

L'art de bâtir les Vaisseaux

Bouguer, Traité de navigation.

Aubin, Diction. de Marine.

Vitruve de Perault.

Le Palladio.

Le Scamozzi.

Le Serlio.

Daviler, Cour d'Architecture.

L'Architecture de Seb. le Clerc.

Cours d'Architecture par Blondel.

De la décoration des Edifices.

Paralleles de l'Architecture moderne de M. de Chambray.

L'Architecture moderne.

Felibien, Entretiens sur les Vies des Peintres.

— des Architectes.

Abrégé de la Vie des Peintres.

Cours de Peinture par principes.
Traité de Peinture & Sculpture, par Richardson.
Vies des Peintres Flamands.
Vies des plus fameux Peintres.
Instructions sur les Jardins, par la Quintinie.
La Théorie & la Pratique du Jardinage.

ARTICLE XI. p. 91.

Géographie & Voyages.

G. Dictionnaire Géogr. de la Martiniere.
Atlas de Gueudeville.
Maty, Dictionn. Géogr.
Alphabet Géographique.
Lenglet du Fresnoy, Méthode pour étudier la Géographie.
Géographie de Robbe.
— de la Croix.
— de Hubner.
Cartes Géographiques de G. de l'Isle & Buache.
— de Mr. d'Anville.
Atlas de la Chine.
— de Homann.
— de Seutter.
— de Vischer.
— de Ottens.
— de Mortier.
— d'Eisenchmidt.
— du Capit. Muller.
— de Zurner.
— de Zollmann.
Cartes Géogr. de Hase.
Atlas de Russie.
Atlas de Berlin.
M. V. la Colombiere l'art Héraldique.
— Théatre d'honneur.
— l'Office des Rois d'Armes.
P. J. Spener Insignium Theor.
— Historia insignium.
Menestrier, Science de la Noblesse.
— Origine des Ornemens des armoiries.
— Nouvelle Méthode raisonnée du Blason.
Souverains du Monde.
Histoire des Voyages.
Recueil de Voyages au Nord.
Voyages de Tournefort.
— de Spon & de Wehler.
Description de l'Egypte

par Maillet.
Voyages du Dr. Shaw.
— de le Gentil.
— de Tavernier.
— de Monconys.
— de Bruyn.
— d'Olearius.
— de Chardin.
— de Dampier.
— de Lucas.
— du P. Labat.
— de Misson.
Mémoires de Mr. le B. de Pollnitz.
Voyage de l'Amérique Mérid. par Mrs d'Ulloa & Don Juan.
Voyage de l'Amiral Anson. Voy. à la Baye de Hudson.
Rélations de Mrs Bouguer, & de la Condamine.

ARTICLE XII. p. 83.

Jurisprudence & Médecine.

L'Esprit des Loix.
Considérations sur les causes de la Grandeur & de la Décadence des Romains.
Barbeyrac, Traduction de Grotius.
— de Puffendorff.
— de Cumberland.
— de Burlamaqui.
Recueils de Lamberti.
— de Dumont.
— de Rousset.
— des Pyrrenées.
Mémoires de Ryswick.
— de Nimegue.
— d'Utrecht.
Lettres d'Ossat.
— de Walsingham.
— du Comte d'Estrades.
Actes de Rymer.
Droit public Germanique.
L'Ambassadeur de Wicquefort.
Discours de Gordon sur Tacite.
Locke du Gouvernement Civil.
Elémens du Commerce.
Remarques sur les avantages & les désavantages de la France & de la Grande Bretagne.
Tucker sur le Commerce.
Discours politiques de M. Hume.
Histoire de la Médecine par le Clerc.

— par Freind.
Abrégé de la Médecine par Allen.
Traité des Maladies par Helvetius.
Le François sur la Médecine.
Cheyne, Essai sur la Santé.
Cornaro, Moyens de se conserver.
Vertus Médicinales de l'Eau commune.
Recherches sur l'Eau de Goudron.
Chimie de Boerhawe.
— de Lemery.
— de Hoffmann.
Exposition Anatomique de Winslow.
Anatomie de Tarin.
Structure du cœur par Senac.
Chomel, des Plantes usuelles.
Oeuvres de Boerhawe.
— de Hoffmann.
— de Stahl.
— de Van-Vwieten.
— de Haller.
Le Camus, Médecine de l'Esprit.
Dictionnaire universel de Médecine.

Avis sur l'Ouvrage suivant.

A La suite des Conseils, pour former une Bibliothéque, nous avons estimé devoir y joindre l'ouvrage suivant, qui est dû à feu Mr. de la Martiniere, Auteur estimé de plusieurs Ouvrages importans. Le point de vûe de ces deux livres étant le même à peu de choses près; le Public sera bien aise de les voir rassemblés, & l'un suppléra à ce qui peut manquer à l'autre.

INTRODUCTION GENERALE A L'ETUDE DES SCIENCES ET DES BELLES-LETTRES,

En faveur des personnes qui ne sçavent que le François.

PREFACE.

CETTE Introduction à l'Etude des Sciences & des Belles-Lettres, doit sa naissance à une espece de hazard, & lorsque j'en jettai les premieres idées sur le papier, je ne songeois à rien moins qu'à faire un livre. Un homme d'une naissance très-distinguée, me témoignoit quelque estime & souhaitoit que je l'entretinsse souvent sur le choix des livres qu'il achetoit en assez grand nombre. Je remarquai qu'il avoit une curiosité fort étendue sur les Sciences & les Belles-Lettres, quoiqu'il en eût un peu négligé les premiers principes. Il avoit fait au collége les Etudes ordinaires, mais avec toute la distraction dont est capable un esprit très-vif & ennemi de la contrainte.

Du reſte il avoit aſſez de bien pour acquérir les bons livres & aſſez de loiſir & de courage pour les lire. Il cherchoit un guide; & me pria de lui écrire une partie de ce qui faiſoit le ſujet de nos converſations. Je le fis ſans me fatiguer beaucoup à conſtruire méthodiquement un Ecrit, que je ſuppoſois uniquement deſtiné à lui rappeller un jour la ſubſtance de nos entretiens. Je me contentai de n'y rien mettre qui ne pût lui être utile, & je ne me piquai point de traiter chaque matiere dans l'étendue qu'elle mérite. Je crus devoir principalement inſiſter ſur les Livres qui enſeignent les principes des Sciences & des Belles-Lettres, & ſur certaines Réflexions générales qui peuvent contribuer à la ſolidité & au fruit des Etudes.

Un homme de Lettres ayant vû

une copie de cet écrit, ne le méprisa point, tout informe qu'il étoit; il jugea au contraire qu'il seroit avantageux de le communiquer au Public, & me pressa de l'abandonner à l'impression. Je lui remontrai que c'étoit à peine l'ébauche d'un livre, & que je n'avois pas le loisir qu'il faudroit, pour lui donner une forme digne du sujet. Il ne s'ébranla point de mes raisons, & me fit promettre que je retoucherois cet écrit autant que mes autres occupations le permettroient: c'est ce que j'ai tâché de faire.

Pour le rendre plus généralement utile, je me suis proposé de le mettre à la portée d'un plus grand nombre de personnes. Celles que j'ai en vûe, sont quantité de jeunes gens qui ayant très-négligemment employé, ou entiérement perdu, le tems que l'on passe dans les Colléges, s'apperçoivent enfin du tort qu'ils ont eu, & voudroient de tout leur cœur apprendre des sciences dont ils sentent qu'ils ont besoin.

Combien d'Officiers & de Gentilshommes, déterminés par leur tempérament, ou par la situation de leurs affaires, prennent de bonne heure le parti de la retraite, où souvent l'extrême loisir leur est à charge! Il est vrai que la lecture vient quelquefois au secours, & remplit le vuide des occupations qui leur manquent; mais il n'est pas moins vrai qu'ils en perdent communément le fruit, par le mauvais choix des livres. Faussement persuadés que la science est inaccessible à quiconque n'en a pas appris les Elémens dans quelqu'Université, ils se bornent à des livres de pur amusement, & se condamnent d'eux-mêmes à une ignorance dont ils se figurent qu'il n'eſt plus tems de ſe délivrer. J'ai eu occaſion de connoître pluſieurs perſonnes d'un génie excellent, que cette fauſſe perſuaſion avoit rendus inutiles à leur patrie & à eux-mêmes.

J'ai tâché d'accommoder cette introduction aux beſoins de ceux qui ſont dans ce préjugé. J'y marque en peu de mots la néceſſité des études & le choix que l'on en doit faire, ſelon le degré d'utilité de chaque ſcience, & le plus ou moins de rapport qu'elle a avec l'état que l'on a embraſſé. J'indique les ſources où l'on en peut puiſer les Elémens, & nomme les livres à peu près dans l'ordre où je conſeillerois de les lire : ainſi ſe forme inſenſiblement un cabinet de livres choiſis.

Mon but n'eſt pas de nommer tous les bons livres ſans exception; la tâche ſeroit effrayante pour quiconque commence d'étudier. Mais je crois pouvoir assurer que, si on suit fidélement le cours d'études que je trace, on trouvera dans les livres que je désigne, assez de lumieres pour connoître les autres ouvrages dont on aura besoin dans la suite. Il y a des Voyages où il suffit d'abord d'être mis dans le bon chemin. On ne manque point, en avançant, de rencontrer sur sa route des guides qui ménent aussi loin qu'il est possible d'alier. Il en est de même des Sciences ; le tout dépend souvent d'en avoir entamé l'étude d'une maniere qui en assure le succès.

Les Sciences ont entr'elles un enchaînement merveilleux : le besoin qu'elles ont l'une de l'autre, établit une liaison qui fait qu'on ne peut guéres en étudier une avec succès, sans lui associer une ou plusieurs annexes. C'est pourquoi, mal-

gré

gré la briéveté avec laquelle j'ai resserré les matieres, je n'ai pas laissé de parcourir à peu près ce qui regarde les Sciences & les Belles-Lettres.

J'ai été plus long dans la seconde partie que dans la premiere. En indiquant les élémens des Sciences, je n'avois guéres qu'à recommander les Auteurs qui les fournissent. Les Belles-Lettres ont quelque chose de plus arbitraire. Ce qui dépend du goût est sujet à une plus grande variété de jugemens. Un raisonnement géométrique démontre invinciblement; il n'en est pas de même des principes sur lesquels on décide du prix des ouvrages d'Eloquence ou de Poésie. Il faut pour les goûter ces Principes, une justesse de raison cultivée par la lecture assidue des plus excellens modéles. C'est ce qui m'a fait descendre dans des détails qui ont, ce me ſemble, leur utilité.

L'Impreſſion étoit fort avancée, lorſque j'ai eu occaſion de lire quelque choſe de l'excellent livre de Mr. Rollin ſur la *maniere d'enſeigner & d'étudier les Belles-Lettres*: J'ai été charmé de cette lecture, & j'y ai reconnu avec une extrême ſatisfaction ce fond de Piété, de Droiture, d'Erudition, qui conſtituent le caractére de cet Auteur. Mais ſon but & le mien ſont très-différens.

En premier lieu il écrit pour perfectionner les Etudes & les Leçons des Maîtres & des Régens. Cela ſied bien à un Ecrivain comme lui qui s'eſt vû ſouvent à la tête de la plus ſçavante Univerſité du monde. Il ne m'appartient pas de porter mes vûes ſi haut; je reſpecte les Maîtres, je les écoute, & ne m'adreſſe tout au plus qu'à ceux à qui leurs leçons ont manqué. Secondement il suppose que ceux qui doivent profiter de son travail, ont une bonne teinture des Humanités, il trace même la conduite que l'on doit tenir au Collége pour la leur donner; & moi je ne parle qu'à ceux qui sont privés de ce secours, & qui par l'âge ou par quelqu'autre obstacle que ce soit, sont hors d'état de se le procurer. Il veut former un sçavant à qui les langues d'Athenes & de Rome soient familieres; je voudrois exciter dans un François le desir d'aller, en fait d'études, aussi loin que sa langue maternelle le peut mener; & je me borne à lui en ouvrir la carriere.

Une des choses qui m'ont le plus charmé dans le livre de Mr. Rollin, c'est le soin qu'il a pris de me justifier sans le sçavoir. Il avoue de bonne foi qu'il ne se fait point un scrupule, ni une honte de piller par tout, souvent même sans citer les Auteurs qu'il copie, parce que quelquefois il se donne la liberté d'y faire quelques changemens. » Je » sens bien, dit-il, qu'il y a moins » de gloire à profiter ainsi du travail » d'autrui, & que c'est en quelque » sorte renoncer à la qualité d'Au- » teur. » Je pense comme lui, & je ne crois pas que l'ambition qui fait aspirer à ce titre, doive l'emporter sur l'utilité de ceux dont on se propose l'instruction. Ainsi, sans sçavoir qu'il m'eût donné cet exemple, j'ai tenu la même conduite. Je n'ai fait souvent que répéter les pensées des plus grands Maîtres, & ce livre n'est à proprement parler qu'un tissu de ce qu'ils ont dit avant moi. Les citations n'auroient servi qu'à noircir inutilement les marges du livre. Ceux qui ont beaucoup de lecture, reconnoîtront aisément où j'ai pris divers morceaux que j'ai enchassés ; les autres me dispenseront d'un soin qui n'eût rien ajoûté à la bonté des Régles que j'ai recueillies. Les réflexions doivent tirer leur prix de leur vérité, & non pas de la réputation de ceux qui les ont faites les premiers. Ainsi sans crainte de passer pour plagiaire, je me suis servi de ce que mes livres ou ma mémoire me fournissoient de plus utile & de plus exquis.

Il y a une objection qu'il est bon de prévenir. *Il semble*, dira-t'on, *que vous vouliez rendre inutile la connoissance du Latin & du Grec, en donnant le moyen de s'en passer.* Il y auroit une extrême injustice à m'attribuer un dessein aussi bizare que celui-là. Je reconnois l'utilité & même la nécessité de ces langues dans plusieurs sortes d'études ; j'ai même indiqué les livres où l'on doit les apprendre ; mais comme il seroit déraisonnable d'en exempter tous ceux qui veulent cultiver les sciences ; il le seroit peut-être encore plus de vouloir exclurre des sciences ceux qui, par les dispositions de leur mémoire, ou par les circonstances de leur éducation, sont réduits à la seule langue maternelle. C'est à ceux-là que j'ai égard ; si on examine sans prévention la carriere que je propose, on conviendra avec moi que quiconque auroit le loisir, les forces & le courage nécessaires pour l'achever, deviendroit réellement un sçavant homme, quoique d'un ordre inférieur à celui d'un autre homme qui, à toutes ces connoissances, joindroit celle des Langues sçavantes.

Le nom de SÇAVANT se prodigue aujourd'hui d'une maniere fort étrange, & on le donne libéralement à des gens qui n'en ont pas à beaucoup près la réalité. Par exemple, on appelle ſçavant un homme qui ſçait le Grec, le Latin, l'Hébreu & les Langues Orientales. C'eſt un abus : ces langues ne ſont point des ſciences; c'eſt tout au plus un moyen pour en faciliter l'étude, & un degré pour y parvenir. Un homme pourroit ſçavoir toutes les langues, tant mortes que vivantes, & avec cela être très-ignorant. Du tems de Demoſthenes & de Ciceron, il y avoit à Athenes & à Rome des milliers de citoyens qui parloient couramment en Grec & en Latin; ſi leur ſçavoir ſe bornoit à cela ſeul, faut-il les mettre au nombre des ſçavans de l'Antiquité? Un homme qui ſçauroit ſur le bout du doigt tous les termes & toutes les fineſſes de ces deux langues, ne ſeroit pas un ſçavant, ce ne ſeroit tout au plus qu'un Grammairien.

Il eſt vrai que la connoiſſance des langues facilite l'acquiſition des ſciences, & qu'elle ouvre un plus grand nombre de tréſors, où l'on peut puiſer avec plus de ſûreté, que s'il falloit s'en rapporter à la bonne foi ou à l'habileté des Traducteurs. Elle diſpoſe à profiter des lumieres que fourniſſent à l'envie l'une de l'autre les Nations dont on eſt en état de lire les livres. Je n'ai donc garde de traiter d'inutile une étude qui procure de tels avantages; mais j'en reviens à la propoſition que j'ai avancée. Je le repéte: Ces langues ſi utiles à la culture des ſciences, ne ſont point les ſciences mêmes.

Il faut faire une extrême différence entre ceux qui travaillent pour approfondir quelque choſe,

& pour porter une ſcience plus loin qu'ils ne l'ont trouvée dans les écrits composés par les Auteurs de leur ſiécle ou de leur pays; & ceux qui étudient cette ſcience, par beſoin, ou pour ſe faire une honnête occupation. Les premiers ne ſçauroient ſe diſpenſer d'appeller à leur ſecours des monumens importans écrits dans les langues qu'ils doivent ſçavoir pour les conſulter. Les autres ſont diſpenſés de ce travail. L'Hiſtoire de l'Aſie commence à n'être plus ſi obſcure pour les Européens depuis qu'on a publié en notre langue pluſieurs Hiſtoriens Arabes. Cette langue étoit néceſſaire à ceux qui les ont traduits; mais elle ne l'eſt pas à ceux qui veulent profiter de ces traductions.

Il y a même des ſciences très-étendues que l'on peut perfectionner ſans ſçavoir les langues ſçavantes. Telles ſont les Mathématiques,

& les Belles-Lettres, ſuivant l'idée que j'en donne dans cette Introduction. Tel eſt, en un mot, tout ce qui dépend du génie, de la pénétration & du jugement. Les Mathématiques ont été pouſſées auſſi loin parmi nous, que parmi les Grecs & les Latins.

Il faut avouer qu'en fait de Belles Lettres, ceux qui poſſedent bien les Humanités, ont un grand avantage ſur ceux à qui cela manque ; on en a une preuve bien convaincante dans les ouvrages de Deſpréaux, de Racine, & de quantité d'autres qui ont fait d'excellens ouvrages ſur le modéle des anciens, par la lecture deſquels ils s'étoient formé le goût.

Il y a néanmoins des François qui ſans cette baſe n'ont pas laiſſé de s'élever aſſez haut. Je ne parle point d'un Maître Adam Menuiſier de Nevers, ni de St. Amand qui faiſoit gloire de ne ſçavoir comme

Homere que la langue que sa nourrice lui avoit apprise. Ces Auteurs n'ont pas fait une assez belle figure dans la République des Lettres, pour tirer à conséquence. Je parle d'un Clement Marot qui sans aucune teinture des Lettres, comme parle Scevole de Ste. Marthe dans son Eloge, c'est-à-dire, sans Grec ni Latin, a pourtant laissé dans ses ouvrages un modéle du style net & naïf, dont les graces durent encore après deux siécles de changemens dans la langue. Je puis nommer Valentin Conrat qui sans avoir lû Cicéron dans sa langue originale qu'il n'entendoit pas, étoit cependant capable de remarquer les endroits où le traducteur François avoit mal pris la pensée de cet Orateur, & même de la lui marquer avec assez de justesse. J'ajoûte un Racan qui avoit si peu de disposition pour le Latin qu'il ne put jamais apprendre le *Confiteor* ; & qui malgré ce désavantage, s'est immortalisé par ses Bergeries & par d'autres ouvrages frappés au bon coin : un Quinault dont l'érudition étoit si mince, qu'il a confondu les Cataractes du Nil avec les bouches de ce fleuve, & qui toutefois est le premier & en quelque façon l'unique, qui ait excellé dans la composition des Tragédies en Musique. Sans grossir inutilement cette liste, nous avons vû Perrault & encore aujourd'hui nous voyons Monsieur de la Motte, sans Grec & avec fort peu de Latin, composer des ouvrages très-estimables.

On dira peut-être que les deux derniers se sont mal trouvés d'ignorer les langues sçavantes & que cela les a jettés dans un systême qui a été sifflé de tous les sçavans. Il est aisé de répondre que leur faute ne consiste pas à avoir ignoré ces langues, puiſqu'ils n'en avoient pas beſoin pour penſer & pour écrire en François, & que ſans elles ils ont réuſſi en quelques-uns de leurs ouvrages; mais à avoir oſé ſortir de leur ſphere, en hazardant leur jugemens ſur des Auteurs qu'ils n'entendoient pas. On a trouvé ridicule que le premier osât dégrader des Génies tels qu'Homere & Virgile, pour trouver une place honorable à Chapelain ſon ami. On n'a point applaudi au ſecond d'avoir riſqué une traduction d'Homere dont Deſpreaux & Racine ne s'étoient pas jugés capables. On lui a ſçu mauvais gré d'avoir voulu faire paſſer pour des corrections le retranchement de tout ce qu'il n'avoit pû rendre avec la force, l'énergie, & la beauté du Grec. La nouvelle Iliade qu'il a opposée à celle d'Homere, n'a pu ſe ſoutenir contre une traduction en proſe. Cela eſt mortifiant, je l'avoue ; mais, de bonne foi, le public a-t-il eu si grand tort?

Ce n'est donc pas d'ignorer la langue Grecque & de ne sçavoir que très-peu de la Latine, qu'est venue la disgrace de ces deux Académiciens ; * c'est d'avoir voulu se mêler d'une sorte de critique qui demande qu'on les sçache. Si Perrault s'en étoit tenu à quelques poésies où il y a assez de génie & de goût, il auroit joui d'une réputation tranquille & durable. Mais son poëme intitulé le *Siécle de Louis le Grand*, étoit plein de faux jugemens, il voulut les justifier par les *Paralleles* qui acheverent de les deshonorer. De même si Mr. de la Motte eût employé à perfectionner quelques-unes de ses Odes le tems qu'il a consumé à faire une multitude d'ouvrages en vers qui ne se vendent & ne

* Messieurs P. & de la M. sçavoient bien le Latin. *Note de l'Edit.*

se lisent qu'à la faveur de son nom, il se seroit épargné les critiques chagrines qu'il a essuyées, & tout le monde se seroit réuni pour le louer.

Le vice le plus ordinaire des Poëtes, c'est la présomption; parce qu'ils ont réussi dans un genre, ils se croyent capables d'exceller en tout, & voilà ce qui les perd. Mr. de la Motte a été applaudi pour avoir fait quelques Odes: Cette gloire ne lui suffit pas Il faut encore qu'il lutte avec Homere pour l'Epique, avec Corneille pour le Tragique, avec la Fontaine pour la Fable, avec Quinault pour l'Opera: C'en est trop. Il devoit songer que chacun de ces talens, a été le partage presque unique de chacun de ces grands hommes qu'il se proposoit d'éfacer ou d'égaler. *

* Il faut pourtant convenir que M. de la M. a fait de belles Tragédies, de belles Fables & de beaux Opéra. *Note de l'Editeur.*

Il eſt tems de finir ces Réflexions, de peur qu'on ne me reproche d'avoir fait une grande préface pour un petit livre. Je ne puis pourtant me refuſer un mot de juſtification ſur la liberté avec laquelle je dis ma penſée pour ou contre les ouvrages de pluſieurs Auteurs célébres. Je puis proteſter que ce n'eſt, ni par jalouſie de métier, ni par une prévention perſonnelle, ni par aucun deſir de diminuer leur réputation. Si je marque ce que je trouve de moins louable dans leurs écrits, c'eſt uniquement pour en faire une inſtruction utile à ceux qui liront le mien. Ceux qui dans des Cartes Marines avertiſſent que tel vaiſſeau s'eſt briſé contre un tel écueil, ne le font pas pour deshonorer le Pilote qui y a fait naufrage; mais pour avertir ceux qui feront la même route.

PARTIE

PARTIE PREMIERE.

DES SCIENCES.

§. I. *Des Etudes en général.*

IL en eſt des Livres, comme de la Lumiere: la trop grande quantité n'éclaire point; Elle éblouit; elle aveugle & nuit plus qu'elle ne ſert. Les Grecs n'étudioient qu'en leur langue. Grand avantage! Ils n'avoient à apprendre que les choſes. Nous pourrions les imiter, & les François le peuvent autant & peut-être plus qu'aucun autre peuple.

On a en cette Langue preſque tous les bons livres de l'Antiquité, & outre cela quantité d'ouvrages modernes pleins de découvertes utiles & importantes, que les Anciens n'ont pas apperçues. La Physique, par exemple, & les Mathématiques, ont extrêmement acquis de richesses dans ces derniers tems. Ainsi l'ignorance des langues sçavantes est un mauvais prétexte ; on peut devenir très-sçavant sans leur secours.

Ceux qui travaillent aux recherches historiques & autres qui demandent un certain genre d'érudition, ont besoin à la vérité de sçavoir le latin & les autres langues, pour entendre les Actes qui servent à débrouiller, ou à constater les circonstances d'un Fait. Mais dès que l'on n'étudie que pour se former le Cœur par les préceptes de la Morale, par les exemples de l'Histoire, & par les Maximes d'une solide Sagesse, ou pour enrichir son esprit de ce que les Sciences ont de plus utile par rapport à nos Devoirs, ou à nos besoins ; ou pour l'orner des graces que les Belles-Lettres ajoûtent aux dons naturels, en perfectionnant la maniere de penser & de s'exprimer ; ou enfin pour se faire une occupation honnête & agréable ; on peut avec la ſeule langue Françoiſe acquérir une connoiſſance ſolide des ſciences, & même ce que quelques-unes ont de plus fin, ou de plus ſublime.

Mais les Etudes doivent être conduites avec choix. L'Eſprit humain a ſes bornes en général, & chaque eſprit a les ſiennes en particulier. Etudier tout, c'eſt le moyen de ne ſçavoir rien; la Mémoire ſe ſurcharge, l'Eſprit demeure accablé & confond les idées ou les faits. On reſſemble alors à un homme qui d'une fenêtre élevée regarde dans une place publique : à force de voir beaucoup de monde, il ne voit perſonne.

Puiſque l'on ne peut aſpirer à ſçavoir tout ; il faut ſe réſoudre de bonne grace à ne ſçavoir que ce qu'il eſt poſſible de bien apprendre, & faire enſorte que ce ſoient les Sciences qui nous ſont les plus utiles, & les plus propres à notre état. Un homme eſt ridicule quand il eſt dans le cas de cette Epigramme.

Ce qu'apprend, ou lit, Theodore,
N'a nul rapport à ſon devoir ;

Mais en récompense il n'ignore
Rien, que ce qu'il devroit sçavoir.

Que de gens ont cette manie ! On a blâmé à juste titre *Folengo*, Prêtre & Religieux Benédictin, qui au lieu d'étudier l'Ecriture sainte & les Peres, s'amusoit à composer des livres entiers de vers burlesques qu'il nommoit Macaroniques ; & à former en latin un nouveau jargon rempli de plates bouffonneries. On a vû au contraire *Arnauld de Villeneuve*, Médecin de profession, se mêler de dogmatiser & d'écrire de la Théologie. D'un autre côté, un Jurisconsulte a composé des Traités de Musique. Ces sorties font pitié.

§. II. *Tristes suites de l'ignorance.*

Quelques esprits déraisonnables persuadés qu'il est très-difficile de sçavoir une science à fonds, n'en étudient aucune. Ils se livrent à leur paresse, & se figurent que leur naissance & leurs biens sont des titres qui les dispensent de s'instruire. Mais ils payent ensuite bien cher cette erreur, lorſque leur ambition, ou leurs beſoins, où mille autres occurrences, les jettent dans les Emplois. S'ils ſe réglent ſur leurs propres lumieres, ils vont de faute en faute, & font une infinité de bévues; ou ſi, reconnoiſſant leur inſuffiſance, ils appellent quelqu'un à leur ſecours; ils deviennent les eſclaves de ce ſubalterne qui par ſon habileté leur eſt devenu néceſſaire, & à qui ils ſe livrent en dépit qu'ils en ayent: Heureux s'ils en trouvent un qui mérite la confiance qu'ils ne peuvent lui refuſer!

§. III. *Que nos connoiſſances ne s'acquiérent que par le travail.*

Nous naiſſons dans une ignorance totale. Il faut qu'à meſure que notre ame ſe développe avec les organes dont elle dépend pour ſes fonctions, nous recevions des perſonnes qui nous environnent, les connoiſſances que nous acquérons peu à peu par leur moyen. Nous commençons toujours par ce qui nous touche de plus près; nous ne penſons aux matieres de ſpéculation qu'avec le tems : Du reſte nous n'avons de nous-mêmes aucune idée de ce qui n'eſt pas corporel. Il eſt vrai que notre ame a une certaine diſpoſition à adhérer aux vérités qu'on lui préſente ; mais ces premieres vérités ne ſont pas plus en elle, avant qu'on les lui enſeigne, que la reſſemblance d'un viſage eſt dans le miroir, avant qu'il ſoit vis-à-vis & à portée de s'y regarder. Mais lorſque ces idées ſont préſentées à notre eſprit, il eſt capable de les recevoir, & même de les comparer, de les combiner enſemble, & d'en tirer de nouvelles lumieres, par les différens rapports qu'il trouve entre ces idées, & voilà ce que c'eſt que l'Etude dépouillée de ſon application particuliere, qui change ſelon la nature des ſciences qu'elle a pour objet.

§. IV. *De nos Devoirs.*

Nous naiſſons Hommes, & en cette qualité, nous appartenons à une Famille, à une Patrie, à une Société particuliere, à tout le Genre humain. Voilà la ſource des Devoirs de l'Homme & du Citoyen.

La régénération que nous recevons au Baptême, nous rend Chrétiens; par-là nous appartenons à l'Egliſe & à Jeſus-Chriſt: de-là naiſſent les Devoirs que la Religion impoſe.

Toutes nos Etudes doivent ſe rapporter à quelques-uns de ces Devoirs auxquels nous ſommes obligés, ou comme Hommes, ou comme Citoyens, ou comme Chrétiens.

Nos beſoins, auſſi-bien que nos Devoirs, ſe rapportent à ces trois états. Il y a des Devoirs communs à tous les hommes de quelque rang qu'ils ſoient. Il y en a qui ſont particuliers à chaque pays, ou à chaque état. Il en eſt de même des beſoins.

Nous avons fait voir qu'il vaut infiniment mieux ſe mettre ſoi même en état par ſes études de connoître ce qui a rapport à nos devoirs, que d'être réduits à emprunter un ſecours étranger. J'ajoûterai cette réflexion; ſçavoir, que perſonne n'a tant d'intérêt que nous-mêmes, à connoître nos devoirs & à nous procurer les avantages qui y sont attachés. Il faut donc les étudier nous-mêmes.

Comme nos études doivent se rapporter à nos Devoirs & à nos besoins, Il est très-avantageux de prévoir de bonne heure notre état de vie; afin de diriger nos études vers ce but.

§. V. *Que les Etudes doivent se rapporter à nos Devoirs.*

Ce choix dépend souvent de nos parens, ou au moins de ceux qui président à notre éducation. Il y a peu de gens qui arrivent à l'âge de vingt ans, sans avoir été destinés à quelque emploi, ou à quelque genre de vie. Quand cette destination s'accorde avec l'inclination & le caractére d'esprit du sujet, il ne faut plus qu'un bon guide & de l'application. Mais quand cet accord ne se trouve pas, il arrive de deux choses l'une; ou que cet homme déplacé, remplit mal les obligations d'un état pour lequel il n'étoit pas né; ou que s'il embrasse ensuite lui-même un autre parti, il eſt réduit par ce changement à prendre de nouvelles leçons dans un âge où il ſeroit tems de les mettre en œuvre. Peut s'en faut qu'il ne ſoit dans le cas d'un Laboureur qui ayant malheureuſement perdu le tems de la véritable ſaiſon du travail, ſe mettroit à ſemer, lorſque les autres commencent à faire la moiſſon. J'oſerai même ajoûter que le malheur du Laboureur n'eſt pas ſi grand ; il peut ſe dédommager l'année d'après ; mais un homme qui a mal employé ſa jeuneſſe, n'en doit point eſpérer d'autre. Le tems qui ſuit immédiatement celui de l'enfance, eſt deſtiné aux élémens des ſciences. Heureux qui fournit de bonne heure cette carriere ſous un bon maître ! Quel homme n'eût-ce pas été que M. Paſcal, ſi ſa ſanté lui eût permis de continuer ſes études avec la même application, & avec la même proportion dans les progrès, juſqu'à l'âge de cinquante ou de ſoixante ans !

§. VI. *Du motif qui nous porte à l'Etude.*

Je ne voudrois point que l'ambition fût le principal motif du courage avec lequel on embrasse le travail de l'Etude. Je sçais que le desir de la gloire a souvent eu beaucoup de part aux entreprises de ceux qui se sont distingués dans les sciences; mais après tout, cette gloire n'est qu'une fumée, qui se forme & se détruit aisément. Elle n'a rien de fort solide par elle-même.

Etudier pour acquérir la réputation d'être sçavant, c'est l'acheter beaucoup trop cher. Nos Lectures ne doivent aboutir qu'à nous rendre meilleurs, plus gens de bien*, & plus propres à nous acquitter de l'emploi auquel il plaît à la providence de nous attacher.

§. VII. *Du Choix des Etudes.*

La vie est si courte, l'esprit est si borné, l'apprentissage est si long, les détails de chaque Science sont si étendus, qu'il eſt rare, j'ai preſque dit impoſſible, qu'un même homme poſſéde à un certain degré deux ſciences un peu différentes l'une de l'autre ; comme par exemple, le Droit & la Médecine. C'eſt pourtant une erreur aſſez généralement répandue, & rien n'eſt plus ordinaire que de trouver des gens qui pour louer un ſçavant, vous diſent qu'il ſçait le fin de toutes les ſciences. Cela eſt hyperbolique, & un éloge de cette nature réduit à ſa juſte valeur, ſignifie tout au plus que la perſonne que l'on veut louer, a une lecture fort variée & une légere teinture des ſciences qu'il a étudiées ſuperficiellement. Mettez-le ſur chacune de ces ſciences avec un homme qui en fait ſon capital ; il ſera pitié ; ou bien il ſera réduit à ſe taire, ou à payer de babil, comme il arrive ſouvent.

§. VIII. *Qu'il y a deux manieres d'étudier.*

Il y a deux manieres d'étudier une Science, l'une fondamentale, l'autre ſuperficielle.

La premiere eſt lorſqu'en apprenant une Science, on va de principes en principes, ſans s'arrêter, juſqu'à ce qu'on ſoit arrivé au niveau de ſes Maîtres, ou même au-delà. Une perſonne qui étudie ainſi, ne s'attache pas ſeulement aux Leçons qu'on lui a données ; elle les digere, y ajoûte ſes propres réflexions & ſes recherches, & tâche d'augmenter ſes progrès de jour en jour.

Telle eſt la maniere dont nous devons nous appliquer à la Science qui eſt propre à notre état ; les autres ne méritent notre attention que par le plus, ou le moins de liaiſon qu'elles ont avec elle ; car les Sciences ont entre elles des affinités & des alliances. Par exemple, la Théologie ne peut ſe paſſer de l'Hiſtoire Eccléſiaſtique, du Droit Canon, &c. La Médecine a beſoin de la Botanique qui lui fournit les Plantes, de la Chimie qui lui prépare les remédes, &c. L'Hiſtoire ſeroit ſujette à bien des égaremens, ſi elle n'avoit pas la Géographie & la Chronologie qui la guident.

La Science de notre état est la Science par excellence par rapport à nous. Celles qui lui sont liées & que j'appelle *annexes*, méritent la même application que celle à laquelle elles sont rélatives, parce qu'elles en sont des parties essentielles. Mais telle science qui n'est qu'annexe pour un certain homme, devient capitale pour un autre ; par exemple, la Géographie n'est qu'une annexe pour un Historien, & au contraire pour le Géographe, c'est la Géographie qui fait son capital, & l'Histoire n'est qu'annexe à son tour.

§. IX.

L'autre maniere d'étudier consiste à effleurer une science, à en apprendre les régles les plus essentielles, à en faire quelques applications particulieres, à en sçavoir assez les termes pour les entendre dans les livres, ou dans la conversation, ou pour les placer soi-même à propos, lorsque l'occasion s'en présente. C'est de cette sorte qu'il est bon d'apprendre les sciences dont on ne veut pas faire son fort.

§. X. *Degrés d'utilité dans les Sciences.*

Toutes les ſciences ſont utiles ; mais en général, & non dans le particulier. Par exemple, il eſt utile à tout le monde qu'il y ait des Aſtronomes, des Anatomiſtes, des Algébriſtes, &c. Mais il ne ſeroit pas utile à tous les hommes que chaque particulier s'attachât à chacune de ces ſciences. Il ſera pourtant toujours louable à un homme d'étude d'avoir une connoiſſance médiocre du monde où il vit, du corps qui fait une partie ſi eſſentielle de lui-même, & de la ſcience des grands calculs dont il a ſi ſouvent occaſion de ſe ſervir. Chaque ſcience peut devenir l'objet capital d'un homme ſage, dès qu'elle a un rapport utile à ſon état. L'Aſtronomie eſt néceſſaire à l'Homme de mer ; l'Anatomie au Médecin & au Chirurgien ; l'Algébre au Calculateur & au Géometre ; mais un homme qui n'eſt ni Navigateur, ni Chirurgien, ni Calculateur, ni Géometre de profeſſion, ne doit jamais, s'il eſt ſage, faire ſon capital de ces ſciences. Il a d'autres devoirs, d'autres beſoins, qui demandent ailleurs ſon attention.

§. XI. *Sciences généralement utiles.*

Il y a pourtant des ſciences utiles à tous les hommes généralement. Ce ſont celles qui enſeignent à penſer juſte; qui accoutument l'eſprit à marcher ſagément dans ſes opérations, à ne ſe point payer de raiſons ſpécieuſes & éblouiſſantes, ou qui enfin détachent notre ame de l'habitude qu'elle a contractée dans l'enfance, de ſe prêter plus volontiers aux objets matériels, qu'à ce qui eſt purement intellectuel.

§. XII. *Sciences qu'il ne faut que parcourir.*

Il y en a d'autres qui ne ſont utiles que juſqu'à un certain point. Il en eſt d'elles comme de certains pays où il eſt bon d'avoir fait quelque ſéjour pour les connoître; mais où il y auroit de la folie à vouloir s'établir. Tels ſont en général les Arts & les Sciences qui ont l'ornement de l'eſprit pour objet, & qui ne portent point leur utilité au-delà d'un agrément honnête, comme la Poéſie, la Muſique, la Peinture; dès que l'on n'eſt pas né pour être Poëte, Muſicien ou Peintre de profeſſion. Il y a auſſi des ſciences dont l'utilité eſt plus réelle, & qui pourtant ne doivent être cultivées que modérément par ceux qui n'en doivent pas faire une profeſſion particuliere.

§. XIII. *Ordre des Etudes.*

De l'Etude des Langues.

Il y a bien de la différence, entre un jeune homme qui a paſſé l'âge deſtiné à apprendre le Grec & le Latin, ou qui veut ſe borner à la ſeule langue Françoiſe, & un Enfant qui a encore tout le tems d'étudier ces deux langues. Cela dépend de la deſtination qu'il fait, ou que ſes parens font pour lui.

Un Eccléſiaſtique ne ſçauroit ſe paſ-

ſer

ſer de *l'Hébreu* & *du Grec*, à cauſe des Textes de l'Ecriture ſainte, dont les Originaux ſont écrits en l'une ou en l'autre de ces deux langues. Je ſçais que quantité de gens d'Egliſe les ignorent entiérement; auſſi en trouve-t-on peu qui liſent l'Ecriture ſainte d'un bout à l'autre, avec tout le fruit qu'ils en tireroient, s'il y apportoient cette préparation. Les Commentaires ſont un foible ſecours ſans l'Etude du Texte; à plus forte raiſon le Latin eſt néceſſaire, pour la récitation & l'intelligence des ſaints offices.

L'*Hebreu* & le *Grec* ne ſont qu'une pure curioſité pour un homme de condition, deſtiné aux emplois de la guerre ou du cabinet. On ne peut pas dire la même choſe du Latin. Quantité d'Hiſtoires, de Diſſertations, d'Actes & de Traités, ſont originairement en Latin. On perd toujours quelque choſe à ne pouvoir lire ſoi-même les originaux.

Suppoſons pourtant qu'un Enfant doive étudier les Langues; comme l'uſage veut que l'on commence par le Latin, je lui ferois lire l'*Abrégé de la*

Méthode de Port-Royal, & je lui apprendrois l'usage des Dictionnaires. Je préférerois ceux où l'on a eu égard à la pureté des deux langues, comme celui du P. *Tachard*, après quoi je lui ferois lire les *Fables de Phedre*; quelques *Epîtres de Ciceron*, les *Bucoliques de Virgile*, les *Comédies de Térence*, les *Commentaires de Jules-Cesar*, *l'Eneïde de Virgile*, ses *Georgiques*, *Tite-Live*, les *Oraisons de Ciceron*; je lui ferois lire aussi la grande *Méthode de Port-Royal*, & parcourir tous les bons Auteurs du siécle d'Auguste. Je dirai dans la seconde partie pourquoi je n'ai point parlé d'*Ovide*.

Pour le *Grec*, je voudrois qu'il apprît par cœur le volume entier des *Racines Greques*, *l'Abrégé de la Méthode de Port-Royal*, après quoi je lui ferois lire les *Fables d'Esope*, les *Dialogues de Lucien*, *Homere*. St. *Grégoire de Nazianze* est pur, doux, aisé. St. *Bazile* peut être lû après & ensuite St. *Chrisostôme*. Mais avant que de lire les Peres Grecs, je voudrois qu'il lût les *Septante* & le *Nouveau Testament Grec*.

L'*Italien* & l'*Espagnol* sont très-aisés

à quiconque sçait le Latin & le François. Ces deux langues ouvrent une ample carriere à ceux qui aiment les lectures agréables.

L'*Allemand* a de grandes richesses pour l'histoire; d'ailleurs il donne entrée au *Flamand* qui n'en est qu'un Dialecte, & à l'*Anglois* qui en est aussi dérivé en partie.

Cependant nous avons d'abord supposé un jeune homme qui ne sçait que le François. Je vais donc me borner à cette langue unique, & parcourir les études qu'il ne laissera pas de faire sans le secours des langues sçavantes ou étrangeres; & on conviendra que s'il suit exactement la route, que je vais lui tracer, il sera plus solidement sçavant que plusieurs Docteurs qui ont un nom dans leur Université.

En bornant notre Eleve à la Langue Françoise, nous ne le dispensons pas de la sçavoir à fonds. Je commencerois par lui faire lire avec attention le *Traité des Langues par Frain du Tremblay*. 12. *L'Art de parler du P. Lami*. 12. & la *Grammaire raisonnée*. 12.

Ces trois ouvrages donnent de grandes ouvertures pour les principes généraux de la Grammaire, & qui même influent sur les autres langues. Mais il y a un bon & un mauvais usage, il faut du discernement pour les distinguer; cette matiere est parfaitement traitée dans l'excellente *Préface de Vaugelas*. Ses *Remarques sur la Langue Françoise*, avec les *Observations de l'Académie*, doivent être suivies des *Remarques du Pere Bouhours* en 2 vol. Il faut y joindre les *Doutes d'un Provincial*, les *Observations du Ménage* en 2. Vol. les *Réflexions de Bellegarde sur la Politesse du style*, & la *Grammaire Françoise* de l'Abbé *Régnier des Marais*.

Il y a trois Dictionnaires François qu'il faut avoir pour y recourir dans l'occasion. Celui de l'*Académie Françoise*, nouvelle édition, est décisif pour le fonds de la Langue. Celui de *Trevoux* est nécessaire pour les termes des Arts & des Sciences; & celui de *Ménage* fait connoître les Etymologies.

Ces Livres joints à l'usage & à la lecture des bons ouvrages, formeront le style

& garantiront un jeune homme du verbiage de nos beaux Esprits du tems.

Après s'être formé le style ; & avoir apppris à parler, il est question d'apprendre à penser. Ce doit être l'ouvrade la Philosophie.

§. XIV. *De la Philosophie.*

J'entends par la *Philosophie*, non pas ce que l'on apprend dans les Colléges sous ce nom, ni cet amas de définitions & de régles souvent pédantesques que l'on est charmé d'oublier, & dont on n'oseroit faire aucun usage dans les conversations du monde poli. J'entends un cercle de Sciences plus ou moins utiles, dont le but est de nous apprendre à nous connoître nous-mêmes, & à faire un bon usage de notre raison & des objets qui nous environnent. On peut commodément ranger toutes ces sciences sous diverses classes.

§. XV. *Des Sciences qui appartiennent à la Philoſophie.*

Comme toutes les Sciences ſuppoſent un raiſonnement exact, on doit commencer par celles qui nous accoutument à raiſonner juſte : ainſi on commence par la LOGIQUE, qui eſt *l'art de penſer*, & qui *fournit des régles pour ſe garantir de l'illuſion & du faux raiſonnement.* Les autres Sciences qui regardent l'Ame ou la Subſtance dégagée de la Matiére, quelle qu'elle ſoit, ſont l'ONTOLOGIE *qui traite de l'Etre en général, de ſes rappors & de ſes propriétés*, & la PNEUMATOLOGIE qui *traite de Dieu, des bons & des mauvais Anges, de l'Ame humaine*, & même *de l'Ame des bêtes.* On doit y ajoûter la MORALE qui *examine le principe & la régle des actions humaines.*

Les parties qui ſuivent, s'appliquent à la Matiére & aux rapports que les corps ont entr'eux ou avec nous. Les Mathématiques ne ſont en effet que des parties détachées de la Philoſophie. La PHYSIQUE GÉNÉRALE débrouille les principes ſur leſquels les Philoſophes ſe fondent pour expliquer l'action des corps ſur nous, ou ſur les autres corps ; mais comme cette action eſt un méchaniſme qui ne peut être expliqué que par des figures, la GÉOMÉTRIE eſt néceſſaire, parce qu'elle nous donne les régles pour meſurer exactement toutes les figures qu'elle réduit à un petit nombre d'eſpéces. Outre cela cette Science ſuit une méthode particuliere pour démontrer les vérités, & un de ſes principes eſt de ne rien admettre qui ne ſoit évident.

L'ARITHMÉTIQUE qui *eſt la Science des Nombres connus*, L'ALGEBRE qui *conduit à la connoiſſance des Nombres dont on ne ſçait que les rapports*; *la* TRIGONOMETRIE, ou la *ſcience de meſurer exactement tous les Triangles poſſibles* ; ont une très-grande influence ſur toutes les parties de la Phyſique.

La STATIQUE ou la *Science des Forces mouvantes*, eſt trop néceſſaire au genre-humain pour qu'il ſoit permis de la négliger ; outre que ſans elle on ne peut expliquer l'uſage de la plûpart des membres du corps humain, c'eſt elle qui fournit cette prodigieuſe quantité de machines qui multiplient les forces, ſoulagent les ouvriers, & rendent faciles des travaux qui ſans ſon ſecours auroient paru impoſſibles.

L'HYDROSTATIQUE ou la Science *du Mouvement des Eaux*, aide à expliquer le cours du ſang dans nos veines, à conduire les eaux dans les lieux auxquels la Nature a refuſé un ſi grand bien. Elle ſert à quantité d'uſages. On en admire les effets dans les jardins de Verſailles plus qu'ailleurs.

L'OPTIQUE & la PERSPECTIVE nous apprennent à rectifier l'erreur où nous jette l'éloignement & la diſpoſition des objets qui ſe préſentent à notre vûe.

L'Optique nous enſeigne le méchaniſme & les propriétés de la Vûe; elle traite de la Lumiere & de l'Ombre. La *Perſpective* arrange les objets, en régle l'ordre & les diſtances, afin de produire l'effet que l'on ſouhaite pour le plaiſir & pour la commodité de la vûe.

L'ASTRONOMIE offre à l'homme le plus magnifique ſpectacle qu'il puiſſe considérer. Elle lui apprend le mouvement de ces vastes corps, qui réglent les saisons de la terre.

La GEOGRAPHIE GENERALE lui fait connoître le Globe où Dieu l'a placé au milieu d'un grand nombre de peuples, pour former avec eux un concert de louanges qu'il doit continuer éternellement dans le Ciel. Quand il considére quelle place il tient lui-même sur ce globe, cela le dispose à envisager son néant, & à reconnoître qu'il n'y a que Dieu qui soit véritablement grand. La GEOGRAPHIE PARTICULIERE appartient à l'Histoire.

L'ARCHITECTURE CIVILE fournit au genre humain des Logemens commodes, solides & réguliers. L'ARCHITECTURE MILITAIRE met les villes en état de se défendre contre les attaques des ennemis.

La PHYSIQUE comprend encore la BOTANIQUE, la CHIMIE, l'ANATOMIE & l'AGRICULTURE. Reprenons ces Sciences dans le détail, & voyons quels livres on peut lire pour en prendre une excellente teinture.

§. XVI. *Préparation à la Philosophie.*

Nous ſuppoſons que celui qui doit faire ces études, a du Chriſtianiſme, & qu'il veut étudier ces matiéres en Chretien. En ce cas on ne peut mieux commencer l'Etude de la Philoſophie, que par la lecture du livre du P. *Thomaſſin* qui a pour titre, *Méthode pour étudier chrétiennement la Philoſophie.* Il y a d'excellentes choſes dans les *Réflexions* du P. Rapin *ſur la Philoſophie*, & dans ſa *Comparaiſon de Platon & d'Ariſtote.* Mais ſa prévention en faveur d'Ariſtote va juſqu'à nous en vanter la Phyſique, par préférence à celle des Modernes. C'en ſeroit aſſez pour le décrier, & on en pourroit conclure ſur cette ſeule étiquette, qu'il étoit lui-même un très-pauvre Phyſicien; ſi on ne ſçavoit pas que les perſonnes liées à une Communauté Religieuſe, s'attachent par principe de piété & de devoir, au ſyſtême que la Communauté adopte. Ils trouvent un choix déja fait par leurs Supérieurs; ils étudient ſans répugnance des principes qu'ils voyent préférés par leurs Maîtres. Ils s'y livrent de bonne foi, & leur respect pour l'ancienne Physique est d'autant plus sincere, qu'ils la croyent plus commode que la nouvelle pour expliquer certains mysteres Théologiques. De plus, on sçait qu'Aristote a eu dans les écoles diverses fortunes. Tantôt suivi, tantôt méprisé, il a eu enfin le bonheur que sa Dialectique a eu entrée dans la Théologie. Saint Thomas & quantité d'autres ont employé sa Méthode avec succès. Saint Ignace a fait à ses enfans une espéce de loi qui les lie à cette Méthode. Le P. Rapin s'y est conformé, il est louable pour sa soumission.

L'Université elle-même a eu ses régles qui ne permettoient pas aux Professeurs de s'écarter d'Aristote : Ils avoient tout au plus la liberté de l'expliquer. Ces régles sagement établies dans un tems où l'on ne connoissoit rien de meilleur, se sont adoucies peu à peu. On est si bien revenu de cet esclavage, qu'il n'est point à craindre qu'on y retombe si-tôt.

Une des plus importantes maximes de la ſainte Philoſophie, c'eſt de ne ſe livrer à aucun Philoſophe à pur & à plein ; je veux dire, de ſorte qu'on adopte tous les ſentimens ſans diſtinction. On ne doit cet attachement qu'à la Vérité : il faut la recevoir & l'embraſſer, qui que ce ſoit qui la montre. Venons maintenant à chaque partie.

§. XVII. *De la Logique.*

Rien n'eſt plus important que de penſer juſte, ſur-tout, dans les raiſonnemens dont la concluſion eſt d'une extrême conſéquence. On a dit qu'il y a peu de vérités ſtériles ; l'une conduit à l'autre ; & telle vérité qui ſembloit, par ſon extrême ſimplicité, être en quelque façon inutile, devient par la réflexion, un principe abondant de découvertes.

On le peut dire à plus forte raiſon de l'erreur : une erreur nous entraîne dans une autre, & pour peu qu'il y ait de faux dans un des principes ſur leſquels on raiſonne, on va d'égarement en égarement.

Pour ſe garantir de l'égarement, les Philoſophes ont amaſſé un grand nombre de régles, qui la plûpart peuvent ſervir à former en nous l'habitude de bien raiſonner; & ce ſont ces régles que l'on appelle la Logique.

Il ſeroit aiſé de les réduire à IV. principales que voici.

I.

On ne doit jamais juger qu'une choſe eſt, ou n'eſt pas, ſans en avoir une raiſon qui ſoit expliquée en termes ſi clairs, qu'elle convainque naturellement l'eſprit. C'eſt ainſi qu'en uſe le Géométre.

I I.

De peur de ſe laiſſer emporter à la précipitation d'eſprit, ou aux préjugés dont on eſt plein, on doit examiner tous les termes dans leſquels une raiſon eſt expoſée, en la diviſant en autant de parties qu'il ſe peut. Car il n'eſt pas poſſible, ayant l'eſprit auſſi borné que nous l'avons, de bien juger d'une choſe un peu étendue, à moins que l'on ne conſidere tout l'un après l'autre. C'eſt le grand ſecret de l'Arithméticien.

III.

De plus, il faut établir un ordre dans toutes les penſées dont un ſujet eſt rempli. Ce qui eſt plus ſimple, plus général, plus aiſé à connoître, doit précéder ce qui eſt plus composé; par ce qu'il n'y a rien qui ſoit d'un plus grand ſecours que cet ordre, pour connoître ſi l'on ne ſe trompe point en raiſonnant, c'eſt-à-dire, en faiſant ſuivre une choſe d'une autre. C'eſt ce que l'on appelle Méthode.

IV.

Enfin on doit bien prendre garde à faire des dénombremens ſi entiers, que l'on ſoit aſſuré de ne rien omettre. Si l'on oublie une ſeule choſe, il eſt impoſſible qu'il n'y ait du défaut dans ce que l'on avance. C'eſt en quoi conſiſte la juſteſſe de l'Analyſe.

1. Ne jugez de rien qui ſoit obſcur & ſans évidence.

2. Diviſez la choſe dont vous devez juger.

3. Ayez ſoin de garder de l'ordre dans vos penſées.

4. Que le dénombrement que vous faites soit entier.

Avec cette préparation, je voudrois que l'éleve lût jusqu'à trois fois de suite la *Logique de Port-Royal.* Pour cette premiere lecture, je préférerois les premieres Editions. L'Auteur de cet ouvrage, si nous en croyons l'avertissement, l'entreprit pour faire voir qu'un jeune Ecolier peut apprendre la Logique en moins de huit jours ; & cependant on a tellement grossi le Livre, qu'on peut à peine le lire utilement en deux mois. L'Auteur fut attaqué, il justifia sa Méthode, & cela l'engagea dans des éclaircissemens, dont les écoliers qui commencent, n'ont pas besoin. Je choisirois donc l'édition la plus simple & la moins chargée de ces additions. *Regis* a aussi donné une *Logique* dans son *Cours de Philosophie.* Il est dans les nouveaux principes.

Après cela je lui mettrois en main le beau livre de la *Recherche de la Vérité par le P. Malebranche.* Il est vrai que ce livre est rempli de bien des choses qui appartiennent à la Physique, & qu'un jeune homme ne les comprendra pas à la premiere lecture; mais cela ne doit pas empêcher de le lire d'abord; car en récompense, il lui remplira l'esprit d'un grand nombre de principes qui influent sur les autres Etudes qu'il fera ensuite; & comme ce n'est pas un ouvrage qu'il ne faille lire qu'une fois; quand après les études que nous allons lui montrer, il reviendra à une seconde lecture de ce Livre, il comprendra tout, & y trouvera une délicieuse satisfaction.

Ce n'est qu'après cette seconde lecture que je lui conseillerois de lire les Critiques que l'on a faites du systême du P. Malebranche sur l'origine de nos Idées.

§. XVIII. *De la Métaphysique.*

Comme *l'Ontologie* & la *Pneumatologie* forment ensemble ce que l'on appelle la Métaphysique, après le Livre de la Recherche de la Vérité, je lirois de suite les *Entretiens Métaphysiques* & les *Conversations Chrétiennes* du même Auteur.

teur. M. le Clerc dans son Cours de Philosophie a très-nettement traité ces matieres ; comme notre Eleve ne sçait point le latin, on peut recourir à l'extrait que l'Auteur même en a donné dans une de ses Biliothéques. Joignez à ces lectures celle des *Méditations de Descartes*, & de la *Métaphysique de Regis*. Le traité *de l'Entendement humain par Mr. Locke*, doit être lû avec précaution.

§. XIX. *De la Physique générale.*

Nous sommes encore bien éloignés d'avoir une Physique générale universellement approuvée ; il faudroit pour cela un plus grand nombre d'Expériences que nous n'en avons. Les Anciens avoient pris une route à ne sçavoir rien sur cette science. Satisfaits d'un petit nombre d'expériences, ils ont travaillé d'imagination & bâti divers systêmes auxquels leurs écoles se sont attachées. L'Esprit de systême ne leur manquoit pas, il s'en faut bien. Ils raisonnoient sur l'arrangement de ce systême, & lui donnoient un air de vraiſemblance pour quiconque s'y ſoumettoit ſans autre examen. Réſolus de rendre raiſon de tout, les *Qualités occultes* & les *Formes ſubſtantielles*, ſpécieux galimatias, ne leur manquoient pas au beſoin.

Mais malheureuſement pour eux, dans le dernier Siécle, on s'eſt appliqué aux expériences qui ont démenti ces Syſtêmes qu'une ingénieuſe pareſſe & une imagination hardie avoient enſantés. Quelques-uns les ont retenus, les autres en ont eſſayé de nouveaux; on travaille actuellement à en former un qui ſoit ſatisfaiſant dans toutes ſes parties. *Deſcartes* qui l'a entrepris, n'a pas aſſez vécu pour l'achever; mais il a montré le ſeul chemin qui puiſſe y conduire. * Le chemin eſt bon, quoiqu'il s'y ſoit quelquefois égaré lui-même.

Les Phyſiciens tombent d'ordinaire dans un défaut, ils bâtiſſent un ſyſtême, comme j'ai dit, & y appliquent les expériences. Deſcartes a fait cette

* Depuis quelques années le Neutonianiſme a beaucoup gagné en France & en Italie. *Note de l'Edit.*

faute. Il falloit au contraire rassembler les expériences, recueillir les vérités qu'elles démontrent, & attendre qu'il y eût assez de vérités, pour en former un systême. Mais, diroit-on, il ne seroit complet que dans un siécle ou deux. Cela se peut : mais ces vérités développées & démontrées par les expériences, seroient certaines ; au lieu que mêlées avec ce qu'il y a de douteux dans le systême entier, elles perdent le degré de certitude qu'elles avoient étant seules. C'est ainsi qu'un homme qui doit recevoir trente pistoles prises au sac, où il sçait qu'entre cinq cens bonnes, il y en a cinquante de fausses, a peur avec raison d'être payé en mauvaise monnoye. Cependant comme il faut prendre une teinture de la Physique avant que de lire la plûpart des bons livres écrits sur cette Science, & qu'à moins de quelques principes, on ne pourroit pas bien entendre, parce que ceux qui les ont écrits supposent toujours qu'ils parlent à des gens qui ont au moins les Notions communes ; on peut se disposer à cette lecture par celle de la *Physique de Rohault*, & par celle de *Regis.* Cette derniere a même l'avantage d'être plus Méthodique & de contenir un Corps entier, au lieu que l'autre n'est qu'un recueil de Traités qui n'ont pas toutes les liaisons qu'ils pourroient avoir.

Quoiqu'on soit si peu avancé pour la Physique Systématique, on l'est cependant assez pour sçavoir que tous les ouvrages de la Nature sont l'effet d'un pur Méchanisme. Chacun travaille à sa maniere pour le saisir.

Les Anglois font un cas extrême de M. Newton qui mérite en effet de grandes louanges dans les Mathématiques. Au sentiment de quelques sçavans du premier ordre, il s'en faut quelque chose qu'il soit aussi généralement admirable dans la Physique qu'il l'est dans la Géométrie. Ils lui reprochent que malgré l'air de nouveauté qu'il a sçû donner à son systême, il en revient aux principes obscures d'Aristote, & qu'il les rétablit sous d'autres noms. Il faut le lire à cause des excellentes choses dont ses ouvrages sont remplis, &

quand même il feroit moins eftimable qu'il ne l'eft en effet, on ne feroit pas libre de le négliger, puifque c'eft le Phyficien à la mode, en Hollande & en Angleterre. La lecture de la *Théologie Phyfique de M. Derham*, qui eft toute dans les principes de M. Newton, fervira à donner une grande idée de la fageffe de Dieu dans les opérations naturelles. Il ne faut pas méprifer les Oevres de M. *Hartfoeker*, quoique dans fes *Conjectures* il y ait des Hypothéfes qui ont befoin que l'on fe fouvienne du titre fous lequel elles font publiées. Le défaut de quelques Phyficiens eft d'avoir recours à leur efprit en des chofes, où il ne faudroit que des yeux & de la raifon.

§. XX. *Des Mathématiques & des autres parties de la Phyfique.*

Le nom même de ces fciences fignifie que les Grecs les ont regardées comme un commencement d'études. Le P. Lamy a donné une très-bonne introduction aux Mathématiques, dans ſon livre des *Elémens*, ou *Traité de la Grandeur*. Il y développe les rapports de la Grandeur, & conduit méthodiquement à la Science des nombres, par l'Arithmétique, & par l'Algebre. Il n'a pas ſi bien réuſſi pour la Géométrie au gré des connoiſſeurs. Mr. *Poliniere*, Médecin, le même qui démontroit les Expériences dans l'Univerſité de Paris, a auſſi donné des *Elémens de Mathématiques* où ſe trouvent *l'Arithmétique*, *l'Algébre* & la *Géométrie*. On peut lire enſuite pour l'ARITHMETIQUE celle de *le Gendre*, & la *Science des nombres par Deſaguliers* Ce dernier livre eſt d'un ſtyle très-déſagréable, mais l'Auteur y a inſéré un grand nombre d'opérations priſes des Arithméticiens Hollandois. Cette nation a pouſſé fort loin l'Arithmétique.

Je prendrois pour ébaucher la GEOMETRIE, les petits *Elémens* du P. *Pardies*. Ce livre eſt court, net & ſuffiſant pour préparer à des lectures plus difficiles. On peut auſſi ſe ſervir de la *Géométrie de Port-Royal*; mais il ne faut pas manquer de lire l'*Euclide* du Pere *Dechales*. *Oza-*

nam a aussi expliqué *Euclide* dans son *Cours de Mathématiques.*

Ces livres n'enseignent que l'ancienne géométrie, mais il faut bien se garder de mépriser cette étude. Elle est à la vérité moins sublime, moins piquante, moins agréable, que la nouvelle; mais elle est indispensablement plus nécessaire, plus sensiblement utile, & c'est elle seule qui fournit à la nouvelle des fondemens solides.

Ayant posé l'ancienne Géométrie pour base de la nouvelle, on aura moins de peine à entendre le traité de l'*Analyse des infiniment petits* du Marquis de l'Hopital * & les autres ouvrages de cette nature. On pourroit même commencer cette étude par le livre de M. de *Fontenelle*, intitulé *Elémens de la Géométrie à l'Infini.* On trouve dans sa préface une Histoire abrégée des progrès de l'Infini dans les Mathématiques; le livre même porte le caractére d'esprit de son Auteur. On y sent par-tout le talent qu'il a de traiter avec clarté &

* La Préface est de Mr. de *Fontenelle.* Note de l'Edit.

netteté les matieres les plus abſtruſes ; telle eſt celle qui fait le fonds de cet ouvrage.

Quoique la Géométrie ſoit d'un uſage très-étendu dans les autres Sciences, elle a encore un autre avantage que j'oſerois preſque préférer à la ſcience même ; je veux dire une certaine habitude qu'elle donne de penſer géométriquement. L'Eſprit Géométrique ne ſe borne pas aux Mathématiques ; il peut être tranſporté preſque à tous les autres genres d'étude. C'eſt à lui que nous ſommes redevables de l'ordre, de la netteté, de la préciſion, & de l'exactitude qui régne dans les bons livres de Morale, de Politique, de Critique & même dans les ouvrages d'Eloquence.*

La Géométrie ſeroit imparfaite ſans la TRIGONOMETRIE, cette Science eſt néceſſaire à preſque toutes les autres parties de la Phyſique. *Ozanam* en donne les Elémens dans ſon Cours de Mathématiques.

* La plus grande partie de cet *à lineâ* eſt tiré de la Préface de l'Hiſtoire de l'Académie des Sciences par M. de F. *Note de l'Edit.*

Pour la STATIQUE on en trouvera les premiers élémens dans le traité des *Forces Mouvantes du P. Pardies*, dans le *traité de Méchanique* par la Hire; dans les Elémens de Méchanique & de Physique de M. Parent, &c. Ce dernier Auteur est un de ceux à qui il faut passer le désagrément du style, en faveur des choses qu'il enseigne. *Ozanam* en traite aussi dans son Cours de Mathématiques, dans ses *Récréations* & dans son Dictionnaire.

L'HYDROSTATIQUE a été traitée en cinq livres par Mr. *Mariote* dans son *Traité du Mouvement des Eaux* & des autres corps fluides. Joignez-y le *Traité de la pesanteur de l'Air & de l'Equilibre des Liqueurs*, par Mr. *Pascal*.

L'OPTIQUE commencée dans la Physique de Rohault, dans la *Dioptrique de Descartes*, & continuée dans le *Traité d'Optique* du Pere *Ango*, * & dans les Livres d'Ozanam, fera trouver plus de plaisir dans ce qu'il enseigne sur la PER-

* Cet ouvrage est originairement du Pere Pardies, mais le P. Ango y a beaucoup mis du sien.

SPECTIVE dans ſon cours. On a auſſi l'*Optique de Mr. Newton.*

L'ASTRONOMIE ſe traite ſuivant quatre *ſyſtêmes* différens. L'ancien qui eſt celui de *Ptolomée*, a pour lui quelques expreſſions de l'Ecriture ſainte, qui ſemblent le favoriſer. Il faut l'entendre, parce que pendant beaucoup de ſiécles, on n'a parlé du Ciel que ſelon les idées de cet Aſtronome ; on le ſoutient encore en Italie, par reſpect pour les ſaints Peres qui l'ont ſuivi ; comme ſi leur ſainteté s'étendoit juſqu'à leurs opinions ſur des matieres auxquelles la Foi ne prend point d'intérêt. Ce ſyſtême eſt très-incommode par bien des raiſons que l'on peut voir dans les écrits des Coperniciens.

Le ſyſtême de *Copernic* rend des raiſons plus ſimples des Phénomenes Céleſtes ; c'eſt pour quoi il lui a été facile d'obtenir la préférence. Auſſi eſt-il ſuivi des plus grands Aſtronomes de notre tems.

Ticho Brahé, ſçavant Aſtronome Danois, réprouvant l'ancien ſyſtême à cauſe de ſes embarras, & ne s'accommodant pas du nouveau à cauſe des difficultés des Théologiens, en a compoſé un troiſiéme qui a été embraſſé dans le Nord & dans une partie de l'Almagne. Mais il n'a pas fait fortune plus loin On y trouve une partie des embarras de l'ancien, & on voit bien qu'il ne s'écarte du nouveau que pour ſauver aux dépens de la ſimplicité, des objections auxquelles on peut bien n'avoir aucun égard, puiſqu'on y a ſolidement répondu.

Il y a outre cela le *grand Syſtême. Deſcartes* a donné, dans ces *Principes* & autres ouvrages, ce Syſtême aſſez développé, & c'eſt ce qu'il appelle les *tourbillons.* * Rien n'eſt plus magnifique, & par conſéquent rien ne donne une plus haute idée de la création que ce Syſtême. Chaque étoile que nous appellons Fixe, eſt un Soleil placé au centre d'un Tourbillon, dans lequel il eſt accompagné d'un nombre de Planetes, plus ou moins grand, à proportion de

* Il faut voir encore la *Théorie des Tourbillons* par M. de *Fontenelle.* Note de l'Edit.

l'effet pour lequel il a plu à Dieu de les créer. Notre Soleil n'est qu'une étoile fixe par rapport aux autres Tourbillons, & cette vaste étendue que parcourt Saturne avec les Lunes qui l'accompagnent, n'est que notre Tourbillon qui ne fait plus qu'une très-petite partie de l'Univers. Cela est immense & très-propre à faire adorer la puissance infinie du Créateur.

M. de *Fontenelle* a traité agréablement les principes de l'Astronomie dans son livre *de la Pluralité des Mondes*. Pour encourager ses lecteurs, il suppose que c'est une Dame qui prend des leçons d'Astronomie. Cette ingénieuse fiction le met dans la nécessité d'expliquer tout, car il est à présumer que l'écoliere n'apporte à cette étude aucune autre disposition, qu'une attention médiocre à ce qu'on lui dit, & assez de bonne volonté pour ne pas se révolter contre un Systême, qu'on ne lui présente d'abord que comme une chimere. Il est vrai qu'on lui sauve avec soin ce que l'Astronomie auroit d'austere & de rebutant, si elle étoit traitée avec le sérieux qui régne dans les écrits de Copernic ou de Ticho-Brahé. Mais cela revient au même pour le fonds des choſes ; & les principes ſi agréablement développés, s'inſinuent plus aiſément dans un eſprit vif & enjoué, qu'un air d'érudition auroit peut-être effarouché. Outre cela l'Auteur a ſoin de mêler de jolies choſes qui égayent l'entretien. La converſation d'une Dame y étoit plus propre que s'il eût ſuppoſé un ami. Du reſte il eſt Copernicien auſſi-bien que le Sçavant M. *Huygens* dans ſon petit livre latin, intitulé *Coſmotheoros*, & qui eſt traduit en françois, ſous le même titre *de la Pluralité des Mondes*. Si l'on craint que la Théologie ne reçoive quelque préjudice de ces nouveautés aſtronomiques, on ſe guérira de cette peur en liſant le livre de la *Théologie aſtronomique par M. Derham*. Il ſuit le grand Syſtême, & s'en ſert pour prouver la ſageſſe, la Providence & les autres attributs de Dieu, ſelon cette parole du Pſalmiſte : les Cieux publient la gloire de Dieu : En expoſant à nos yeux ce qu'ils contiennent de merveilles, ils nous apprennent quel eſt celui qui les a formés.

L'ASTRONOMIE a une grande liaiſon avec la GEOGRAPHIE GENERALE, auſſi voyons-nous que ces deux ſciences ſont ordinairement traitées enſemble dans les Livres des Mathématiciens. Je ne parle point de la *Géographie générale de Varenius*, ni de la *Géographie reformée du P. Riccioli*; ces deux excellens ouvrages ſont en Latin, & nous ſuppoſons que notre éleve ne l'entend pas. Il peut s'en dédommager par la *Géographie du P. Dechales*, & par celle d'*Ozanam* qui eſt au V. Volume de ſon Cours

Il n'eſt queſtion ici que des principes fondamentaux de GEOGRAPHIE MATHEMATIQUE. J'entends par-là une ſcience qui examine géométriquement la ſituation, la figure, les parties, & rapports de notre Globe avec le Ciel qui l'environne; car la connoiſſance des Pays par rapport aux peuples & aux autres accidens qui ſont ſujets à changer, n'appartient point aux Mathématiques. Ce n'eſt pas même une Science; c'eſt tout au plus une portion de l'Histoire. Mais le mouvement de la Terre, ou, ce qui revient au même, le mouvement du Ciel autour d'elle, les distances, les sections des cerles, la projection des Méridiens, & quantité d'autres détails Géographiques sont une véritable science, sans cette étude, on ne sçait que superficiellement la Géographie.

Lorsqu'on la sçait de la maniere qui vient d'être expliquée, on y joint sans peine la GNOMONIQUE qui est la *science des Cadrans.* Ozanam en enseigne les principes dans son Cours & dans ses Récréations Mathématiques On peut y ajouter ce qu'enseigne le P. Pardies, & quelques autres traités.

Le Globe de la Terre a une partie de sa surface couverte d'eaux. La partie de la Géographie générale qui considere l'étendue, la profondeur & le bassin de ces eaux, s'appelle HYDROGRAPHIE. Les hommes effrayés d'abord à la vûe de la mer, la regarderent comme une espéce de mur qui les empêchoit d'avancer plus loin : la Navigation y remédia. L'industrie apprit enfin à traverſer de vaſtes mers, & avec le tems on en a fait une ſcience particuliere. Il y a de fort bons livres d'Hydrographie. Outre ce qu'Ozanam en fournit dans ſon cours, on peut lire avec fruit *l'Hydrographie* du P. *Fournier* ; le *Pilote expert*, par *Dacier* ; le *Tréſor de la Navigation*, par *Blondel*, & *l'Art de naviguer par le quartier de réduction & par le compas de proportion*, par le même. On a un aſſez bon Dictionnaire de la Navigation, où ſont expliqués tous les termes de l'Architecture navale.

Sur l'ARCHITECTURE CIVILE, je voudrois qu'avant toute autre inſtruction, on lût bien attentivement les *dix Livres de Vitruve par Perrault*, j'entends l'*in-folio*, on en a un abrégé qui ne ſuffit pas. Il faut ſe faire une idée nette des *V. Ordres d'Architecture*, traités par *Vignole*. Le Cours d'*Architecture par Daviler* eſt d'autant plus utile, qu'il contient un *Dictionnaire* particulier de cette Science. Je ferois lire auſſi quelques ouvrages de grand goût comme le *parallele de l'Architecture Ancienne & Moderne, &c.* Les Italiens ont de grandes richeſſes ſur

ſur cette matiere, & pluſieurs de leurs ovrages ſont traduits en notre langue.

Le Traité des Fortifications par Ozanam, eſt utile pour entamer l'ARCHITECTURE MILITAIRE ; mais on n'ira pas loin avec cela ſeul. Pour la ſçavoir en Officier, il faut après s'être fortifié dans la *Géométrie pratique*, dans *l'Arithmétique*, & dans la *Trigonometrie*, étudier à l'armée ſous les yeux de quelque habile Ingénieur. L'expérience & le génie ſont néceſſaires à un homme qui vient préparé comme nous avons dit ; & s'il joint tous ces avantages, il ſera de grands progrès.

Le Caractére d'eſprit qui convient à un excellent Ingénieur, ſe forme d'un mélange de qualités qui ſe rencontrent rarement enſemble en un haut degré. Il faut qu'il ait aſſez de bravoure pour mépriſer le péril ; aſſez de prudence pour n'y pas expoſer en vain de braves gens dont la vie lui eſt confiée ; aſſez de ſçavoir pour pratiquer les régles de ſon art, lorſqu'elles ſuffiſent ; aſſez de génie & de hardieſſe pour s'en écarter, lorſque les occurrences le demandent ; aſſez de vivacité pour ne pas laiſſer languir les opérations qui dépendent dé lui ; assez de flegme pour ne pas s'exposer aux mauvaises suites de la précipitation ; j'y ajouterois un fond d'humanité pour le soldat, que l'impatience d'un Général qui craint les longueurs d'un siége, envoye souvent à la boucherie. L'Histoire a loué M. de Vauban * de ce qu'il aimoit mieux ménager les troupes que l'amitié des Généraux dont il essuyoit quelquefois la mauvaise humeur. La Méchanique est une des études les plus nécessaires à l'Ingénieur ; elle lui fournit des ressources dont il ne peut se passer.

Les Oeuvres de *Mathiole* & de *Tournefort*, & de quelques autres, fournissent les principes de la BOTANIQUE, mais pour y avancer beaucoup, il est bon d'herboriser quelque tems soi-même, afin d'apprendre à connoître les Plantes, du moins celles dont les usages sont connus.

La CHIMIE qui enseigne à en tirer par le feu des remédes très-efficaces,

* Ce qui précede, est tiré en grande partie de son éloge, par M. de *Fontenelle.* Note de l'Edit.

mérite bien qu'on ne la méprise pas. Elle n'est méprisable que quand elle s'applique à sophistiquer les métaux. Celle qui cherche dequoi rendre la santé aux hommes, est très-nécessaire, & nous avons intérêt d'en sçavoir quelque chose, soit pour connoître les remédes que l'on donne dans l'occasion, soit pour les préparer nous-mêmes en cas de besoin. Le *Cours de Chimie*, par *Lemeri*, est très-bon pour commencer cette étude. Il faut y joindre sa *Pharmacopée* & son *traité des drogues simples*.

Le corps est une partie si intéressante de nous-mêmes, qu'il seroit honteux de ne le pas connoître. C'est l'office de l'ANATOMIE de nous montrer la composition admirable de toutes ces parties dont la conservation nous intéresse personnellement. L'*Anatomie raisonnée de Tauvry*, quoique courte, explique non-seulement la disposition & la conformation, mais même le Méchanisme des principales parties de notre corps. Mais elle est fort courte : & même elle suppose que celui qui la lit, a déja quelques principes de l'art. On trouvera les détails plus développés dans *l'Anatomie de Dionis*. Cet Auteur a eu de très-belles occasions d'éclaircir quantité de doutes, & il en a profité. Je recommanderois l'*Anatomie de Verheyen* à un homme qui entendroit le Latin. La Méthode en est facile, & les figures en sont très-nettes & très-belles. Je ne parle point de *l'Anatomie de Gelée*, ni de celle de *Du Laurens*. Ces Auteurs ont eu de la réputation en leur tems ; mais on a fait un si grand nombre de découvertes depuis leur mort, que leurs ouvrages sont demeurés très-imparfaits. On a l'*Ostéologie* & quelques autres ouvrages de *le Clerc*, qu'un Anatomiste ne doit pas négliger : nous n'avons point encore en François d'Anatomie complette dont on puisse être bien satisfait. Mr. du Verney en eût été très-capable, c'est dommage qu'il n'ait pas ajouté ce service aux autres qu'il a rendus à cette Science.

Les grands hommes de l'Antiquité étoient bien éloignés de mépriser l'AGRICULTURE. Ils prenoient au contraire un très-sensible plaisir à partager leur tems entr'elle & les plus éminens emploïs de l'Etat. L'Homme a beau se livrer aux illusions de la vanité. Qu'il s'éleve tant qu'il voudra par des pensées d'orgueil ; il tient malgré lui par trop de liens à la terre. Que devient-il pour peu qu'elle cesse de lui fournir les alimens dont il a besoin tous les jours, pour entretenir non-seulement sa santé, mais sa vie ? L'Agriculture n'est pas seulement nécessaire au genre humain ; elle devient une occupation très-agréable, quand on y apporte un esprit Philosophique. Les arbres, les fleurs, les herbes, les plantes médicinales, méritent bien que l'on sçache au moins de quelle maniere la Nature les produit. Heureux qui en connoîtroit tous les usages! Notre vie est souvent abrégée par la faute des Médecins qui ne les connoissent pas assez. D'ailleurs tandis que l'Agriculture, avec le Jardinage qui en fait partie, est en quelque façon abandonnée à des hommes dont l'ame est presque aussi matérielle que le corps, il est bon que d'autres plus dégagés de la matiere, pensent pour ces gens-là, & les guident dans leurs travaux. On a les Oeuvres de *la Quintinie*, de *Liger* & de quantité d'autres.

Je joindrois à ces études celle des ANIMAUX. On peut la partager en bien des branches. Je ne parle point de la distinction naturelle que Dieu a mise entre les Animaux Terrestres, Aquatiques & Amphibies, ni de celle qui se prend du nombre ou de la figure des pieds, ni des autres différences qui donnent lieu aux Naturalistes de ranger les Animaux sous diverses classes. Par les branches de cette étude, j'entends les divers aspects sous lesquels on peut considérer les animaux, soit par rapport au méchanisme de la nature dans leur mouvement, dans leur instinct, dans leur formation, &c. soit par rapport aux utilités que l'homme en peut tirer pour sa nourriture, & pour ses autres besoins, ou enfin par rapport aux soins que demandent la conservation & la multiplication des animaux qui font partie de la richesse des hommes. *Jonston*, *Gesner*, *Aldrovande*, & autres, ont fait de gros ouvrages sur cette matiere, mais ils ont écrit en Latin,

Nous avons en François les *Poissons de Rondelet*, les *Oiseaux de Bellon*, & quantité de traités particuliers, comme celui des *Vers à soye*, des *Mouches à miel*, &c. Le *parfait Maréchal de Soleisel* enseigne ce qui regarde les chevaux. *Virgile* a traité dans ses Géorgiques ce qui concerne les troupeaux. On en a plus d'une traduction en prose, outre celle de *Segrais* qui est en vers. Les P. P. Jésuites ont fait à son imitation des Géorgiques en latin, comme sont les *Poules* & les *Colombes* du P. *du Cerceau*, &c. Quelques-uns de ces ouvrages sont aussi en François.

Les voyageurs donnent un grand nombre de descriptions d'Animaux. Il seroit à souhaiter que quelque habile homme publiât en François un recueil de ce qu'on trouve dispersé dans quantité de livres sur ce sujet.

Au reste, dans cette liste, je ne propose que d'indiquer les Elémens. En fait de Sciences, il faut toujours commencer par là; mais quand on a pris goût à quelqu'une, il suffit souvent d'en avoir entamé l'étude par les ouvrages qui en découvrent les principes. Non-seulement ils fournissent les premieres leçons, mais encore on y trouve indiqués les autres Auteurs qui en ont traité plus amplement & avec plus de profondeur. D'ailleurs les Journaux des Sçavans font assez connoître les Livres dont on a besoin, puisqu'ils annoncent & les Titres des livres & la Méthode qu'on y a suivie.

Après ces principes généraux, on sera en état de lire avec fruit le précieux & docte recueil de l'*Histoire* & des *Mémoires de l'Académie Royale des Sciences*, car, ou les Auteurs suivent les principes établis, ou ils en établissent de nouveaux, & alors ils sont obligés de les expliquer & de les prouver. Mais ils supposent toujours que l'on sçait les premiers Elémens de la Science dont ils traitent, & ils ne sont pas intelligibles la plûpart du tems pour ceux qui n'ont aucune teinture précédente. *

* On a déja vû dans les *Conseils*, &c. qu'on va réimprimer l'Histoire de l'Académie, par M. de *Fontenelle*, séparément des Mémoires. Cette Histoire consiste principalement dans les Ex-

§. XXI. *De la Morale.*

On s'étonnera peut-être de ce qu'ayant mis pour principe que toutes les sciences doivent aboutir à nos devoirs, & servir principalement à former un homme de bien, je n'ai pas mis la MORALE à la tête de toutes. J'ai voulu en la renvoyant ici, en pouvoir traiter, sans être interrompu par d'autres matieres.

Je n'entends point par ce mot de MORALE cette vaine Anatomie des Passions à laquelle on s'amuse assez longtems dans la plûpart des écoles. J'entends une Science qui forme en nous le discernement du bien & du mal, & qui nous éclairant sur ce qui est juste ou injuste, détermine dans les cas qui ayant ordinairement deux faces, laissent douter de quel côté est la justice & le

traits de ces Mémoires. Ils y sont mis à la portée de tout lecteur, homme d'esprit, & un peu instruit; & par là ces extraits, écrits d'ailleurs avec autant d'agrément que de netteté, sont infiniment propres à répandre de plus en plus le goût des Mathématiques & de la Physique.

Note de l'Editeur.

devoir. Ainsi la Morale, dans le sens que je lui donne, comprend en premier lieu tout ce qui s'appelle Jurisprudence que je divise ainsi. *La Jurisprudence Naturelle*, ou le DROIT DE LA NATURE.

La Jurisprudence Publique, ou le droit entre les Souverains, ou le DROIT de la GUERRE & DE LA PAIX.

La *Jurisprudence Féodale*, ou le DROIT DES FIEFS.

La *Jurisprudence Civile* ou le droit entre les Citoyens de chaque peuple, ou le DROIT CIVIL.

La *Jurisprudence Ecclésiastique* ou le DROIT CANON.

J'y joints la POLITIQUE & l'OECONOMIE, & enfin la MORALE CHRÉTIENNE.

§. XXII. *Des Passions.*

Quoique j'aye témoigné quelque mépris pour l'étude des passions telle qu'on l'enseigne dans les écoles, ce n'est que par rapport à la mauvaise méthode que l'on y suit, & à la faute que l'on y fait de borner à cela seul & à quelques questions vagues, une étude importante au bonheur de l'homme. Bien loin de juger inutile l'étude des passions, je voudrois au contraire faire lire le petit *traité des Passions par Descartes*, les *Caractéres des Passions par la Chambre*, & *l'usage des Passions par Senaut.*

A l'égard des principes généraux de la Morale, je recommanderois fortement le traité des *Offices de Ciceron* traduit par l'Abbé du *Bois*. C'est un excellent ouvrage & un homme de bien tel que Ciceron le demande, a de merveilleuses dispositions à devenir un parfait Chrétien. Sur tout cette maxime est admirable : LORSQU'IL Y A LIEU DE DOUTER SI UNE CHOSE EST JUSTE, OU INJUSTE, IL FAUT S'EN ABSTENIR ; CAR L'APPARENCE DU MAL EST UN MAL.

§. XXIII. *De la Jurisprudence.*

LA JURISPRUDENCE NATURELLE fournit de grandes lumieres en ramenant l'homme à l'état où la Nature l'avoit mis d'abord. Mais nous ne sommes plus dans cet état, & souvent les Loix particulieres des Princes dérogent à celles de la Nature. Par exemple, par la Loi naturelle tout homme a droit de vie & de mort sur ses enfans. Le droit Civil lui ôte cette prérogative à cause des abus, & ne lui réserve que la plainte devant le Juge ou devant le Souverain ; il en est ainsi de mille autres choses. Il n'y a presque plus que les Souverains qui ayent pouvoir d'user du droit de Nature les uns envers les autres. Il y a néanmoins dans les autres parties de la Jurisprudence une infinité de régles dérivées de cette Jurisprudence primitive & naturelle, & c'est ce qui la rend utile par l'influence qu'elle a sur elles. Aussi voyons-nous que *Pufendorff* a intitulé son livre du *Droit de la Nature & des Gens*, & *Grotius* qui a traité le même sujet, a intitulé le sien du *Droit de la Guerre & de la Paix*. Ces deux ouvrages sont excellens chacun dans leur genre. Pufendorff a donné un très-bon abrégé du sien dans le Livre intitulé des *Devoirs de l'Homme & du Citoyen* : Tous les trois ont été traduits par M. de Barbeyrac qui a rendu un grand ſervice au Public, tant par la traduction que par les notes dont il les a accompagnés. Mais je voudrois faire remarquer au jeune Eleve que ces trois grands hommes n'étant pas de la Religion Catholique, n'en ont pas toujours ſuivi la Doctrine, & que le Traducteur ſur-tout témoigne pour les Peres de l'Egliſe un mépris qu'ils ne méritent pas. Il n'eſt pas juſte de les dégrader de la vénération des fidéles, ſous prétexte qu'ils n'ont pas eu les mêmes idées que les modernes ſur une ſcience, que l'on n'a commencé à débrouiller avec ſuccès que depuis un ſiécle. Cependant il n'a point d'égard aux avantages que nous avons ſur eux, & il s'explique ſur leur chapitre en des termes ſi peu ménagés, qu'il ſouleve contre lui généralement tous ceux qui ont pour ces Docteurs la reconnoiſſance qui eſt dûe aux grands ſervices qu'ils ont rendus à l'Egliſe dont ils nous ont tranſmis la Doctrine.

Hobbes a traité des mêmes matieres dans ſon *Leviathan* & dans ſon petit *traité du Citoyen*; il diviſe ce dernier ouvrage en trois parties. Dans la premiere il considére *l'Homme*, dans la seconde *l'Empire*, dans la troisiéme *la Religion*. Sorbiere a traduit le *traité du Citoyen*. C'est la même chose que le petit traité intitulé le *Corps Politique* ou les *Elémens de la Loi Morale & Civile*. Il n'y a que les deux premieres parties du Livre de Hobbe ; il y manque la troisiéme, c'est-à-dire, celle qui traite de la Religion. Le dommage n'est pas grand. Hobbes s'étoit fait une Religion à lui, dans laquelle il n'entroit pas beaucoup d'articles de Foi, aussi n'en a-t'il pas fort chargé ce chapitre.

Le Gouvernement Britanique est mixe, composé du Monarchique, de l'Aristocratique, & du Démocratique, parce que l'Etat est gouverné par le Roi & par le Parlement qui comprend les Seigneurs & les Communes. Ce partage de l'Autorité Souveraine entre le Roi & le Peuple, a donné lieu aux Anglois de s'appliquer beaucoup aux principes du Droit de la Nature & des Gens, & ils ont en leur Langue de grands ouvrages sur cette matiere. Quelques-uns sont traduits en François.

Un Gentilhomme qui a des terres, est toujours vassal de quelque Prince. Cela l'oblige à des devoirs attachés à la Nature des FIEFS qu'il possede ; de là vient l'obligation de ne pas ignorer entiérement le *Droit Feodal.* Après quelque court traité des fiefs, je conseillerois la lecture de ces trois livres : *Traité de la connoissance des Droits & des Domaines du Roi, de ceux des Seigneurs particuliers qui relévent médiatement ou immédiatement de* SA MAJESTÉ, par *du Ferrier. Traité des Seigneuries*, par *Charles Loiseau. L'Usage des Fiefs & autres droits Seigneuriaux*, par *Denis Salvaing.* Ce dernier est imprimé à Grenoble.

Pour le *Droit Civil*, on fera bien d'étudier les *Loix Civiles dans leur ordre naturel, par Domat* ; mais à condition qu'on y joindra toujours le *Droit Coutumier* du Royaume, de la Province, ou de la Ville dont on est Citoyen.

Pour le *Droit Ecclésiastique*, on a l'*Institution au Droit Canonique*, par l'Abbé *Fleury* & les *Loix Ecclésiastiques dans leur ordre naturel*, par M. d'*Hericourt.*

§. XXIV. *De la Politique.*

Quoique la Politique ſoit elle-même une partie de la Morale, elle ne laiſſe pas d'être diviſée de nouveau en plusieurs parties par rapport à ſes fonctions. La POLITIQUE AULIQUE a ſes régles. Les Oeuvres de *Gracian* en contiennent de très-bonnes, ſur-tout ſon *Homme de Cour*: mais je ne ſçais ſi elles doivent s'apprendre autrement que par un grand uſage de la Cour & avec l'aſſiſtance de quelque Ami éclairé, qui ſauve un jeune homme des faux pas qu'il pourroit faire, s'il ſe livroit à toute la vivacité de ſon âge. Je ne veux donc parler que de la Politique occupée à gouverner.

Si elle gouverne un Etat, on la nomme POLITIQUE; ſi elle gouverne une Ville ou un Bourg, ou une autre Communauté ſubordonnée à l'Etat, on la nomme POLICE. Si elle gouverne une Maiſon, ou une Famille, on la nomme OECONOMIE. Commençons par la Politique.

Un

Un Miniſtre doit à ſon Maître, aux Etats voiſins & aux Peuples qui lui ſont confiés, la juſtice, la ſûreté, le repos, & généralement tous les biens qu'il eſt capable de leur procurer.

Plein de la Grandeur de ſon Maître, il ne doit pas lui ſacrifier le bonheur du Peuple en l'opprimant. Il ne doit pas non plus, par tendreſſe pour le Peuple, affoiblir les droits de la Couronne qu'il ſert.

On ſe trompe, ſi l'on croit que la droiture du cœur & l'exacte probité, ſoient incompatibles avec la véritable politique. On ſe déſabuſera de cette erreur en liſant la *Politique tirée de l'Ecriture Sainte*, par M. *Boſſuet*. L'Etude d'un Miniſtre d'Etat, c'eſt l'Hiſtoire. Quand elle ſeroit inutiſe à tout le reſte des hommes, elle lui ſeroit toujours d'un grand ſecours. Il y a beaucoup à profiter pour lui, ſur-tout par rapport aux maximes d'uſage, dans le *Tacite d'Amelot de la Houſſaye*, à cauſe des notes, & dans *Commines*.

Une autre Etude d'un Miniſtre d'Etat, ce ſont les vrais intérêts de ſon

Maître par rapport à ses Voisins. Il doit sçavoir quelles en sont les Forces Militaires, & celles des Finances. Il est important qu'il connoisse les diverses branches du Commerce ; il en peut prendre une teinture dans les *Ouvrages de Savary*, & y ajouter les instructions qu'il demandera aux Négocians du Pays, & même aux Négocians étrangers. *

Souvent une Province est pauvre en argent, quoique les biens de la terre y croissent en abondance ; cela vient quelquefois du peu de débouchement. On peut le procurer en rendant une riviere navigable ; ou en bâtissant quelques ponts qui abrégent le chemin ; ou en élevant des chaussées dans les lieux marécageux, pour la commodité des voitures, qui portent les marchandises d'une Province à l'autre, ou en peuplant davantage ce Canton, & y établissant des Manufactures dont les

* Depuis quelques années, il a paru beaucoup de bons livres sur le commerce, entr'autres les *Elémens du Commerce* de M. de F. 2. vol. *in*-12. chez Briasson. *Note de l'Edit.*

Ouvriers aident à consumer les denrées desquelles on ne peut se défaire autrement. On ne manque point de livres François où ces diverses matieres sont traitées.

§. XXV. *Des Négociations.*

Le Ministre d'Etat a dans les diverses Cours sous ses ordres, des Ministres qui le servent d'autant mieux qu'ils sont plus habiles, plus zélés, & plus gens de bien. Le Politique Négociateur doit faire son capital des Instructions qu'il reçoit de sa Cour, connoître le plus en détail qu'il est possible, la force & les mœurs du Pays où il réside, le génie & le caractére du Prince avec qui il traite, & des Ministres qui ont le plus de part à sa confiance & au maniement des affaires. Sur-tout il en doit étudier le Systême politique, car chaque Cour a le sien. Je suppose qu'il est au fait des Négociations & même des fautes que son Prédécesseur a faites. Il y a outre cela des études qui lui conviennent; sçavoir, celle des *Traités de Paix*, les

Actes & tout ce qui regarde l'Histoire du tems, &c.

Il doit tout mettre à profit, même les intrigues des femmes qui sont souvent un instrument très-utile, entre les mains d'un habile homme.

L'*Art de négocier avec les Souverains par Callieres*, *Mémoires pour les Ambassadeurs*, par *Wiquefort*, son Livre *de l'Ambassadeur & de ses fonctions*, sont les rudimens d'un Ministre; mais il faut avertir que Wiquefort est plein de faits, sur lesquels ils ne faut pas toujours fonder des conséquences; car il lui est arrivé plus d'une fois de faire entrer dans son système des régles que l'usage n'a point autorisées.

Un Négociateur trouvera un excellent modéle de Dépêches dans les *Lettres du Cardinal d'Ossat*. Ce doit être son Breviaire.

Un Gouverneur de Province, ou un Magistrat de Ville, sont quelquefois employés aux fonctions de la Politique dont on vient de parler. En ce cas elles ne changent point de nature : d'ordinaire ils sont guidés par les ordres de la Cour, desquels il ne leur est pas permis de s'écarter.

Pour ce qui regarde l'Administration de la Justice, ils ont les Loix nationales suivant lesquelles ils sont obligés de régler leurs jugemens ; & pour ce qui est du bon ordre qu'ils doivent maintenir entre les Citoyens, ils ont encore des usages déja établis auxquels il est bon de se conformer. Souvent aussi ils peuvent y en ajouter de nouveaux, ou changer les anciens, pourvû que par-là ils procurent la sûreté & le bonheur du Peuple, qui doit être leur principal objet.

La félicité publique mérite qu'on lui sacrifie tout. C'est le centre où doivent aboutir toutes les Loix. Un Magistrat préposé pour maintenir le bon ordre, la sûreté & l'abondance dans une grande Ville, fera bien de lire l'excellent *traité de la Police* par M. de la Mare. Il y a peu de livres où les matieres soient si sçavamment approfondies.

§. XXVI. *De l'Œconomie.*

L'Oeconomie eſt, comme nous avons dit, la Politique occupée à gouverner une maiſon, une famille ; de-là vient que l'on appelle dans quelques ſociétés *Oeconome*, celui qui eſt chargé des détails de ce Gouvernement, & ſoulage ainſi le pere de famille. Cette ſcience comprend les devoirs de tous les membres d'une famille & l'art de la bien conduire. Un pere de famille a des Biens, une Femme, des Enfans & des Domeſtiques. Tout cela lui impoſe des devoirs de pluſieurs eſpéces. Il trouvera d'excellentes inſtructions dans les livres que l'on a écrits depuis quelque tems ſur la vie & les devoirs de chaque Etat. Mais comme les maximes du Chriſtianiſme en ſont le fondement le plus ſolide, nous remettons à parler de ces livres quand nous traiterons de la Morale Chrétienne & de la Religion. Un bon Eccléſiaſtique s'eſt donné la peine de recueillir en forme de Dictionnaire, les détails qui appartiennent à l'Oeconomie occupée des ſoins du ménage. Ce Dictionnaire eſt fort utile aux perſonnes chargées du ſoin & de l'entretien d'une famille.

Quoique ces diverſes parties de la Morale puiſſent contribuer à former un homme de bien ſelon le monde, elles ne ſuffiſent pas pour en faire un homme heureux. Le véritable bonheur doit être l'ouvrage de la Religion. Ce n'eſt qu'à elle qu'il appartient de nous guider vers la vraie & ſolide vertu. Envain la Philoſophie nous étale les plus belles maximes de la ſcience des mœurs; la Morale Chrétienne en doit être la pierre de touche. Toutes les autres études ſur nos devoirs ſuppoſent que nous ne négligeons pas celle-là. C'eſt même la plus néceſſaire de toutes. Je n'entrerai point ici dans les détails de cette ſcience, je les réſerve au livre où je trace l'étude de la Religion, dont la Morale fait une partie eſſentielle.

§. XXVII. *Réflexions générales sur les Sciences.*

Je finirai cette Partie par quelques réflexions qu'un homme qui étudie ne devroit jamais perdre de vuë. Rien n'est plus ordinaire que le reproche que l'on fait aux Sciences d'enfler le cœur & d'inspirer de l'orgueil à ceux qui croyent les posséder. C'est un effet de la mauvaise disposition de ceux qui s'y appliquent. J'avoue qu'il n'est que trop ordinaire de trouver des gens qui sous prétexte d'un sçavoir que leur imagination leur grossit, se rendent ridicules & mêmes odieux par l'excès de leur vanité. Mâis il faut convenir aussi que les vrais sçavans sont plus modestes que ceux qui n'ont fait qu'effleurer une science. J'aime qu'un Mathématicien du mérite de Mr. Sauveur, dise que ce qu'un homme peut en Mathématiques, un autre le peut aussi.* Sa modestie me fait presque oublier le faux qu'il y a dans cette pro-

Tiré de son Eloge, par M. de *Fontenelle*. Note de l'Edit.

poſition, & j'y vois un ſçavant qui par cet aveu anéantit, autant qu'il peut, la diſtance que ſon mérite met entre lui & moi; qui m'encourage à m'élever juſqu'à lui, en m'y faiſant voir une poſſibilité qui m'anime à ſuivre ſes traces.

Les ſciences reſſemblent à de vaſtes Pays dont on ne connoît bien l'étendue, que quand on y a fait un long ſéjour. Ceux qui par pareſſe s'arrêtent au commencement de leur courſe, s'imaginent avoir aſſez vû. Ceux qui au contraire comptant les peines pour rien, avancent le plus loin qu'il eſt poſſible, ſont ſurpris de voir qu'il reſte encore devant eux des eſpaces immenſes qui ne méritent pas moins que le reſte d'occuper leur attention. Loin de s'enorgueillir du chemin qu'ils ont fait, ils conſidérent avec une eſpéce de douleur celui qu'ils n'ont pas encore fait, & ils n'ont point la folie de préſumer que perſonne n'ira plus loin qu'eux.

L'objet des études eſt ſi grand & ſi varié, qu'il en échape toujours une grande partie à nos lumieres; quels que ſoient nos talens & nos efforts, il reſte néceſſairement une infinité de choſes que nous n'appercevons pas. Ce que nous ſçavons bien, n'égale pas ce que nous ſçavons mal; & l'un & l'autre n'eſt rien en comparaiſon de ce que nous ignorons totalement. Cette conſidération eſt plus que ſuffiſante pour rabattre les fumées d'orgueil qui s'élevent dans un jeune eſprit enyvré de la fauſſe idée qu'il s'eſt faite de ſon mérite.

Il y a des hommes en qui l'Etude nourrit un défaut qui a ſa ſource dans la vanité. C'eſt l'eſprit d'aigreur & de contention. Rien n'eſt plus déſagréable dans la Société que des gens qui, pour faire paroître leur habileté, contrediſent à tout, & ſont toujours prêts à vous démontrer le contraire de ce que vous avez avancé. Pour peu que vous entrepreniez d'expliquer les raiſons que vous avez de penſer ainſi, ils s'échauffent auſſi-tôt, & c'eſt grand hazard qu'ils s'abſtiennent de dire des injures. Ils voudroient que vous vous ſoumiſſiez à toutes leurs déciſions, comme à des Oracles. Un vrai ſçavant eſt doux, ſociable; il ne s'entête point de ſes opinions ; il ſçait par expérience que rien n'eſt plus aiſé, que de tomber dans l'erreur. S'il voit que ſes amis ſoient d'un ſentiment oppoſé au ſien, il commence par examiner ſi ce n'eſt pas lui-même qui ſe trompe; en ce cas il réforme ſes idées. Loin de rougir d'être déſabuſé, il ſçait bon gré à ceux qui le détrompent. Mais s'il eſt ſûr que ce ſont les autres qui s'écartent de la vérité, il prend pour les y ramener, la voie de perſuaſion & de la douceur. Il imite la ſage conduite du Médecin qui ne maltraite pas un malade dont il a entrepris la guériſon. Les erreurs ſont les véritables maladies de l'ame. Un Raiſonnement ſolide exprimé en des termes modérés & polis, eſt plus propre à convaincre un homme de ſon erreur, que les tons déciſifs dont ſe ſert un faux ſçavant, pour fermer la bouche à ſon adverſaire. Cependant rien n'eſt plus commun que les gens de cette eſpéce.

Nous avons déja remarqué que pour bien faire, l'ambition ne devroit avoir aucune part à nos Etudes. Au contraire les études devroient nous guérir de l'ambition. Je la distingue de l'émulation qui est louable quand elle a pour objet de nous approcher des plus excellens modéles. Mais rien n'est plus opposé au véritable esprit des Sciences que les vûes d'intérêt. Un homme qui s'y applique dans l'espérance qu'elles serviront à sa fortune, n'agit point par un motif digne d'elles ; & il arrive ordinairement qu'après bien des soins il est moins avancé qu'il n'étoit. Les Sciences exigent au contraire que quiconque aspire à leur possession, leur sacrifie une partie de ses biens ; il en coute pour les Maîtres qui enseignent les Elémens, pour avoir les Livres qui contiennent les principes, & pour mille autres dépenses inévitables. Outre le tems que l'on y consume, elles occupent l'esprit, & ne lui laissent guéres la liberté d'être sans cesse à l'affût pour ne pas manquer les occasions de s'enrichir. Par elles-mêmes elles ne donnent point d'autres richesses que celles de l'esprit & du cœur ; c'en est bien assez. On a vû des tems heureux où elles étoient un degré pour arriver aux pensions & à la confiance des Grands. Ce tems n'eſt plus & un homme qui n'a malheureuſement d'autre reſſource pour ſubſiſter qu'un fonds de ſçavoir, eſt preſque toujours réduit à voir ſon indigence s'accroître avec l'âge. *

A la vérité on voit encore quelquefois de grands Seigneurs honorer les Sciences de leur protection, & ſe piquer de libéralité envers les Gens de Lettres; mais outre que le nombre n'en eſt pas fort grand, preſque tous ſe bornent à des faveurs très-légeres. De plus, ou ils les font par goût, & cela eſt extrêmement rare, ou ils les font par vanité & par caprice; & comme ils jettent leurs bienfaits au hazard, ſans diſcernement du vrai mérite, ceux qui ſe trouvent à portée de leur être préſentés dans l'inſtant de leur boutade, ſont les ſeuls qui en profitent, quoique ce ſoient ſouvent les moins dignes; un Charlatan ſuperficiel fera plus de progrès dans leur eſtime par ſes ſoupleſſes, que ne feroit un véritable ſça-

* Il y en a encore quelques exemples, moins pourtant qu'autrefois. *Note de l'Edit.*

vant qui, par un noble désintéressement dédaigne d'aller perdre dans leur Antichambre des heures qu'il emploie plus utilement dans son cabinet.

Il faut donc aimer les Sciences, parce qu'elles perfectionnent l'Ame qui est la plus précieuse portion de nous-mêmes, parce qu'elles nous instruisent de nos devoirs, & nous rendent plus capables de les bien remplir, parce qu'enfin elles nous révelent un grand nombre de vérités qui ont plus ou moins d'influence sur notre bonheur temporel & éternel. Les Vérités sont toujours d'un grand prix, n'eussent-elles point d'autre usage que de nous ramener à leur principe qui est Dieu même.

Quelques personnes considérant le mauvais usage que l'on peut faire des Sciences, abus qui n'est que trop ordinaire, en prennent prétexte de les regarder comme dangéreuses. On les acquiert, disent-ils, à force de veilles & de travaux ; le chemin par lequel on y arrive, est bordé de précipices ; l'estime du monde qu'elles attirent, est souvent nuisible aux Vertus Chrétiennes ;

elles nous conduiſent à des Emplois où l'on a un plus grand compte à rendre à Dieu. Voilà le langage dont l'ignorance ſe ſert pour mettre la piété dans ſes intérêts, mais il eſt aiſé d'en diſſiper l'illuſion.

Les précipices ne ſont point à craindre pour un homme qui ne ſe livre point aux piéges d'une indiſcrette curioſité. Il s'abſtient de la lecture des livres ſuſpects & décriés ; & ſi dans ceux qui ſe trouvent ſous ſa main, il découvre des ſentimens oppoſés aux vérités que la Religion lui enſeigne, il ne balance point ; ſon choix eſt tout fait, & le Chrétien l'emporte ſur le Philoſophe. Les Mathématiques & la Phyſique ne ſçauroient avoir d'erreurs préjudiciables à la foi ; ces périls ne peuvent être que dans quelques autres parties de la Philoſophie.

On a beau dire parmi les Théologiens, que le ſyſtême de Deſcartes a des principes qui ne ſont pas commodes pour expliquer certaines difficultés qui regardent l'Euchariſtie. La Phyſique n'étudie que le cours de la nature ; voilà ſes bornes ; ſon diſtrict ne s'étend point jusqu'aux myſtéres où Dieu agit indépendemment des régles communes qu'il a preſcrites à la matiére. Cela eſt d'un autre ordre, & ne ſe connoît que par la révélation, & par la foi.

Les Mathématiques ont encore moins de rélation avec la Théologie, & il n'eſt point à craindre que les vérités Géométriques ſe trouvent en oppoſition avec les vérités relevées. On pourroit objecter que dans l'Aſtronomie, par exemple, le ſyſtême de Copernic ſemble détruit par quelques façons de parler qui ſont dans l'Ecriture ſainte. Mais on a ſi ſolidement levé ces ſcrupules, qu'il y a très-peu de perſonnes doctes qui n'en ſoient très-parfaiment guéries.

Il eſt aiſé de donner un contre-poids aux mouvemens de vanité que l'on riſque d'avoir, quand on a acquis les talens auxquels l'eſtime du monde eſt attachée; on trouvera toujours en ſoi aſſez d'ignorance & de défauts pour s'humilier devant Dieu.

On ne diminue point ſes dettes envers Dieu, en s'abſtenant des emplois auxquels

auxquels on eſt appellé ; au contraire on les groſſit, quand on refuſe d'y employer des talens qu'il n'avoit donnés que pour cette fin ; car enfin c'eſt Dieu qui donne les talens, les moyens de les cultiver, & les occaſions de s'en ſervir.

Il faut encore conſidérer, avec l'Auteur des Eſſais de Morale, * que ce qui eſt plus ſûr en ſoi, ne l'eſt pas à l'égard de tout le monde, parce qu'il y a des diſpoſitions qui rendent certaines vertus comme impoſſibles. Il eſt plus ſûr en ſoi de ne s'engager point dans les emplois qui ont beſoin de talens, mais il y a des perſonnes à qui la vie particuliere eſt ſi dangéreuſe, qu'il vaut mieux pour eux de tâcher d'acquérir les talens qui rendent capables des emplois, que de demeurer dans une eſpéce d'oiſiveté qui eſt ſouvent jointe à beaucoup de déſordres. Entre les inconvéniens il faut choiſir les moindres, & il y en a ſouvent moins dans une vie laborieuſe que l'on mene en travaillant à acquérir les qualités que le monde eſtime, qu'à couvrir ſa pareſſe

* M. *Nicole.*

naturelle par une fausse humilité qui donne souvent entrée à toutes sortes de vices. La privation humble des talens qui ne déreglent point l'ame ; est peut-être plus estimable que les talens mêmes ; mais il n'y a rien de pire que cette même privation, quand elle rend l'ame brutale, & que sans l'humilier, elle fait seulement qu'on se contente de vivre dans l'oisiveté & la paresse.

Concluons qu'un vrai sçavant doit être plus modeste & plus sociable qu'un autre ; que les sciences ne sont dangéreuses que quand on s'écarte de leurs véritables principes, ou qu'on les applique à des matieres qui ne sont point de leur ressort ; que tant qu'on ne les fait point sortir de leur sphere, bien loin de nous jetter dans l'erreur, elles servent au contraire à nous en préserver, ou du moins à nous en guérir ; que les vérités qu'elles nous enseignent, ne doivent jamais être opposées à celles de la Religion révélée ; que ces dernieres étant d'une certitude supérieure à toutes les connoissances humaines, on ne doit pas tenir pour vrai ce qui leur eſt abſolument contradictoire, puiſque les propoſitions contradictoires ne ſçauroient être également vraies dans un même ſens & dans un même ordre; que l'étude ſans multiplier nos devoirs, nous les rend plus agréables & plus faciles à remplir; & qu'enfin pourvû que l'on étudie avec choix, avec méthode, & avec modération, on acquiert par-là des connoiſſances dont l'uſage dure autant que notre vie.

Mais cet uſage ne doit pas ſe borner à notre avantage particulier: Il faut tâcher, autant qu'il eſt poſſible, que nos talens ſoient un bien public. Nous ne ſommes pas nés pour nous ſeuls, c'eſt une vérité reconnue par les Payens. Nous ſommes obligés de faire tous nos efforts pour n'être pas des membres inutiles à la Société de laquelle nous faiſons partie. Il eſt juſte que nos travaux tournent au profit du genre humain, puiſque les autres hommes travaillent auſſi pour nous.

Après tout, quels que ſoient les progrès que nous ferons, mettons-nous bien dans l'eſprit que nos connoiſſances ne ſeront jamais parfaites durant cette vie. Mille obſtacles nous arrêtent dans notre courſe. L'inattention & la légereté de l'enfance, les paſſions & l'indocilité de la jeuneſſe, les ſoins & l'embarras de l'âge mûr, les infirmités & la décadence de la vieilleſſe, ſont des maladies attachées à notre nature. Tous les hommes y ſont ſujets, la différence n'eſt que du plus ou du moins. Il n'y a pas un ſeul homme qui en ſoit entiérement exempt, & pour peu que les vieillards veuillent rappeller de bonne foi le paſſé, ceux-mêmes qui ont perdu le moins de tems, ne pourront s'empêcher d'avouer qu'ils en ont perdu beaucoup, & que ſans cela ils ſeroient parvenus à un plus haut degré de ſçavoir.

Il eſt bon que cette imperfection des connoiſſances humaines ſerve à nous les faire apprécier préciſément ce qu'elles valent, & à nous préſerver de l'orgueil que leur acquiſition peut inſpirer. Mais il ne faut pas qu'elle nous en dégoûte entiérement : ce ſeroit aller trop loin, & tomber d'une extrêmité dans une autre qui ne ſeroit pas moins nuisible. Toutes imparfaites que sont ces connoissances, elles valent infiniment mieux que l'ignorance dont elles nous guérissent. Elles ont une infinité d'usages dans la vie, tant pour notre avantage particulier, que pour celui des hommes à qui nous sommes liés; au lieu que l'ignorance nous met souvent dans l'impuissance d'être utiles, soit à nous-mêmes, soit aux autres; & nous expose à commettre des fautes qui causent notre propre malheur, ou celui d'autrui.

Mille gens avant que d'étudier une Science, s'imaginent qu'elle comprend beaucoup plus de mystéres qu'il n'y en a en effet. Ils sont surpris que l'on commence par des principes dont l'extrême simplicité ne paroît pas devoir les conduire à quelque chose de fort relevé. Peu s'en faut qu'ils ne disent : *quoi ! n'est-ce que cela ?* mais ces principes si simples en eux-mêmes, ont une fécondité admirable, & il en dérive un grand nombre de vérités. Un éleve qui a l'esprit juste, se garde bien de mépriser ces principes; il attend qu'on lui en dévelope toutes les ſuites, & alors il eſt charmé de voir de quelle importance il eſt de les avoir médités attentivement & à loiſir.

On en voit d'autres au contraire qui dans l'étude des Sciences n'en pourſuivent que la chimere ; car chaque Science a la ſienne. Dans la Chimie, ils chercheront la pierre philoſophale, dans les Méchaniques le mouvement perpétuel, dans la Géométrie la Quadrature du Cercle, dans la Morale le déſintéreſſement parfait, & ainſi des autres objets de la curioſité déréglée. Il eſt vrai qu'on a remarqué, qu'il y a quelque utilité à chercher ces chimeres, parce qu'en chemin on trouve de bonnes choſes qu'on ne cherchoit point, & qui valent quelquefois mieux que ce qu'on ſé propoſoit de découvrir. Ce dédommagement conſole un peu, mais il ne corrige pas l'extravagance qu'il y a à chercher ce que l'on ne trouvera jamais.

Rien ne retarde plus dans l'étude de quelque Science que ce ſoit, que les préjugés qu'on y apporte. Nous nous en rempliſſons dans l'enfance ; ils croiſſent & ſe fortifient avec nous. Nos parens & leurs Domeſtiques qui ſont nos premiers maîtres, nous communiquent aiſément leurs erreurs. Notre premier ſoin doit être de les effacer à meſure que la Science nous les fait connoître ; il faut être dans la diſpoſition de ne concevoir les choſes que conformément à l'idée qu'elle nous en donne. Mais nous ne devons pas tellement attacher cette nouvelle idée aux noms, que nous ne puiſſions y en attacher une autre, lorſqu'il eſt queſtion d'une autre Science. Par exemple, tout le monde croit ſçavoir ce que c'eſt qu'un point. Cependant la Phyſique & la Géométrie le conſiderent bien différemment. Celle-ci le regarde comme n'ayant point de parties & par conſéquent indiviſible. Celle-là lui accorde toutes les dimenſions que peut avoir l'étendue, ſelon leſquelles il peut être diviſé en d'autres parties, dont chacune aura les mêmes propriétés, & ſera par conſéquent diviſible de même juſqu'à l'infini. La *diviſibilité* de l'un, *l'indiviſibilité* de l'autre, également impossibles dans la pratique; sont également possibles à la raison; ces deux Sciences ont besoin de ces deux choses très différentes, quoiqu'exprimées par un seul & même nom. Le point mathématique n'a point de parties & est indivisible; le point physique est composé de parties subdivisées en d'autres, de maniere qu'il peut être divisé à l'infini. Voilà deux idées bien éloignées ; elles en sont plus aisées à distinguer. Chaque Science donne sa définition, il faut l'écouter ; & c'est le moyen de ne pas confondre les idées. Ceux qui s'accoutument à les distinguer, ne chicanent point sur le sens qu'une science applique aux termes dont elle se sert, pourvû qu'elle les explique nettement.

Je me bornerai à ce peu de Réflexions sur les sciences & sur la maniere de les étudier. Mon but n'est pas de rassembler tout ce qu'on peut dire sur ce sujet. La matiere est vaste & inépuisable; je n'ai voulu que l'éfleurer & faire sentir qu'avec le secours de la seule Langue Françoise, on peut aller très-loin dans l'Etude des Sciences.

PARTIE SECONDE.

DES BELLES-LETTRES.

§. I. *Des Belles-Lettres en général.*

LEs Etudes dont nous avons parlé jusqu'à présent, regardent les Devoirs, & sont une préparation utile aux Emplois. Nous avons dit que les devoirs doivent être le premier objet de nos soins, on ne sçauroit trop le repéter, & c'est une vérité que l'on ne devroit jamais perdre de vûe. Les Sciences, suivant ce principe, méritent notre principale attention par le rapport inévitable qu'elles ont respectivement avec les emplois auxquels la providence trouve bon de nous attacher; mais en ſuppoſant qu'on leur a donné le tems & l'application qu'elles demandent, rien n'empêche que l'on ne donne auſſi quelques heures à un autre genre d'études qui ſervent à orner l'Eſprit. C'eſt par rapport à ces ornemens qu'on les appelle BELLES-LETTRES, & on nomme *Beaux-Eſprits* ceux qui les cultivent avec ſuccès.

Avant que d'entrer dans le détail des Réflexions que mérite ce ſujet, il ne ſera pas inutile d'examiner en peu de mots s'il convient à un Chrétien de ſe faire une occupation ſérieuſe de ces ſortes d'études.

Si d'un côté l'on conſidere que pour les poſſéder juſqu'à un certain point, il en coute un tems qui eſt d'autant plus précieux, qu'un moment bien ménagé peut nous valoir une éternité de bonheur, il paroîtra qu'il ſeroit infiniment plus avantageux de s'appliquer à bien faire qu'à bien parler.

Il n'y a nulle comparaiſon de l'un à l'autre, & s'il étoit néceſſaire d'opter, il y auroit de l'extravagance à balancer un ſeul inſtant. Mais ſont-ce des choſes incompatibles, & l'une exclut-elle abſolument l'autre ? Non, ſans doute ; on peut réunir ces deux avantages, & l'expérience n'en eſt point rare. Si d'ailleurs on penſe que l'eſprit a beſoin d'un délaſſement honnête, on ne lui refuſera point celui que lui offrent les Belles-Lettres.

Le plaiſir qu'elles procurent eſt très-innocent, quand on ne ſort point des bornes d'une ſage diſcrétion; généralement parlant, elles ſervent à polir le même eſprit que l'on tâche d'enrichir par les études graves & ſérieuſes. On peut s'appuyer de l'exemple des Peres de l'Egliſe dont quelques-uns ont fait un excellent uſage des Belles-Lettres. Dans ces derniers tems on a publié quantité de livres de piété dont la lecture fait ſentir que ceux qui les ont composés, n'ont pas cru les Belles-Lettres indignes d'un Chrétien. Il s'agit donc de ne s'y pas livrer d'une maniere qui dérobe le tems & l'application que nous devons à notre état.

§. II. *Du Bel Esprit.*

A prendre le nom de *Bel Esprit* dans sa véritable signification, on ne devroit l'appliquer qu'à un homme qui ayant cultivé sa raison, s'est accoutumé à penser avec justesse, & à exprimer ses pensées d'une maniere polie, élégante, ingénieuse; qui a puisé dans la lecture des bons Auteurs & dans la fréquentation du beau monde, ce que les Grecs appelloient *Atticisme*, les Romains *Urbanité*, & ce que nous appellons *Politesse.* Si un pareil homme écrit un billet, un madrigal, un rien; on y reconnoîtra toujours que cela part d'un homme d'esprit; quoiqu'il n'affecte point d'y briller, on jugera pourtant qu'il sçait écrire purement, sagement, & avec un certain air de dignité.

Mais l'abus a répandu un ridicule sur ce nom de bel esprit. On a vû des gens sans goût se présenter dans les assemblées, & à l'aide d'un mauvais poëme, d'une Epigramme fade, d'une harangue *burlesquement ampoulée*, briguer la réputation de génies du premier ordre. Le décri où ces prétendus beaux esprits sont tombés, a rendu ce nom ignominieux, de même que les faux dévots ont si bien fait, que le nom de Dévot & de Bigot sont devenus presque synonimes.

Mais tout bien considéré, l'Hypocrisie ne deshonore qu'elle-même; l'horreur que l'on a pour elle, ne doit point tomber sur la piété solide, & par la même équité, le faux bel esprit ne doit pas faire mépriser le véritable. Le ridicule où tombent ceux qui l'affectent injustement, n'empêche pas que les Belles-Lettres ne fassent beaucoup d'honneur à quiconque les posséde. Il est donc très-raisonnable de les étudier, mais il y a un excès à craindre.

Elles sont sujettes à se saisir d'un jeune homme jusqu'à un tel point, qu'il leur sacrifie son tems, sa fortune, & quelquefois sa santé & sa vie. L'Intempérance est toujours un mal, même dans les choses qui sont bonnes par elles-mêmes. Un jeune homme qui ruine ses affaires, ou abrége sa vie par trop d'application aux Belles-Lettres, est très-blamable. A peine pardonneroit-on cet excès à un Ecclésiastique à qui la même chose arriveroit à force d'étudier l'Ecriture sainte, les Peres & les Conciles; cependant cet Eclésiastique a un besoin indispensable de ces lectures, au lieu qu'à la rigueur on peut se passer de Belles-Lettres. Il est bon de les aimer, mais sobrement. On peut bien s'en faire un délassement agréable, mais non pas une occupation accablante.

Outre cela il est assez ordinaire que leur agrément jette dans un esprit qui les a goûtées, une aversion pour les Sciences dont la méthode est séche, mais l'utilité plus grande. On voit une preuve bien visible de cette séduction dans les jeunes gens qui passent de la Rhéthorique à la Philosophie. Accoutumés aux fleurs de l'Eloquence & de la Poësie, ils ont peine à se prêter au style épineux de la Logique.

Autre inconvénient; elles charment un homme à tel point que souvent il en tire une vanité qui lui est préjudiciable.

La Poësie produit ce mauvais effet encore plus que l'Eloquence. La nation des Poëtes est naturellement fiére & fort susceptible d'un vaste orgueil. L'auteur d'une mauvaise Ode se mettra sans façon à côté d'Horace & de Malherbe. Mr. de la Motte a cru rendre un grand service à Homere en lui ôtant la moitié de l'Iliade, & Mr. de Fontenelle a trouvé ridicules les Eglogues de Théocrite & celles de Virgile. * Mais il n'est pas encore tems de parler de la Poësie. Nous y viendrons dans son rang.

§. III. *De l'Eloquence.*

L'Eloquence ne consiste point comme plusieurs se l'imaginent, à parler long-tems, & avec facilité sur le premier sujet qui se présente. Elle consiste au contraire à ne parler que de ce que l'on sçait, & à énoncer ses pensees selon la bienséance convenable.

La bienséance renferme quatre rapports auxquels il faut avoir égard : rap-

* Il ne les a pas trouvées ridicules; mais il y a quelquefois trouvé du ridicule. *Note de l'Edit.*

port au tems ; rapport à la personne qui parle ; rapport à ceux à qui l'on parle ; rapport à la matiére que l'on traite ; l'omission d'un seul de ces quatre rapports , est une faute essentielle contre l'Eloquence : le P. Rapin a fait un joli petit traité *de l'Eloquence des Bienséances*. Quelqu'habile que soit un homme , il ne parlera jamais éloquemment sur un sujet qu'il ne posséde pas à fonds. Horace veut que l'on choisisse son sujet , qu'on l'examine de tous côtés & qu'on l'arrange dans son esprit : pour lors, dit il, jamais l'Eloquence ne manquera au besoin.

L'obscurité dans le discours ne sçauroit être qu'une suite de l'obscurité qui est dans la pensée de celui qui parle. Boileau en fait une des plus importantes régles de son Art Poëtique.

Il est certains esprits dont les sombres pensées,
Sont d'un nuage épais toujours embarrassées ;
Le jour de la raison ne sçauroit le percer.
Avant donc que d'écrire, apprenez à penser.
Selon que notre idée est plus ou moins obscure,
L'expression la suit, ou moins nette, ou plus pure;
Ce que l'on conçoit bien, s'énonce clairement ;
Et les mots pour le dire arrivent aisément.

Ce

Ce n'eſt pas toujours la faute des Lecteurs, quand ils ne peuvent ſuivre le fil de la penſée d'un Auteur. C'eſt preſque toujours au contraire la faute de l'Ecrivain qui n'a pas aſſez digéré ſon ſujet. En général, l'obſcurité n'eſt jamais le vice d'un homme accoutumé à penſer de ſuite & avec un arrangement de réflexions.

L'Eloquence doit convenir au tems où l'on parle. *Ciceron* parle dans *ſon Oraiſon pour Archias*, ſur un autre ton que dans ſes *Catilinaires*. Ces harangues ſont en François, & quoiqu'elles ayent perdu dans la traduction, on ne laiſſe pas d'y ſentir la différence.

L'Eloquence doit convenir à la perſonne qui parle : C'eſt en quoi *Corneille* excelle. Chez lui le Grec penſe & parle comme un Grec & très-différemment d'un Romain. Dans *Quinte Curſe* la *Harangue des Scythes* eſt admirable & conforme au caractére fier & indomptable de cette nation. Dans Saluſte le diſcours de Caton marque l'auſtérité de ſes mœurs ; celui de Céſar au contraire exprime une politeſſe inſinuante, mais politique. Le premier eſt plein de force, de ſévérité ; le ſecond eſt rempli de douceur, de ménagement.

L'Eloquence doit s'accommoder aux Auditeurs. Une Harangue au Roi, une autre au Chancelier, ne doivent pas être dans le même genre d'élévation. Les *Sermons du P. de la Rue* auroient produit peu de fruit dans une bourgade de Province; ils étoient faits pour la Cour. Tel Capucin qui a fait verſer des larmes à toute une Paroiſſe de campagne, auroit révolté ſon auditoire, s'il eût prononcé les mêmes ſermons dans quelqu'une des grandes Paroiſſes de Paris. Il faut ſe mettre à la portée de ceux qu'on veut toucher. C'eſt une régle indiſpenſable.

L'Eloquence doit être proportionnée à la matiere que l'on traite. Un Avocat, par exemple, ſeroit ridicule, ſi ayant à plaider une cauſe dont le ſujet ſeroit très-mince, & les plaideurs de la plus vile populace, il employoit les mêmes figures qu'il mettroit en uſage dans un plaidoyer où il s'agiroit de la préſéance entre deux Ducs & Pairs. On ne peut pas nier que *Balzac* ne fût très-éloquent. On a de lui plusieurs ouvrages où régne l'Eloquence la plus forte & la mieux marquée; cependant personne ne le prendra pour un excellent modéle de l'Eloquence. En voici la raison : c'est que la sienne est souvent mal placée, sur-tout dans ses lettres. Il est toujours dominé par son génie d'Orateur, même quand il donne le bonjour à son ami.

§. IV. *Des Régles de l'Eloquence, ou la Rhétorique.*

Quoique le génie & les dons naturels soient nécessaires, pour être bon Orateur, on peut néanmoins le devenir par les préceptes & par l'habitude. * La Grammaire enseigne à un enfant à parler une langue nettement, purement & noblement. Elle lui marque quels ter-

* Jamais on ne le deviendra, non plus que Poëte, & peut-être moins encore, sans le talent naturel. Voyez les réflexions sur l'Eloquence de M. l'Abbé *Trublet*, pp. 3. 93. & ailleurs. *Note de l'Editeur.*

mes conviennent au ſtyle ſublime, au ſtyle grave, au ſtyle ſimple, au ſtyle familier, au ſtyle enjoué, au comique & au burleſque ; mais c'eſt à la Rhétorique de lui marquer l'uſage de ces différens ſtyles, & en même-tems ces figures qui ſervent à remuer, à attendrir, à perſuader un auditeur.

Notre Eléve prendra donc les véritables principes de cet Art dans les livres ſuivans ; ſçavoir : *La Rhétorique d'Ariſtote* ; *l'Orateur de Ciceron* ; les *Inſtitutions de l'Orateur de Quintilien* excellemment traduites par M. l'Abbé *Gedoyn*, le *Traité du Sublime par Longin*, traduit par Deſpréaux. J'y joindrois les *Harangues de Démoſthene*, quelques *Oraiſons de Ciceron*, qui ont été bien traduites, quelques *Harangues de Quinte Curſe*, les *Réflexions du P. Rapin* ſur l'*Eloquence* & ſa *Comparaiſon de Démoſthene & de Ciceron*.

Et pour les exemples modernes, il liroit les *Plaidoyers*; *de le Maître*, de *Patru*, de *Gillet*, &c. * Les *Diſcours & les Harangues de l'Académie*, les *Piéces d'Elo-*

* C'eſt aujourd'hui M. *Cochin* qu'il faut lire. *Note de l'Edit.*

quence qui ont remporté le prix au jugement de l'Académie. Il est bon d'avertir que ces ouvrages ne sont pas tous de même force : il y en a de médiocres, il y en a même qui méritent une qualification moins honorable ; mais un homme qui aura lû attentivement les livres que nous venons d'indiquer pour les principes, sera en état de discerner ce qui est digne d'admiration ou d'indulgence dans les différentes piéces de ces recueils.

Pour l'Eloquence de la Chaire, je voudrois qu'il lût les Sermons ou *Homélies de St. Chrysostôme.* C'est le seul des Peres qui se soit élevé jusqu'à la véritable éloquence. Tous les autres Peres méritent notre respect pour les excellentes choses qu'ils nous apprennent ; mais ce Saint mérite outre cela notre admiration, pour la maniere dont il annonce les vérités de la Religion. Les modernes ont aussi des modéles dans ce genre d'Eloquence. On en trouve dans les *Oraisons Funebres* recueillies en six petits volumes, dans les *Sermons du P. Bourdaloue*, du *P. de la Rue*, du *P. Cheminais*, du *P. Terasson*, du *P. Massillon*, dans les *Panégyriques de Flechier* & dans quelques autres Prédicateurs du premier ordre.

Mr. Arnauld & Mr. de Sillery ont eu une dispute sur l'Eloquence Chrétienne. * Cela a valu au Public divers traités, où il entre bien d'excellentes choses. C'est un recueil intitulé *Réflexions sur l'Eloquence des Prédicateurs*. Ce même sujet a été très-bien traité par le P. Gisbert Jésuite. Son livre est intitulé *l'Eloquence Chrétienne dans l'idée & dans la pratique*.

Pourquoi, me dira-t-on, marquer ici les livres qui enseignent à bien prêcher? De quelle utilité cela peut-il être à un homme que vous supposez n'être pas

* La dispute n'étoit point entr'eux; ils pensoient de même, & réfutoient, l'un M. *du Bois*, de l'Académie Françoise, l'autre le P. *Lamy*, Benédictin, qui pensoient autrement. Mr. *du Bois* avoit soutenu ses excès contre l'Eloquence dans la Préface de sa traduction de quelques sermons de St. *Augustin*; & le P. *Lamy* dans son livre *de la Connoissance de soi-même*. Mr de *Sillery* est Mr. *Brulart de Sillery*, Evêque de Soissons. Il étoit de l'Académie Françoise, & mourut en 1714. *Note de l'Edit.*

un Ecclésiastique, & qui par conséquent n'aura jamais ni l'occasion, ni le droit de prêcher ? Cela lui apprendra du moins à discerner les bons Prédicateurs & à les préférer à certains discoureurs qui ont quelquefois la vogue, quoique leurs Sermons n'ayent souvent d'autres appas qu'une élégance de phrases, soutenue par un beau geste, & par un ton de voix agréable.

Il y a encore un livre dont l'usage me paroît plus étendu. C'est le huitiéme traité du troisiéme volume des Essais de Morale. On y enseigne les *moyens de profiter des mauvais Sermons.* On a une infinité d'occasions de pratiquer les maximes de cet auteur.

Indépendamment de la piété, les traits frappans & sublimes ne sont pas tellement attachés à ces ouvrages composés pour la Chaire, qu'ils ne puissent être transportés ailleurs ; & ils peuvent beaucoup servir à perfectionner un Orateur dans un genre différent.

Ces régles, ces modéles, serviront sans doute beaucoup à quiconque veut faire de grands progrès dans l'Eloquence, mais celui qui s'y destine, ne doit s'en tenir là. Il faut qu'il ait une connoissance au moins suffisante des Sciences sur lesquelles il doit parler. Un Prédicateur, par exemple, doit être bon Théologien : sinon ce sera un harangueur qui remplira ses Sermons de caractéres, de portraits & de phrases vaines, ou bien il tombera dans des erreurs contraires à la foi.

Une Science absolument nécessaire à tout Orateur, c'est la Logique. Il doit être Dialecticien, c'est-à-dire, raisonner conséquemment, mais il ne doit pas affecter une Dialectique qui se montre trop. Il faut qu'il prouve ce qu'il veut persuader, & se souvenir pourtant que l'Orateur doit prouver autrement que le Logicien ou le Géometre.

Ce qui fait briller l'Orateur, c'est l'élocution ; il y a même une partie considérable de l'Auditoire qui n'examine que cela dans son discours. Mais l'élocution, ou, si l'on veut, la diction, dépend de plusieurs choses ; 1. Elle consiste en une maniere de penser noblement, poliment, & avec justesse. 2.

Elle consiste en une façon de s'exprimer qui ait les mêmes qualités que la pensée. *

Nous avons vû que les fautes de l'expression viennent souvent de la mauvaise maniere de penser. Les figures que la Rhétorique enseigne, font toujours un bel effet quand elles sont bien placées, mais elles rendent ridicule l'Orateur qui ne sçait pas bien s'en servir. Le P. Bouhours a fait un très-bon livre sur la *Maniere de bien penser dans les ouvrages d'Esprit*. Les Italiens se sont plaints de ce qu'il a méprisé quelques ouvrages qu'ils estiment. Il avoit pourtant raison de s'élever contre le clinquant que nos auteurs & ceux de nos voisins ont voulu faire passer pour de l'or. Faute de nous être tenus à la simplicité du beau, comme il l'enseigne, nous avons donné à corps perdu dans le joli & dans l'Esprit.

* On peut voir encore le beau morceau de M. de *Buffon*, sur le style, dans son discours de réception à l'Académie Françoise, & le chapitre du style, dans le Tom. 3e. des Essais de Littérature & de Morale de M. l'Abbé *Trublet*. Note de l'Edit.

§. V. *Du Style.*

Le Style est une des plus importantes parties de l'Eloquence, comme on vient de voir ; il doit être pur, clair, noble, mâle & sur-tout éloigné de l'affectation. Ces derniers mots méritent une attention particuliere.

Les grands Hommes qui ont fleuri depuis le milieu du siécle passé & au commencement de celui-ci, avoient porté le style à un haut degré de perfection. Ce n'étoit pas sans peine. *Balzac* avoit trouvé le nombre & l'harmonie de la période Francoise, & personne n'a été plus loin que lui à cet égard. Il échoua, parce qu'il voulut employer la hardiesse des Figures, & l'élévation du style dans les Lettres où ces beautés sont déplacées.

Voiture & *Sarazin* s'exercérent dans le Style enjoué ; ce dernier avoit même du talent pour l'Histoire, mais trop paresseux pour en achever une, il en commença plusieurs & n'en laissa que des fragmens.

Le Régne de Louis XIV. fut favorable aux Belles-Lettres : il les animoit par ses bienfaits, & elles arriverent vers le milieu de son régne au plus haut point où elles ayent été en France.

Pour ne parler que du Style, Mr. *Pascal* s'en fit un que personne n'a encore surpassé, ni peut-être égalé. Le *Port-Royal* est un nom général par lequel on entend d'ordinaire une société d'hommes, la plûpart Ecclésiastiques, sçavoir, Mess. *Arnauld* Docteur de Sorbonne, *Arnauld d'Andilly* son frere, de *Saci*, *Nicole*, le *Tourneux*, & quelques autres. Je laisse à part ce qui regarde la Doctrine ; il n'est point ici question d'orthodoxie & ce n'est pas le lieu d'entrer dans l'examen de leurs ouvrages par rapport aux sentimens : il ne s'agit uniquement que du Style. A cet égard on ne peut nier avec justice que le Port-Royal n'ait contribué beaucoup à enrichir notre langue. Ces Messieurs écrivoient bien, & on lisoit leurs écrits avec admiration. On leur a pourtant reproché la longueur des périodes, & des phrases trop éloignées de la simplicité qui doit régner dans certains ouvrages. Par émulation quelques Jésuites s'appliquerent au François. Ces Peres avoient d'abord un peu trop négligé cette langue. La Grecque & la Latine faisoient leur principale occupation ; mais le grand succès des livres de Port-Royal, donna lieu à la Compagnie de s'appercevoir que cette négligence lui étoit désavantageuse. Elle cultiva notre langue. Le P. Bouhours entr'autres, s'y appliqua heureusement, & ses judicieuses Remarques ne servirent pas peu à l'épurer. Son exemple excita d'autres Peres dont le Style est devenu modéle. Tous ces ouvrages seconderent si bien les efforts de quelques Académiciens, que la Langue Françoise & l'Eloquence acquirent de grandes beautés.

§. VI. *Décadence du Style.*

Le François a naturellement trop de pente vers l'inconstance, pour demeurer long-tems dans un même point, Quelques nouveaux Auteurs trouvant les premieres places prises en plusieurs genres d'écrire, ne voulurent point des secondes ; & chercherent une nouvelle maniere de se distinguer ; le beau, le grave, le noble, l'enjoué, tout cela étoit déja saisi ; il fallut inventer du nouveau.

On poussa le mauvais goût jusqu'à l'acheter par des figures forcées & trop hardies, par un style décousu, & qui sous prétexte de dire beaucoup en peu de mots, ne dit rien comme il falloit le dire. On s'écarta de l'usage ordinaire des termes ; on en joignit qui ne devoient jamais se trouver ensemble ; & pour donner un beau nom à ce nouveau langage, on le nomma *de l'esprit*. On traita d'Esprits pesans ceux qui s'obstinoient à parler simplement la langue selon l'usage déja établi par les bons Auteurs, & il se forma une Cabale où malheureusement quelques Académiciens s'engagerent, & elle tâcha de mettre ce mauvais goût à la mode. C'est ce qu'on a appellé NEOLOGISME.

§. VII. *Décadence de l'Eloquence & du Goût.*

Il nous est arrivé en France la même chose qui arriva à Rome du tems d'Auguste. *Virgile*, *Horace*, *Varius*, & quelques autres Poëtes, tenoient avec justice les premiers rangs. Leurs ouvrages, où le bon sens dominoit, quoiqu'orné de tous les charmes de la Poësie, étoient devenus des modéles auxquels on auroit dû s'attacher; mais un Poëte qui les suivit, avoit trop de feu pour rester dans les justes bornes qu'ils s'étoient prescrites. Il en sortit & se fit une nouvelle route. Une extrême facilité d'expression, une versification douce & qui paroissoit couler de source, tant elle étoit naturelle; ajoutez à cela une imagination fleurie qui le soutenoit dans la peinture des objets les moins susceptibles des graces de la Poësie, & vous aurez un portrait d'*Ovide* assez ressemblant. Ce n'étoit point un talent qu'il eût acquis, il ne lui étoit pas possible d'écrire autrement. Plein d'esprit, il en mettoit par-tout, il le répandoit avec une profusion surprenante; quelque sujet qu'il traitât, c'étoit la même chose pour lui, sa maniere étoit toujours la même. Il ne quittoit point une pensée qu'il ne l'eût tournée en cinq ou six manieres différentes, & pour l'ordinaire elles sont également bonnes. Il ne lui coûtoit rien de dire en une demi-douzaine de vers ce qu'Horace, meilleur ménager de ses paroles, auroit exprimé par une épithéte, ou par un adverbe.

Cette maniere d'Ovide éblouit quantité de gens. On lui trouva beaucoup d'esprit, une latinité charmante, une versification coulante & délicieuse; cela étoit juste, si on en fût demeuré là; mais on en vint jusqu'à le prendre pour modéle & à le préférer à la sage retenue de Virgile, & d'Horace; & c'est en quoi on fit une extrême faute. Chacun se piqua d'avoir de l'esprit comme Ovide, & abandonna cette précieuse sobriété dont il s'étoit écarté. Ce guide enchanteur égara ceux qui se livroient à sa conduite. La profe ne fut pas exempte de la contagion commune, & Seneque hériffa de fes pointes fes ouvrages philofophiques. Le bon goût fe perdit peu à peu; *Juvenal*, *Perfe*, *Martial*, *Lucain* & quantité d'autres, s'éloignerent de plus en plus de la noble fimplicité fi admirée du tems d'Augufte. Dans cette foule on trouve à peine un *Quintilien* qui ait remarqué cette décadence que les Romains prenoient peut-être pour une perfection du goût. Je fçais bon gré à *Pline* le jeune d'avoir eu affez de lumieres pour l'appercevoir & même pour en plaifanter; mais je lui veux du mal ne n'avoir pas eu affez de courage pour réfifter au torrent, & d'avoir fortifié de fon exemple un mauvais goût qu'il défapprouvoit. Venons à l'application.

Nous avons eu malheureufement notre *Ovide*, & nous en fommes aux *Lucains*. M. de *Fontenelle* s'eft fait un ftyle dont avant lui on chercheroit en vain le modéle dans notre langue. On peut dire de fa profe, ce que j'ai dit des vers d'Ovide.

d'Ovide. Il a eu ses partisans ; une plume aussi légere que la sienne, qui sçait répandre les fleurs sur tous les sujets qu'elle traite, ne pouvoit pas en manquer. Tout alloit bien jusques-là ; on devoit faire réflexion que c'étoit un caractére singulier & original, propre seulement à cet auteur ; mais on a voulu étendre ce caractére & en faire celui de la nation Françoise ; & c'est justement ce qu'il ne falloit pas faire.

On a vû non-seulement des Poësies, des Discours Académiques, & des Historiettes galantes, mais même des ouvrages de Théologie, & de vastes corps d'Histoire, dont les Auteurs affectoient d'imiter cette maniere d'écrire. Il y a des gens assez dépourvus de jugement pour dégrader *Corneille*, *Racine* & *Despreaux*, en faveur de Mrs. *Arrouet* & *la Motte* ; peu s'en faut que l'on ne dise déja que Mrs. *Bossuet*, *Fléchier*, *Régnier des Marais*, &c. ont un François gothique en comparaison de Mr. l'Abbé *Houteville* & des autres héros du nouveau parti.

On a commencé assez heureusement

à s'élever contre ce jargon qui tend à replonger la langue Françoiſe dans ſon ancienne barbarie. Mais il eſt à craindre qu'il ne prenne le deſſus, & que l'Eſprit ne nous mene ſi loin du bon ſens, que nous ne ſoyions plus les maîtres de revenir ſur nos pas, quand nous le voudrons. Pour s'en garantir, on peut lire utilement le *Dictionnaire Néologique.* Il ſeroit ſeulement à ſouhaiter qu'on n'y eût pas condamné un petit nombre d'expreſſions qui étoient ſupportables dans le lieu d'où elles ont été ſéparées, & que l'on y en eût ajouté quantité d'autres qui méritoient la même cenſure que celles qu'on a relevées. * C'eſt une choſe déplorable que Mr. l'Abbé de Vertot, qui d'ailleurs avoit aſſez d'agrément dans le ſtyle pour ſe paſſer de cette fauſſe beauté, y ait donné comme les autres, afin de rajeunir ſa diction dans quelques-uns de ſes derniers ouvrages.**

* Il faut avouer que cet ouvrage a été utile, quoique, comme dans ce chapitre, la critique y ſoit quelquefois trop-ſévére, & même maligne. *Note de l'Edit.*

** Toute cette critique, je le répete, eſt outrée.

§. VIII. *Que le mauvais style ne doit pas faire rejetter un ouvrage.*

Il est utile à une personne qui lit avec jugement, de discerner la beauté du style d'avec le Néologisme, qui y est contraire. Mais on ne doit jamais s'affectionner tellement à la pureté & à l'élégance, qu'on ne puisse lire sans dégoût les moins bien écrits. Nous avons quantité d'ouvrages mal écrits quant au langage, qui pour le fonds des choses

D'ailleurs l'Auteur a deux poids & deux mesures. Il condamne les vivans & absout les morts. Mr. *Flechier* est moins naturel & plus affecté que Mrs. de *Fontenelle*, de la *Motte*, de *Voltaire*, &c. On pourroit abandonner au critique l'Abbé *Houtteville*. Mais qui a jamais dit que l'Abbé de *Vertot* & M. de *Voltaire* ne fussent pas naturels. Un de leurs principaux mérites est de l'être. Il est honteux à un homme comme M. de la *Martiniere* d'avoir répété après des critiques envieux, que M. de *V.* étoit le *Lucain* de son siécle. Quant à Mr. de la *Motte*, sa prose est admirable. L'Histoire de l'Académie des Sciences par M. de *Fontenelle*, est un parfait modéle du style philosophique, & l'Auteur un parfait Philosophe, dans tous les sens de ce mot. *Note de l'Edit.*

ne laiſſent pas d'être précieux & méritent qu'on s'y attache à cauſe de l'excellente maniere dont les matieres y ſont traitées. On a vû & on voit encore tous les jours des hommes pleins d'une rare érudition, qui faute d'avoir cultivé la langue avec aſſez de ſoin, employent des termes bas ou ſuranés. On perdroit trop à ſe priver de la lecture de leurs ouvrages, ſous prétexte qu'il y manque l'agrément de l'élocution. Il faut donc les étudier & laiſſant le ſtyle à part, n'y prendre que l'inſtruction. Mais lorſqu'il s'agit de former le goût pour la perfection du langage, il faut réduire le nombre des lectures à un petit nombre d'écrivains dans chaque genre. Dès que le goût eſt formé, on peut hardiment lire toutes ſortes d'auteurs, & prenant ſeulement d'eux les matieres & l'inſtruction que l'on y cherche, on raméne aiſément le tout à une expreſſion plus élégante.

§. IX. *Des Poëtes.*

Les Poëtes ne fourniſſent pas ſeulement une lecture agréable, mais encore donnent quantité de traits vifs ou nobles, ou enjoués, qui étant bien placés dans la converſation, font d'ordinaire un très-bon effet; mais il faut obſerver cette condition qu'ils ſoient bien placés. On doit en uſer aſſez ſobrement, pour ne pas tomber dans le ridicule de certaines gens qui ne ſçauroient dire quatre mots de ſuite ſans mettre nos meilleurs Poëtes en lambeaux, ſeulement pour faire voir qu'ils les ont lûs. Il y a des applications heureuſes: Telle eſt celle-ci.

Une Dame fardée ſe trouvant en viſite, on lui préſenta malheureuſement un ſiége placé vis-à-vis du jour. Cette ſituation qui lui étoit déſavantageuſe, l'embarraſſoit. La Dame du Logis qui s'en apperçut, baiſſa le rideau, & lui dit avec un ſouris un peu malin:

Sangaride, ce jour eſt un grand jour pour vous.

L'application de ce vers de l'opera d'Atys parut fort joli. Il en eſt ainſi de mille autres. La lecture des bons Poëtes accoutume la mémoire à fournir dans le besoin quantité de façons de parler qui donnent de la beauté & de la noblesse au Discours. On dit que St. *Jerôme* tenoit des Poëtes Latins qui lui étoient familiers l'élévation de son style. *Platon* qui eut l'ingratitude de bannir les Poëtes de sa République, avoit formé son éloquence sur celle d'*Homere*. *Ciceron* écrivoit dans un tems, où Rome n'avoit pas encore produit les Poëtes qui lui firent le plus dhonneur; cependant il ne laissoit pas de lire ceux dont les ouvrages étoient alors estimés; & il s'en servoit à animer son éloquence. On a cru que St. *Chrysostôme* avoit pris l'air d'*Aristophane*, dans les actions publiques. A l'imitation de ces grands hommes, on peut se faire de la lecture des Poëtes une occupation aussi utile qu'agréable, & s'en servir, non-seulement à délasser l'esprit, mais encore à l'orner & à l'élever.

§. X. *Ce qu'il faut éviter en lisant les Poëtes.*

Dès qu'il n'est question que de lire,

on peut lire tout les Poëtes ſans diſtinction, quitte à ne pas relire ceux qui ont paru indignes de cet honneur, ou même à ne pas achever la lecture de ceux qui ennuyent dès le commencement, ou dès le milieu de leur poëme. Mais ſi l'on ſe propoſe l'imitation, il faut alors ſe borner aux grands modèles, & ne lire les poëſies médiocres que pour en remarquer les défauts, afin de les éviter.

Une des choſes contre leſquelles je conſeillerois à un jeune homme de ſe tenir en garde, c'eſt la demangeaiſon de faire des vers. Quand on n'eſt pas né avec ce talent, les régles & l'application ne le donnent point, & il ne faut que ce ridicule pour rendre mépriſable un homme qui a d'ailleurs des talens merveilleux pour un autre genre de littérature. Je me contente de trois exemples qui doivent ſuffire.

L'Abbé de *Marolles* avoit préciſément le ſtyle qui convient aux Mémoires. * Il narroit naïvement & on

* On vient de réimprimer les ſiens en trois Volumes *in*-12. *Note de l'Edit.*

lui seroit fort obligé, s'il se fût borné à cela. Mais son infatigable plume ne demandant qu'à répandre l'encre sur le papier, le bon homme non content de nous avoir traduit en prose quantité d'Auteurs qu'il n'entendoit guéres, se risqua de traduire tout *Virgile en vers François*, & il est peut-être le seul qui ait eu la patience de lire un livre entier de cette traduction qui aujourd'hui est absolument oubliée, & ne se trouve plus que dans quelques Bibliothéques où l'on garde tout.

Chapelain étoit l'homme de France, peut-être du monde entier, qui possédoit le mieux les régles de l'art poétique. Ses ennemis lui ont rendu justice à cet égard, & s'il eût eu le génie de Corneille, ou que Corneille eût eu la théorie de Chapelain, * quels chefs-d'œuvres n'aurions-nous pas! Il fit quelques Odes fort longues à la vérité, mais où il y avoit assez de bon pour ce tems-là. Encouragé par les éloges qu'un vé-

* La Théorie ne manqueroit point à *Corneille*, témoin les examens qu'il a fait de ses piéces. *Note de l'Édit.*

ritable mérite lui attiroit de toutes parts, & plus encore par une magnifique pension; il eut la témérité d'entreprendre un poëme épique, & devint l'opprobre du Parnasse. Le poëme fut achevé; mais le Public, quoique prévenu depuis long-tems par des suffrages anticipés en faveur de sa *Pucelle*, n'en fut point la dupe, & il rebuta si outrageusement la premiere partie, qu'on n'a pas osé lui présenter la seconde. On peut dire de Chapelain ce qu'on a dit d'un Empereur, qu'il eût paru digne de l'Empire, s'il n'y fût point parvenu. Chapelain auroit emporté la réputation d'être le seul homme capable d'un poëme epique, s'il n'en eût point fait. La chute de son poëme entraîna avec elle tout son mérite; & sa qualité de versificateur dur & sans génie, fit oublier mille bonnes qualités qui méritoient bien d'être mises en compensation.

Le Comte de *Bussy Rabutin* écrivoit bien & noblement; à la vanité près qui régne dans ce qu'il a fait, c'étoit une des meilleures plumes de son tems. On lit sa prose avec plaisir, & même on a vû ſes *Mémoires* quoique remplis de bagatelles auxquelles perſonne ne prend intérêt, plus ſouvent réimprimés que quantité d'écrits plus utiles. Cependant il n'y a point d'homme de bon goût qui ne hauſſe les épaules, en liſant ſes vers lâches, mal rimés, & pleins d'une infinité de licences ; comme ſi ſa qualité l'eût diſpenſé des Régles : c'eſt un ridicule qu'il pouvoit s'épargner. On pardonne à un Gentilhomme retiré à la campagne de s'amuſer à charpenter de mauvais vers ; mais il ſe deshonore en les publiant.

Je conſeillerois à un jeune homme qui ſe ſent une forte inclination pour la poëſie, de regarder cette envie comme une tentation du malin eſprit. Si malheureuſement c'eſt un penchant invincible qui le domine malgré toute ſa réſiſtance, qu'il s'applique long-tems à l'étude des Modéles originaux, à celle des Régles de la poëtique, & qu'il compte pour rien la facilité de rimer. C'eſt elle qui a infecté les boutiques des Libraires d'une multitude de recueils où il n'y a qu'une proſe rimée, ſans la moindre étincelle de ce feu qui fait les grands Poëtes, & qui leur assure l'immortalité, malgré les changemens qui arrivent dans la langue.

La demangeaison de rimer n'est pas le seul écueil qu'il y ait à craindre; il y en a d'autres que vous trouverez bien détaillés dans les *Nouvelles Réflexions sur l'Art Poétique.* Le P. *Lami* de l'Oratoire qui en est l'Auteur, en expliquant quelles sont les causes du plaisir que donne la poésie, & quels sont les fondemens des plus importantes régles de cet art, fait connoître en même-tems tout le danger qu'il y a dans la lecture des Poëtes. Ce livre quoique petit, renferme quantité d'excellentes choses; on l'a réimprimé à la fin de l'*Art de parler* du même Auteur. Joignons à cette lecture la *Méthode d'étudier les Poëtes chrétiennement*, par le P. *Thomassin.*

§. XI. *De la Poétique en général.*

Après avoir conseillé à un jeune homme de résister le plus long-tems qu'il pourra à la fureur de rimer, il pourroit paroître inutile de lui indiquer les ſources où il trouvera les principes de la poétique ; mais ce ne ſeroit pas raiſonner exactement. Il y a bien de la différence entre étudier l'art pour en faire ſoi-même profeſſion, & en apprendre les régles pour ſe mettre en état de juger pertinemment, & avec connoiſſance de cauſe, des poéſies que les autres publient & qui ſont ſouvent la matiere des converſations. Sans cette étude on riſque de ſe faire un injuſte préjugé ſur les nouveaux ouvrages, ſoit en ſe conformant au goût ſouvent dépravé de ceux qui nous en parlent, ſoit en jugeant des ouvrages ſur la réputation des Auteurs. Il eſt aiſé de ſe tromper de cette derniere façon ; par exemple, ceux qui ſur les éloges que M. *de la Motte* a mérités par quelques-unes de ſes *Odes*, ſe figureroient que ſes piéces de *Théatre* ſont parfaitement bonnes, * ſeroient

* Il n'y a rien de *parfaitement bon* ; ainſi les piéces de Théâtre de M. de la M. ne le ſont pas; mais le *Magnifique* eſt une Comédie très-agréable ; *Inès de Caſtro*, une Tragédie très-intéreſſante ; *Romulus* & les *Machabées*, des Tragédies

dans une étrange errreur. On peut être un excellent juge en fait de poésie, sans en avoir fait, & par un contraste qui ne paroîtroit presque point vraisemblable, si l'on n'en avoit pas des preuves, il y a eu de grands Poëtes dont les jugemens ont été sujets à révision ; parce qu'ils possédoient peu la théorie, & se livroient dans la composition de leurs poémes à un génie heureux, qui suppléoit par de vraies beautés à ce qui leur manquoit du côté de la régularité.

On prendra une excellente teinture de la poétique dans les livres suivans ; la *Poétique d'Aristote* avec les sçavantes notes de Monsieur *Dacier*, *l'Art Poétique* d'Horace avec les notes du même critique. *L'Art Poétique de Despréaux*, les *Réflexions du* P. *Rapin sur la Poétique* ; les *Réflexions Critiques sur la Poésie & sur la Peinture* ; sont des lectures qu'il est bon de faire, avant que d'en venir aux diverses espéces de poésies. Je voudrois qu'on lût aussi entiérement & avec réflexion ce que Mr. de Fenelon, Arche-

sublimes ; *Œdipe*, une Tragédie très-bien conduite, &c. *Note de l'Edit.*

vêque de Cambrai, a écrit ſur ce ſujet dans ſa lettre à l'Académie Françoiſe ſur l'Eloquence, la Poéſie, l'Hiſtoire, &c.

§. XII. *De la Poéſie Françoiſe.*

Mille gens ſe piquent de lire les vers François & d'en porter un jugement déciſif & même d'en faire, quoique la plûpart ſoient encore à ſçavoir en quoi conſiſte le génie poétique. Horace ſe plaignoit que de ſon tems les doctes & les ignorans ſe mêloient également de compoſer des poëmes. Ce même déſordre dure encore. La plûpart des poéſies pèchent par l'un de ces deux défauts. Les unes molles, énervées, n'ont rien qui les diſtingue de la proſe, que des rimes aſſez négligées; du reſte, même tour, & un certain air de pareſſe que l'on honore du beau nom de *Style aiſé & naturel.* Dans les autres, à force de vouloir être ingénieux, on ſort de la Nature, & on tombe dans une affectation vicieuſe. Il n'y en a point qui ſoit plus rebutante que celle de certains Auteurs qui veulent mettre de l'esprit & de la délicatesse par tout. Généralement parlant, l'esprit est un défaut dans la plûpart des ouvrages en vers, où il ne faut que du sentiment. *

§. XIII. *De ce qu'on appelle Esprit dans les ouvrages de Poésie.*

On ne me croiroit peut-être pas, si je n'appuyois cette vérité sur le témoignage d'un des plus sages & des plus ingénieux écrivains de France. ** Grand Poëte, quoiqu'il n'ait point versifié, il a pratiqué lui-même la doctrine qu'il débite. Ecoutons ce qu'il enseigne sur cette sorte d'esprit dont nous parlons.

Un Homme qui pense beaucoup, veut beaucoup dire ; il ne peut se résoudre à rien perdre ; il sent le prix de tout ce qu'il a trouvé ; il fait de grands

* Il auroit fallu ajouter : ou des images. *Note de l'Edit.*

** M. de *Fenelon*, lettre à l'Académie Françoise, mais avec divers changemens dont je ne vois pas la raison. Il est difficile de rien changer à un pareil texte sans le gâter. *Note de l'Edit.*

efforts, pour renfermer tout dans les bornes étroites d'un vers. On veut même trop de délicatesse. Elle dégénere en subtilité. On veut trop éblouir & surprendre. On veut avoir plus d'esprit que son Lecteur, & le lui faire sentir, pour lui enlever son admiration ; au lieu qu'il faudroit n'en avoir jamais plus que lui & lui en donner même, sans paroître en avoir. On ne se contente pas de la simple raison, des graces naïves, du sentiment le plus vif, qui sont la perfection réelle. On va un peu au-delà du but par amour propre. On ne sçait pas être sobre dans la recherche du beau. On ignore l'art de s'arrêter tout court en deçà des ornemens ambitieux. Le mieux auquel on aspire, fait qu'on gâte le bien.* On tombe dans le défaut de répandre un peu trop de sel, & de vouloir donner un goût trop relevé à ce qu'on assaisonne. On fait comme ceux qui chargent une étoffe de trop de broderie. Le goût exquis craint le

* C'est là un proverbe Italien, & M. de *Fenelon* le remarque. On sçait l'Epitaphe ; *Stavo bene, maperstar meglio, sto qui.* N. de l'Edit.

trop

trop en tout, ſans en excepter l'eſprit même. L'Eſprit laſſe beaucoup, dès qu'on l'affecte & qu'on le prodigue. C'eſt en avoir de reſte, que d'en ſçavoir retrancher, pour s'accommoder à celui de la multitude, & pour lui applanir le chemin. Les Poëtes qui ont le plus d'eſſor de génie, d'étendue de penſées & de fécondité, ſont ceux qui doivent le plus craindre cet écueil de l'excès d'eſprit. C'eſt, dira-t-on, un beau défaut ; c'eſt un défaut rare ; c'eſt un défaut merveilleux, j'en conviens ; mais c'eſt un vrai défaut, & l'un des plus difficiles à corriger. Horace veut qu'un Auteur s'exécute ſans indulgence ſur l'eſprit même. Deſpréaux exprime ainſi le même précepte :

Un ſage ami toûjours rigoureux, inflexible,
Sur vos fautes jamais ne vous laiſſe paiſible.
Il ne pardonne point les endroits négligez,
Il renvoye en leur lieu les vers mal arrangez ;
Il réprime des mots l'ambitieuſe emphaſe, &c.

On gagne beaucoup en perdant tous les ornemens ſuperflus, pour ſe borner aux beautés ſimples, faciles, claires &

négligées en apparence. Pour la Poésie, comme pour l'Architecture, il faut que tous les morceaux nécessaires se tournent en ornemens naturels. Mais tout ornement qui n'est qu'ornement, est de trop. Retranchez-le, il ne manque rien; il n'y a que la vanité qui en souffre. Un Auteur qui a trop d'esprit, & qui en veut toujours avoir, lasse & épuise le mien. Je n'en veux point avoir tant; s'il en montroit moins, il me laisseroit respirer & me feroit plus de plaisir. Il me tient trop tendu; la lecture de ses vers me devient une étude. Tant d'éclairs m'éblouissent: je cherche une lumiere douce, qui soulage mes foibles yeux. Je demande un Poëte aimable, proportionné au commun des hommes, qui fasse tout pour eux, & rien pour lui. Je veux un sublime si familier, si doux & si simple, que chacun soit d'abord tenté de croire qu'il l'auroit trouvé sans peine, quoique peu d'hommes soient capables de le trouver. Je préfére l'aimable au surprenant & au merveilleux. Je veux un homme qui me fasse oublier qu'il est Auteur, & qui se mette comme de plein-pied en converſation avec moi. Je veux qu'il me mette devant les yeux un Laboureur, qui craint pour ſes moiſſons, un Berger qui ne connoît que ſon village & ſon troupeau, une Nourice attendrie pour ſon petit enfant. Je veux qu'il me faſſe penſer, non à lui, & à ſon bel eſprit, mais aux Bergers qu'il fait parler.

O! qu'il y a de grandeur à ſe rabaiſſer, pour ſe proportionner à tout ce que l'on peint, & pour atteindre à tous les divers caractéres! Combien un homme eſt-il au-deſſus de ce qu'on nomme *eſprit*, quand il ne craint point d'en cacher une partie! Afin qu'un ouvrage ſoit véritablement beau, il faut que l'Auteur s'y oublie & me permette de l'oublier. Il faut qu'il me laiſſe ſeul en pleine liberté. Par exemple, il faut que Virgile diſparoiſſe, & que je m'imagine voir ce beau lieu.

Ruiſſeaux bordés de mouſſe & vous tendres gazons,
Où le frais ſe conſerve à l'ombre des buiſſons *

* L'Auteur auroit mieux fait de citer le Latin, comme M. de *Fenelon*, que deux vers françois

J'aime mieux être occupé de l'ombrage, & du ruisseau dépeints par Horace*, que d'un bel esprit importun qui ne me laisse point respirer. Voilà les espéces d'ouvrages, dont le charme ne s'use jamais. Loin de perdre à être relus, ils se font toujours redemander. Leur lecture n'est point une étude; on s'y repose, on s'y délasse. Les ouvrages brillans & façonnés imposent & éblouissent; mais ils ont une pointe fine qui s'émousse bien-tôt. Ce n'est ni le difficile, ni le rare, ni le merveilleux que je cherche. C'est le beau simple, aimable & commode, que je goûte. Si les fleurs qu'on foule aux pieds dans une prairie, sont aussi belles, que celles des plus somptueux jardins, je les aime mieux. Je n'envie rien à personne. Le beau ne perdroit rien de son prix, quand il seroit commun à tout le genre-humain; il en seroit plus estimable. La rareté est défaut, & une pauvreté de la Nature. Les rayons du Soleil n'en sont

assez mauvais, & qui traduisent peu fidélement ceux de Virgile. *Note de l'Edit.*

* L. 2. ode 3. v. 9.

pas moins un grand trésor, quoiqu'ils éclairent tout l'Univers. Je veux un beau si naturel qu'il n'ait aucun besoin de me surprendre par sa nouveauté. Je veux que ses graces ne vieillissent jamais, & que je ne puisse presque me passer de lui.]

Concluons par cette vérité dont je voudrois persuader tous ceux qui écrivent pour le public. LE BEL ESPRIT a le malheur d'affoiblir les grandes passions qu'il prétend orner. C'est peu, selon Horace, qu'un Poëme soit beau & brillant, il faut qu'il soit touchant, aimable, & par conséquent simple, naturel & passionné : Le beau, qui n'est que beau, c'est-à-dire brillant, n'est beau qu'à demi ; il faut qu'il exprime les passions pour les inspirer ; il faut qu'il s'empare du cœur, pour le tourner vers le but légitime d'un Poéme. *

* Si tout ceci avoit besoin de quelques modifications, on pourroit les trouver dans les Essais de M. l'Abbé *Trublet*, chapitres du *Naturel*, de l'*Esprit*, du *Goût*, de la *Critique*, *&c. Note de l'Edit.*

§. XIV. *Du Poéme Epique.*

Ceux qui ont traité de l'Art poétique, conviennent que le Poéme Epique est la plus grande entreprise que puisse former celui qui aspire aux honneurs du Parnasse. L'Antiquité en a fourni des modéles d'autant plus parfaits, que presque tous les modernes qui se sont hazardés à les imiter, ont échoué à leur confusion. Le premier de ces modéles est l'*Iliade d'Homere*, le second est son *Odyssée*. Virgile qui a travaillé long-tems après, a uni ces deux poémes dans l'imitation qu'il en a faite. C'est sur les ouvrages d'Homere qu'Aristote s'est réglé pour donner les régles du poéme épique. Le P. le Bossu profitant de la Doctrine d'Aristote & de la lecture des trois poémes, a fait un excellent ouvrage, où il développe tout l'artifice de ces trois chefs-d'œuvres: rien n'est plus judicieux que son *Traité du Poéme Epique*. Il faut y joindre *la Comparaison d'Homere & de Virgile* par le P. *Rapin*.

Pour bien comprendre en quoi consiste la perfection de ce poéme, il faut lire attentivement l'*Iliade* & l'*Odyssée* d'Homere, de la traduction de Madame *Dacier*; mais il faut se dépouiller des fausses idées que le luxe moderne nous a données de la véritable grandeur. Homere n'étoit pas obligé de prévoir nos modes & nos usages pour s'y conformer; son devoir étoit de bien saisir la Nature, & c'est en quoi il réussit admirablement. Pour peu que l'on se transporte dans les tems héroïques qu'il dépeint, on est charmé de la noblesse de ses images, quoiqu'accompagnée d'une grande simplicité dans les mœurs. Les remarques de Madame Dacier sont très-belles & aident à mieux sentir le mérite de l'original.

Virgile qui vivoit sous Auguste dans le siécle le plus poli de l'antiquité, a profité des Critiques que l'on faisoit d'Homere. Il est plus régulier que lui, mais il est moins grand. Il est vrai qu'il n'avoit pas mis la derniere main à l'Eneïde lorsqu'il mourut. Il en étoit si peu satisfait lui-même, qu'il avoit ordonné qu'on la brûlât comme un essai que la mort ne lui avoit pas permis d'achever: ainsi un poéme qui a charmé & instruit tous les siécles alloit périr, si Auguste n'en eût jugé plus favorablement que l'Auteur. Que Virgile étoit différent de ces jeunes apprentifs qui ont à peine enfanté une fadaise, qu'ils courent aussi-tôt chercher un Libraire pour la répandre! Le *Telemaque* est le seul poéme épique original que la France ait produit jusqu'à présent; il est vrai qu'il y manque partie de la versification, sçavoir, la césure & la rime; peut-être cette gêne en eût elle diminué le mérite & affoibli les beautés. Nous avons l'*Eneïde* en vers François par *Segrais*; quoique ce soit la meilleure traduction, elle est fort au dessous de l'original. L'Italie a le *Tasse*, mais hors le Télémaque & les traductions que je viens de dire, nous n'avons rien qui mérite le nom d'Epique. *

Ce n'est pas que le courage ait manqué à nos Poétes; ils ont publié des es-

* *Milton* n'avoit pas encore paru traduit ou imité en François. *Note de l'Edit.*

ſais en abondance ; nous avons, par exemple, le *Moyſe ſauvé*, poéme bas & rampant, le *Clovis de Deſmarets*, poéme ſec & plat ; *la Pucelle de Chapelain*, poéme dur & glacé, l'*Alaric de Scuderi*, poéme fanfaron ; *Charlemagne par le Laboureur*, poéme lâche & ſans poéſie ; *le Childebrand*, poéme auſſi barbare que le nom du héros ; le *S. Paulin de Perrault*, poéme doucereux, où rien n'eſt louable que la piété du ſujet ; le *St. Louis du P. le Moine*, poéme hyperbolique, & plein d'un feu déréglé ; la *Pharſale de Brebeuf*, Gazette où régne une enflure perpétuelle ; l'*Iliade de la Motte* ou Homere eſtropié ; & la *Henriade* de *Voltaire*. Ce dernier eſt moins un poéme épique qu'un amas de deſcriptions & de portraits aſſez bien verſifiés pour la plûpart.

Ces deux derniers poétes ont bien ſenti qu'un poéme dans les régles déja établies, étoit au-deſſus de leurs forces. Ils ont cru mieux trouver leur compte à imaginer de nouvelles loix qu'ils ont publiées dans des diſcours ſur le poéme épique. Le public qui de ſon côté s'eſt apperçu qu'ils n'y cherchoient qu'à pallier leurs fautes, n'a point pris le change, & s'est obstiné à les renvoyer aux Régles. *

§. XV. *De quelques autres Poëtes.*

On peut mettre au nombre des Poëmes épiques le *Lutrin de Despréaux*, chef-d'œuvre unique en son genre. Mais sous quel nom rangerons-nous certains poëmes qui semblent faits sur le modéle du *Poëme de Lucrece* ou des *Géorgiques* de *Virgile*? Ils sortent du genre épique; ce n'est point une fable morale, embellie par des épisodes, & où la fable & le ministére des Dieux soient employés selon l'art. L'Auteur choisit un sujet assez simple & instructif pour l'ordinaire; il le traite en vers, l'orne de digressions qui ne soient pas trop étrangeres à son sujet, & partage son ouvrage en plusieurs chants. Tels sont

* Toute cette critique est outrée, du moins à l'égard de Mr. de *Voltaire*. En général il y a de l'humeur & de la dureté dans plusieurs des critiques de l'Auteur. *Note de l'Edit.*

l'Art Poétique de Despréaux, *l'Art de prêcher*, & *le Poéme de l'Amitié*, par l'*Abbé de Villiers*, & quelques autres. *

§. XVI. *Des Romans.*

Nous appellons Romans des ouvrages ou l'Auteur s'embarrassant peu de la Vérité historique, choisit un sujet feint en tout, ou en partie, & l'orne de tous les épisodes qui lui paroissent propres à exciter la curiosité & entretenir l'attention du Lecteur, jusqu'au dénouement qui en fait la fin. Il a soin de la reculer toujours par des obstacles qui semblent ôter l'espérance d'un heureux succès, sans pourtant la détruire entiérement. Il sçait passionner son Lecteur par des événemens imprévus, qui retardent la félicité de deux Amans auxquels on s'intéresse d'autant plus que leurs avantures sont plus singulieres.

L'Amour est l'ame de ces fictions; tout s'y rapporte, & les autres passions

* Par exemple, les Poëmes de la Religion & de la grace de Mr. *Racine*, qui ont paru depuis la premiere Edition de ce livre. *Note de l'Edit.*

n'agissent que pour le rendre plus éclatant. Pour apprendre l'histoire de ce genre d'écrire & des principaux ouvrages que diverses nations ont produit, il n'y a qu'à lire la Lettre de Mr. Huet à Mr. de Segrais sur *l'Origine des Romans*. On y trouve des détails très-curieux sur les Romans des Grecs, & sur ceux de notre nation. Elle a été écrite à l'occasion de *Zaïde* au devant de laquelle elle est imprimée. Ajoûtez à cette lettre ce que Chapelain a écrit *de la lecture des vieux Romans*. Vous le trouverez au VI. Volume des *Mémoires de Littérature & d'Histoire.* *

Je n'aurois point parlé en ce lieu de cette sorte de livres, si quelques Auteurs ne regardoient pas les Romans comme une espéce de poéme épique. Dans un sens ils ont raison; les régles du poéme épique devroient y être observées; mais avec cette différence que le sujet en doit être très-différent. Il faut que celui du poéme épique soit noble, héroïque, instructif. Que l'Amour bien ex-

* Recueillis par le feu Pere *Desmolets*, de l'Oratoire.

primé fournisse un charmant épisode, comme on voit dans Virgile l'amour d'Enée & de Didon si heureusement mis en œuvre; à la bonne heure. Mais cette passion ne mérite point de faire tout le fonds du sujet: Elle peut tout au plus lui être subordonnée.

Il est pourtant vrai que le Roman a été long-tems une imitation du poéme épique. La plûpart de nos anciens Romans sont rimés; le *Roland furieux*, poéme de l'Arioste n'est qu'un Roman fait à la maniere de ce tems-là. Il est en vers & même en stances, c'est la maniere des Italiens; au lieu que parmi nous un ouvrage de longue haleine qui seroit en stances, fatigueroit très-certainement. Pour revenir au Roland de l'Arioste, c'est un amas bizare d'avantures où les prodiges ne sont pas épargnés. Le merveilleux y est souvent poussé jusqu'à l'incroyable. Les Heros, comme dans tous les autres Romans, y sont tous d'une force gigantesque; les femmes d'une beauté divine, & toutes couvertes de pierreries; les trésors ne coutent rien pour les orner. Les Royaumes y ſont conquis par un ſeul homme quoiqu'ils ſoient défendus par des armées nombreuſes. A la place des Dieux que les Poëtes Grecs & les Latins avoient à leurs ordres, ces Romanciers employent les Enchanteurs ; la Magie eſt pour eux un fonds inépuiſable de merveilles : en un clin d'œil les déſerts ſont peuplés, on y voit s'élever de magnifiques palais, où l'or & l'azur brillent de tous côtés ; & ſur-tout l'Héroïſme y eſt porté bien au-delà des bornes de la vraie & ſage valeur.

Les Eſpagnols ont produit des Romans qui ont été très fameux, & on en trouve une judicieuſe critique dans les *Avantures* de *Don Quixote*. Quand on lit ce bel ouvrage, on ſent bien que l'Auteur a voulu faire ſentir à ſa Nation tout le ridicule de ces livres dont la lecture a fait long-tems les délices d'une infinité de perſonnes. Il guérit de l'admiration que l'on avoit pour les prétendus Heros de Roman, & il ſe contente pour cela de faire faire à un Gentilhomme entêté de la Cavalerie, ce qu'il trouve en eux de plus héroïque &

de plus digne d'être imité. L'air de folie que l'imitation répand sur lui, est fort propre à faire mépriser des livres qui lui ont dérangé le cerveau jusqu'à ce point.

Honorat d'Ursé qui avoit beaucoup d'amour, de loisir & de politesse, a inventé une nouvelle sorte de Roman. Je ne voudrois pas dire qu'il soit le premier qui ait écrit des *Amours Pastorales*: on avoit déja en François *les Pastorales de Longus*, traduites du Grec, & d'autres ouvrages de cette espéce; mais personne n'avoit traité cette matiére avec toute l'étendue que lui donne d'Urfé. Son *Astrée* a encore aujourd'hui des Lecteurs, & rien n'est plus joli que la comparaison que Mr. de Fontenelle fait de ce Livre avec les Amadis & autres fictions où la Chevalerie domine. Je n'ai encore vû personne qui ne souscrive sans peine à la préférence que cet ingénieux Ecrivain donne à l'Astrée.

Quand je lis d'Amadis les faits inimitables,
Tant de Châteaux forcés, de Géans pourfendus,
De Chevaliers occis, d'Enchanteurs confondus,

Je n'ai point de regret que ce ſoient là des fables;
Mais quand je lis l'Aſtrée ou dans un doux repos,
L'Amour occupe ſeul de plus charmans heros;
Où l'Amour ſeul de leur deſtin décide,
Où la ſageſſe même a l'air ſi peu rigide,
Qu'on trouve de l'Amour un zélé partiſan,
Juſques dans Adamas le ſouverain Druïde,
Dieux! que je ſuis fâché que ce ſoit un Roman!

Ce qui plaît dans l'Auteur de l'Aſtrée, c'eſt le ſoin qu'il a eu d'épurer l'Amour & d'en faire une paſſion douce, honnête, & qui loin d'être incompatible avec les Vertus, leur fournit au contraire de l'exercice, les ſauve de l'inaction, & leur prête de l'agrément.

Il faut convenir que l'Amour eſt beaucoup plus en ſa place dans cet ouvrage, qu'il ne l'eſt dans preſque tous les grands Romans qui portent le nom de *Scuderi*. Des Bergers ſitués dans un délicieux pays, au ſein de l'abondance, & dans un loiſir général, ne pouvoient guéres ſentir d'autres paſſions que l'Amour, ou du moins que celles qui en ſont des ſuites naturelles, comme la Jalouſie, l'Impatience, &c. L'Amour éleve les ſentimens de ces Bergers, & rend

rend ce qu'ils disent plus intéressant. On ne peut pas dire la même chose de *Cyrus*, de *Clelie* & de quantité d'autres personnages Héroïques. L'Amour transi & doucereux qu'on leur prête, les dégrade. On peut lire avec fruit la *Critique des Romans modernes* dans un Dialogue de Despréaux.

On ne peut disconvenir que ces Romans n'ayent servi à perfectionner notre langue. *D'Urfé* est un des bons Auteurs que l'Académie Françoise choisit peu après sa naissance pour en tirer le corps de la Langue. Mademoiselle de *Scuderi* qui a écrit la plûpart des Romans qui ont été publiés sous le nom de son frere, avoit une des meilleures plumes du siécle passé. Elle a exprimé dans cette multitude de volumes un grand nombre de sentimens nobles & délicats. Elle a sçu y ménager des conversations où elle étale une infinité d'expressions polies, qui dans la nouveauté furent regardées comme des modéles. Ces livres eurent d'autant plus de cours, que bien des gens les lisoient plûtôt pour se perfectionner le style, à quoi ils étoient alors très-propres, que pour en apprendre les avantures. *Calprenede* se mit aussi sur les rangs. Il n'écrivoit pas tout-à-fait si bien : mais il avoit une riche imagination, du reste mêmes défauts pour les caractéres.

Calprenede & Juba parlent du même ton.

On peut voir une Critique fort spirituelle de la *Cassandre* de cet Auteur, dans la préface de l'Odissée traduite par Madame Dacier.

On se lassa enfin de ces longs Romans ; Divers Auteurs, comme *Desmarets* dans son *Ariane*, *Gombaut* dans son *Endimion*, &c. avoient déja composé des Romans plus courts qui faisoient moins languir l'impatience des Lecteurs ; on vit enfin paroître la *Princesse de Cleves*, *Zaïde* & autres petits ouvrages qui achevérent de dégoûter le public de ces intrigues éternelles qui n'avoient de dénouement qu'au dixiéme volume. Scarron donna son *Roman Comique* l'une des meilleures choses qu'il ait produites. Il publia aussi quelques *Nouvelles Espagnoles* assez courtes pour qu'un volume en contienne plusieurs. Madame de *Villedieu* amusa à son tour le public par de jolies Historiettes qui ont été recueillies en corps d'ouvrage, & fit tomber la vogue qu'avoient eue *Clelie*, *Cirus*, *Cassandre* & tous les autres grands ouvrages.

J'ai déja parlé de *Don Quixote*, du *Roman Comique*, de la *Princesse de Cleves*, & de *Zaïde*, ajoutons y *Gil-blas de Santillane*. Voilà ceux pour qui je demanderois grace, si on vouloit envelopper tous les Romans dans une proscription générale. Ce dernier est une des plus fines satires que l'on ait faites des mœurs du Siécle qui y sont représentées au naturel. Monsieur le *Sage* qui l'a écrit, imagine un jeune homme qui ayant assez d'esprit pour observer les caracteres de ceux au service de qui sa mauvaise fortune l'oblige d'entrer, parcourt un bon nombre de maîtres de tous états & les dépeint tous. Cela fournit une infinité de portraits d'après nature, & d'images très-frappantes. La pudeur y est ménagée; les incidens n'y ont rien que de naturel, & la morale se tire du fonds même de l'action.

Au reste, les Romans ne sont rien moins que des poémes épiques, à en bien juger; & cela est également vrai des anciens & des modernes. Dans les vieux Romans, l'esprit de fiction n'est retenu par aucunes bornes. L'Auteur se livre à toutes les saillies d'une imagination déréglée, jusqu'à feindre un Héros qui étant tué dans une bataille, ne s'appercevoit point qu'il étoit mort, & continuoit toujours de se battre comme auparavant. * La fiction régne aussi dans les nouveaux; mais elle ne s'écarte point d'un vraisemblable qui est dans l'ordre ordinaire de la nature : point de Dieux, point d'Enchanteurs, point de prodiges ; c'est tout au plus une imitation de l'histoire à l'auteur de laquelle on permet de feindre tous les événemens qu'il arrange, en faveur de la surprise agréable où il doit entretenir ses lecteurs. On

* Ce trait n'est pas tiré d'un Roman, mais d'un Poëme Epique Italien, & ce Poëme est un Poëme Burlesque. *Note de l'Edit.*

ne le dispense point d'être sage & naturel, ni de sçavoir à fonds les matieres dont il lui arrive de parler, quoiqu'incidemment. On s'est moqué de Scuderi qui fait voguer une flotte depuis Constantinople par la Mer Noire jusques dans la Mer Caspienne, sans dire comment elle ne fut point arrêtée par le Caucase qui sépare ces deux mers, & sur lequel il la fait passer légerement.

Le défaut que l'on pardonne le moins aux Auteurs de Romans, c'est la froideur & l'ennui. Il faut que leur style soit pur; on ne leur demande point l'éloquence dans les récits : elle y seroit souvent hors d'œuvre; mais on exige d'eux l'éloquence des passions qu'ils doivent faire valoir dans toutes les occasions qui s'en présentent. Chaque passion a son style & sa maniere de s'exprimer. C'est à quoi la plûpart des Ecrivains ne prennent point assez garde. Je me bornerois donc à ce peu de Romans que je viens de nommer en dernier lieu; encore n'en voudrois-je pas faire une étude. Je les regarde comme un amusement innocent, lorsqu'on ne leur donne que quelques heures où l'on veut se délasser. Mais ce seroient des heures véritablement perdues que celles qu'on leur donneroit de plus au préjudice des études plus solides. La perte de tems n'est pas toujours le plus grand danger qu'il y ait à craindre dans les mauvais Romans. On s'y gâte le goût, on y prend de fausses idées de la vertu, on y rencontre des images obscènes, on s'apprivoise insensiblement avec elles; & on se laisse amollir par le langage séduisant des passions, sur-tout quand l'Auteur a sçu leur prêter les couleurs les plus gracieuses.

§. XVII. *Du Poéme Drammatique.*

Le poéme Drammatique comprend sous lui la TRAGEDIE, la COMEDIE, la PASTORALE & l'OPERA; ce sont quatre choses bien différentes pour le fonds, quoiqu'elles ayent bien des régles qui leur sont communes.

Les anciens ne connoissoient guéres que les deux premieres; au moins les régles qu'ils ont laissées pour le

Théâtre, se bornent au Tragique & au Comique. Le premier a été fort loin chez les Grecs, nous en parlerons ensuite; la Comédie étoit divisée en plusieurs espéces, tant chez les Grecs, que chez les Latins.

Les Livres qui traitent du Poëme Drammatique sont *la Poétique* d'*Aristote*, l'*Art Poétique* d'*Horace*, celui de *Despréaux*, les *Réflexions* du P. Rapin *sur la Poétique*; & la *Pratique du Théâtre*, par l'Abbé d'Aubignac, l'homme de France qui avoit le mieux étudié ces matieres. Avant que de parler de l'état où est arrivé le théâtre François, nous dirons quelque chose du théâtre Grec & du théâtre Latin.

I. Du Theatre Grec.

Le Théâtre Grec n'est pas encore traduit entiérement en notre langue; nous avons seulement deux traductions de l'*Oedipe* de *Sophocle*, l'une par Mr. *Dacier*, l'autre par Mr. *Boivin*, & l'*Electre* traduite par le premier; Madame Dacier a donné en François les *Nuées* &

le *Plutus* d'Ariſtophane. Mr. Boivin a donné *les Oiſeaux* du même Comique. Le Pere *Brumoy* Jéſuite, a publié l'Hiſtoire du Théâtre Grec.

II. DU THEATRE LATIN.

Le Théatre Latin ne conſiſte plus qu'en deux comiques ; ſçavoir, *Plaute* & Térence, & en un Tragique qui eſt *Séneque*. Madame Dacier a traduit les ſix Comédies de Térence & trois de Plaute ; ſçavoir l'*Amphitrion*, l'*Epidicus* & le *Rudens*. Elle a joint à cette traduction un examen de ces trois Comédies ſelon les régles du Théâtre. Mr. Coſte en a traduit une quatriéme, ſçavoir les *Captifs* : Mr. de Limiers a tâché de traduire les ſeize autres de la même maniere. Plaute excelle par la vivacité de l'action. Sur ſon Théâtre tout eſt occupé, rien ne languit, & le jeu en eſt admirable. Térence n'a pas tant de jeu, mais il l'emporte par la juſteſſe des caracteres ; il eſt plus uni, moins animé, mais plus raiſonnable. Il ne nous reſte rien des autres Comiques que quelques fragmens cités par les Grammairiens. Horace nous apprend que de ſon tems, Fundanius excelloit pour le Comique. Tout cela a péri auſſi-bien que les Tragédies de Pollion, la Medée d'Ovide, & quantité d'autres ouvrages Drammatiques dont on ne nous a conſervé que les titres, & tout au plus quelques lambeaux de peu de ſyllabes qui ne ſuffiſent pas pour faire juger de leur beauté.

La Tragédie Romaine eſt réduite au recueil qui contient les pieces de divers Auteurs à qui le nom de *Seneque* étoit commun. Nous n'en avons point d'autre traduction que je ſçache que celle de l'Abbé de Maroles ; à dire vrai, le dommage n'eſt pas grand, ce ſont des pieces de fort mauvais goût; les acteurs ne viennent ſur la ſcene que pour y réciter des ſentences à perte de vûe, entremêlées de deſcriptions où le poéte ne finit point ; tout y eſt d'une bouffiſſure très-éloignée du véritable ſublime. C'eſt ce que Deſpréaux appelle *la foibleſſe Latine* qu'il oppoſe *à la force divine* où Sophocle avoit porté la Tragédie chez les Grecs.

III. DU THEATRE FRANÇOIS.

I. *De la Tragédie.*

On me permettra de ne pas compter pour des pieces de Théâtre les farces dévotes, dont parlent Despreaux & Mr. Brossette son commentateur. On a l'obligation des premiers commencemens de la Tragédie Françoise à *Etienne Jodelle* qui florissoit sous les Regnes de Henri II. de François II. & de Charles IX. Sa Cléopâtre jouée à la Cour de Henri II. lui acquit une grande réputation. C'étoit cependant un Poëte dur qui n'avoit rien de recommandable qu'une extrême facilité qui lui faisoit composer jusqu'à cinq cens vers en une nuit. Cela seul suffit pour prouver qu'il n'étoit pas fort difficile à contenter. Il eut pour successeur *la Peruse* qui écrivoit avec plus de soin. Après cela vint *Robert Garnier* qui prit les Seneques pour modéles, c'est-à-dire, qu'il en copia tous les défauts, l'air de déclamation, & le reste. On ne laissa pas de l'admirer, faute de mieux. *Hardi* &

quelques autres qui occuperent la ſcene après lui, firent beaucoup plus mal. Garnier avoit travaillé d'après de mauvais modéles ; Hardi n'en ſuivit aucun, & s'abandonna à toutes les extravagances dont ſon génie étoit capable.

Sous le Regne de Louis XIII. le Miniſtére de Richelieu changea entiérement l'état du Théatre. Il aimoit ce ſpectacle juſqu'à lui ſacrifier de groſſes ſommes, tant pour l'encouragement des Auteurs, que pour les frais des repréſentations. L'Académie naiſſante lui fournit des Poétes, il aimoit à leur voir tracer des plans d'ouvrages : outre les piéces qu'il leur faiſoit faire en commun, chacun produiſoit de ſon côté, & s'efforçoit de mériter les faveurs que ce Miniſtre prodiguoit à ceux qui le ſervoient à ſon gré. Les cinq Auteurs qui faiſoient chacun un acte des piéces dont il avoit approuvé le ſujet & la diſpoſition, étoient Boiſrobert, Corneille, Colletet, de l'Etoile & Rotrou ; ce dernier n'étoit pas de l'Académie, & s'étoit diſtingué entre ſes Confreres. Son Venceſlas ſe ſoutient encore après environ un siécle, tandis que quantité de piéces contemporaines sont oubliées.

On peut juger aisément que ces piéces des cinq Auteurs ne devoient pas être fort égales, pour les sentimens, & pour les vers. Cela ne valoit qu'autant que lui donnoit de mérite la fantaisie du Cardinal qu'il falloit contenter. *Desmarets* travailloit seul & fit entr'autres piéces sa Comédie des Visionnaires qui est, je pense, la premiere où l'on ait songé à mettre des caracteres. Elle eut beaucoup d'applaudissement : *Tristan* par sa Mariamne, *Scuderi* par la mort de Cesar, Didon, l'Amour Tyrannique, &c. *Du Rier* par son Thémistocle, son Scevole, &c. dégrossirent un peu le goût François pour la Tragedie; mais ils avoient un concurrent destiné à les effacer.

Corneille, Auteur de quelques Comédies où il avoit si peu observé de régles que, de son aveu, il ne sçavoit pas alors qu'il y eût des regles; Corneille, dis-je, après des essais informes qui n'annonçoient pas à beaucoup près tout le mérite de leur Auteur, hazarda le

Cid, où la force & la vivacité des passions agirent puissamment sur le cœur du spectateur, & ne lui laisserent pas assez de sens froid pour en appercevoir les défauts. Les Poëtes en furent allarmés, & Richelieu eut la foiblesse de sentir quelque dépit en voyant une piéce qui obscurcissoit tout ce qui avoit été fait sous ses yeux. Scuderi attaqua Corneille en vrai spadassin, & publia des Observations qui tendoient à découvrir les défauts du Cid. L'Académie pressée par le Cardinal son protecteur qui, comme j'ai dit, étoit piqué, prononça sur leur différend avec une sagesse admirable : ses *sentimens sur le Cid*, sont un des meilleurs livres que l'on puisse lire. Scuderi & l'Académie citoient les regles d'Aristote, & c'est peut-être delà que Mr. Corneille apprit qu'il y avoit des régles. Il les étudia, & en peu de tems on en apperçut le fruit dans les *Horaces*, dans *Cinna*, & dans les autres chefs-d'œuvre qui se suivirent de fort près. *

* Il faut voir l'Histoire du Théâtre François & la vie de *Corneille*, par son illustre neveu M. de *Fontenelle*, T. 3. de ses œuvres. *N. de l'E.*

Perſonne n'en peut mieux juger que Racine : quelle idée nous donne-t-il de l'état où étoit la ſcène Françoiſe lorſque Corneille commença à travailler ? Quel deſordre ! quelle irrégularité ! nul goût, nulle connoiſſance des véritables beautés du Théâtre. Les Auteurs auſſi ignorans que les ſpectateurs ; la plûpart des ſujets extravagans & dénués de vraiſemblance. Point de mœurs, point de caracteres. La Diction encore plus vicieuſe que l'Action, & dont les pointes & de miſérables jeux de mots faiſoient le principal ornement : en un mot, toutes les regles de l'art, celles mêmes de l'honnêteté & de la bienſéance partout violées. Dans cette enfance, ou pour mieux dire, dans ce cahos du Poëme Drammatique parmi nous, Corneille après avoir quelque tems cherché le bon chemin & lutté contre le mauvais goût de ſon ſiecle, enfin inſpiré d'un génie extraordinaire & aidé de la lecture des anciens, fit voir ſur la ſcène la raiſon, mais la raiſon accompagnée de toute la pompe, de tous les ornemens dont notre langue eſt capable ; accorda heureusement le vraisemblable & le merveilleux, & laissa bien loin derriere lui tout ce qu'il avoit de rivaux, dont la plûpart désespérant de l'atteindre & n'osant plus entreprendre de lui disputer le prix, se bornerent à combattre la voix publique déclarée pour lui, & essayerent en vain par leurs frivoles critiques, de rabaisser un mérite qu'ils ne pouvoient égaler. Tel est le jugement qu'en rapporte Racine, rival lui-même, & rival très-éclairé.*

Si on songe quelles piéces les Académiciens contemporains de Corneille publierent entre le Cid & Cinna, c'est-à-dire, entre 1637 & 1643, on sera surpris du mauvais goût qui regnoit alors. La *Parthenie* & la *Clarimonde* de Baro; le *Couronnement de Darie* & la *Didon Chaste* de Bois-robert; la *Cyminde* de Colletet; le *Scipion* & la *Roxane* de Desmarets, la *Lucrece* & le *Saul* de du Rier, l'*Eudoxe* & l'*Andromire* de Scuderi, & tant d'autres mauvaises piéces de ce

* Tout cela est tiré à peu près du discours de *Racine* à la réception de Thomas *Corneille* qui succéda à son frere dans l'Académie Françoise. *Note de l'Edit.*

tems-là, pouvoient-elles tenir contre le Cid & les Horaces ?

Dès que ce grand homme eut pris l'essor, on vit la poésie drammatique s'élever avec lui. Les Etrangers nos voisins réformerent leur Théâtre, après avoir goûté le plaisir que causent les piéces régulieres, quand les régles sont secondées par un génie heureux & fécond. Il a été même plus aisé à quelques nations de traduire Corneille en leur langue, que de l'imiter.

Quand son feu amorti par l'âge ne lui permit pas de pousser plus loin ses progrès, Racine aidé d'une érudition qui lui permettoit de puiser dans les sources; fortifié par l'exemple de Corneille; soutenu par la sage & utile censure de Despréaux, porta la tragédie aussi près de sa perfection, que le peut permettre notre goût qui veut de l'amour par-tout; c'est pour se prêter à cette foiblesse du parterre qu'il fit Hyppolite amoureux: il lui sacrifia bien d'autres choses.

Corneille n'a pas toujours observé exactement les régles: il s'est lui-même examiné là-dessus. Ces *Examens* & les trois *Discours* qu'il a faits sur la poésie drammatique, méritent d'être lûs avec attention. Mais quoiqu'ils soient pleins de quantité d'excellentes choses, on y apperçoit que l'Auteur n'a point eu une idée assez nette des Régles qu'il n'avoit apprises que fort tard. * Il est tombé dans le défaut d'accommoder les préceptes à ses idées, au lieu qu'il eût fallu faire tout le contraire.

Beaucoup de Préfaces de tragédies contiennent des réflexions utiles sur cet art, mais la plûpart semblent n'insinuer de nouvelles régles que pour exténuer les fautes que les Auteurs veulent excuser. **

* Ce Jugement me paroît injuste. *Corneille* qui connoissoit très-bien les régles établies par Aristote, sentoit en même-tems que quelques-unes de ces régles étoient fausses ou inutiles; & qu'il eût fallu en secouer le joug. Il ne l'a secoué qu'en partie; & il seroit à souhaiter qu'il eût osé davantage. *Note de l'Edit.*

** Les discours que M. de *la Motte* a mis à la tête de ses Tragédies, sont ce qui a été écrit de plus philosophique sur le Théâtre, avec les réflexions sur la poétique, par Mr. de *Fontenelle*. *Note de l'Edit.*

Les autres Tragiques sont, *Thomas Corneille*, *Campistron*, *la Grange*, *la Fosse*, *Crebillon*, *la Motte*, *Voltaire*, &c. Je ne parle point de *Boyer*, de *Pradon*, & autres généralement décriés.

II. De la Comédie.

Moliere a fait pour le Comique ce que Corneille avoit fait pour le Tragique; c'est dommage qu'ayant commencé la profession de Comédien par des farces indignes d'un spectateur de bon goût, il eût contracté un penchant pour ces sortes de sujets qu'il n'a jamais pû abandonner sans retour. Avant lui le Comique ne consistoit qu'en des intrigues souvent si brouillées, que le nœud qui en faisoit toute la beauté, étoit une étude très-fatiguante pour le Spectateur: quantité d'incidens épisodiques y étoient accumulés les uns sur les autres; un valet, une soubrette tout au plus, se mêlant à tort & à travers dans la conversation, faisoient un contraste bouffon de leur badinage avec le sérieux des amans ou des vieillards. Point de mœurs, point de caractéres, des enfilades de ſentences. Moliere étudia le ridicule de la Ville & même celui de Cour. Les Marquis, les Petits Maîtres, en un mot, tous les défauts qu'il remarqua, lui fournirent autant de caractéres qu'il traita avec un fonds charmant de fine plaiſanterie. Il lui arriva ſouvent d'outrer les choſes ; mais il croyoit avoir beſoin de cette exagération pour frapper davantage un ſpectateur accoutumé à voir des portraits encore plus chargés que n'étoient les ſiens. Le *Miſantrope*, le *Tartuffe* & les *Femmes Savantes*, ſont les trois plus parfaites de ſes piéces. L'*Avare* a de grandes beautés ; mais il y a bien des choſes pouſſées au-delà du naturel.

On a reproché à Moliere le même défaut qu'avoit Ovide. Il lui arrive ſouvent de tourner en trois ou quatre manieres une même penſée. Cela eſt plus ſupportable au Théâtre que dans des ouvrages compoſés pour être lûs. L'Auteur Comique a affaire à un ſpectateur qui occupé de mille choſes qui détournent ſon attention, perd quelquefois une partie de ce qu'on lui dit ; mais dans la lecture rien n'échape, & il suffit de dire une fois le mieux qu'il est possible ce que l'on veut dire, sans le répéter en d'autres termes ; comme si on se défioit de l'intelligence du Lecteur. Les Comédies où Moliere s'est le moins assujetti aux régles, comme le *Bourgeois-Gentilhomme*, *Pourceaugnac*, le *Malade Imaginaire*, ont des beautés qui font presqu'oublier ce qu'elles ont de défectueux. Ce sont des farces, mais des farces de Moliere.

Montfleuri, *Hauteroche*, *Scarron*, ont plus donné dans l'intrigue que dans les caractéres. *Regnard* a beaucoup d'esprit, mais point de justesse dans l'ordonnance ; nulle unité de lieu. Dans son *Joueur*, dans son *Démocrite*, on voit des scénes admirables. Si cet Auteur avoit pû se captiver & s'assujétir aux régles de l'art, il auroit pû aller fort loin. Les *Menechmes*, par exemple, différent beaucoup à cet égard, de ses autres ouvrages : Plaute lui a servi de guide. Regnard s'étoit fait une habitude de n'observer aucune régle, en travaillant pour le Théâtre Italien qui n'en connoit point. Je parle au reſte du Théâtre Italien, tel qu'il étoit établi en France du tems de *Dominique* & de *Gherardi*, non pas du Théâtre des Italiens en général. Je ſçais qu'il y a de leurs Auteurs qui ont composé, tant pour le Tragique, que pour le Comique, des piéces auſſi régulieres que ſpirituelles. *

Dancourt, *Palaprat*, *Baron*, *Nericaut des Touches*, *le Sage*, *Fuſelier* & pluſieurs autres ont couru la même carriere. **

III. De la Pastorale.

La Paſtorale eſt un ouvrage né en Italie. C'eſt proprement une extenſion

* Tout n'eſt pas également juſte dans cet article; & par exemple, ce n'eſt point par *penchant* pour les *farces* que *Moliere* en a fait pluſieurs, c'eſt par condeſcendance pour le plus grand nombre des ſpectateurs de ſon tems. *Note de l'Editeur*.

** L'Auteur auroit pu nommer encore M. de *Marivaux* qui avoit déja donné quelques-unes de ſes meilleures Comédies, ouvrages d'un caractere original. Celles de feu Mr. de la *Chauſſée* n'avoient pas encore paru. *Note de l'Edit.*

V iij

de l'Eglogue. Elle consiste en une intrigue amoureuse entre des Bergers. Elle doit avoir toute la simplicité qui convient à leur caractere. Le rafinement, les pensées trop recherchées, ne conviennent point à ce genre de Poésie. Les Italiens ont trois fameuses Pastorales entr'autres, sçavoir, *l'Aminte du Tasse*; le *Pastor Fido* de *Guarini*, & la *Philis de Scire* de Bonarelli. Ces trois ouvrages ont été traduits en vers François par l'Abbé de *Torches*, mais il y a fait des obmissions sur-tout au *Pastor Fido*. Je ne sçais s'il est nécessaire d'avertir qu'il est demeuré fort au-dessous de ses originaux.

Nous avons en François plusieurs Pastorales, la *Clorise de Baro*, l'*Amarante* de *Gombaud*, l'*Amarillis de du Rier*, celle de *Rotrou*, retouchée par *Tristan*, la *Silvie de Mairet*, &c. Tous ces ouvrages qui ont eu quelque réputation dans leur nouveauté, sont presque entiérement oubliés; il n'y a guéres que les *Bergeries de Racan* qui ayent conservé jusqu'à présent une approbation assez générale, malgré laquelle il y a sans doute plus de gens qui les louent, qu'il n'y en a qui les lisent.

IV. De L'Opera.

Le Drammatique & le Lyrique joints ensemble, forment un genre de spectacle que nous avons emprunté des Italiens. Son Origine vient des Danses historiées, où les personnes qui exécutoient un ballet, empruntoient les habillemens des Dieux, ou des Heros. Pour marquer leurs caracteres, ou plutôt celui du personnage qu'ils représentoient, on l'exprimoit par un récit; on entremêloit les Danses de Chants. Cela donna lieu à des Scénes que l'on rendit plus intéressantes en les animant par une action à laquelle elles se rapportoient. On fit plus, on donna à cette action un nœud pareil à celui du poéme drammatique, & avec le tems, cette action devint le fond du spectacle, & la danse n'en fut plus que l'accessoire.

Les Chœurs, les changemens de Théâtre causés par la puissance des Dieux ou des enchanteurs, ressource aisée qui ne manque jamais au Poëte dans le besoin ; une dépense vraiment Royale pour les décorations & pour les habits, & mille autres agrémens, séduisent un Spectateur qui aime le chant & la danse, jusqu'à lui faire oublier le ridicule extrême de cette invention. En effet il n'est point naturel qu'un Heros dans les fers, une Amante prête à se poignarder, une Jalouse en fureur, expriment toutes leurs différentes passions en chantant.*

Autre défaut qui est essentiel à l'Opera ; les vers, pour être extrêmement doux, sont pour l'ordinaire sans force, souvent même composés sur la mesure que fournit le Musicien, sur-tout dans les airs de mouvement. N'importe, malgré des défauts si généralement reconnus, l'Opera est devenu un des besoins des grandes Villes de France. Nous n'en disons rien par rapport à la Musique. Ce n'est pas encore le lieu d'en parler ; nous ne le considérons ici que par rapport à la poésie. Quinault a

* Il ne l'est pas davantage qu'ils les expriment en vers. *Note de l'Edit.*

fait un grand nombre d'Opera. Ce ſont des chefs-d'œuvre dans ce genre qui demande un talent particulier. Ceux qui l'ont ſuivi, n'ont pû l'atteindre; Mrs. de *la Motte*, *Danchet*, *Fuſelier*, & quelques autres, ſont ceux qui en ont approché le plus près. *

§. XVIII. *De l'Eglogue.*

Les Anciens qui nous ont laiſſé des Eglogues, en ont fait de différentes manieres. Dans quelques-unes, c'eſt un ſimple récit d'une action paſtorale, & il n'y a que le Poëte qui parle: Cela tient de l'Epique. Dans d'autres le Poëte introduit deux ou trois Bergers qui parlent entr'eux, & ne paroît pas lui-même: Cette derniere eſpéce entre dans le Drammatique. *Colletet* a autre-

* Sur-tout Mr. de la *Motte* qui diſoit la même choſe de *Danchet*. Mais Mr. de la *Motte* a le mérite d'avoir fait dans l'*Europe galante*, *Iſſé*, le *Carnaval & la folie*, &c. des Opéra d'un genre abſolument nouveau. *Thetis & Pelée* de Mr. de *Fontenelle*, égale les plus beaux Opera-Tragédies de *Quinault*. *Note de l'Edit.*

fois écrit un discours sur le *Poéme Bucolique*, & il y traite selon sa portée de l'*Eglogue*, de l'*Idyle* & de la *Bergerie*. C'est un in-12 imprimé en 1657.

Il y établit une différence entre *Idyle* & *Eglogue*. Cependant Despréaux n'y en met point dans son art poétique, & appelle *Idyles Gothiques* les Eglogues de Ronsard. Ces deux noms d'*Idyle* & d'*Eglogue* ont été indifféremment employés par les Anciens, pour signifier le même genre de poésie. Les Eglogues de Virgile auroient pû être appellées Idyles aussi-bien que les Idyles de *Théocrite*, de *Bion*, & de *Moschus* pouvoient être appellées Eglogues. *Eglogue* est un mot Grec qui ne veut dire que *choix*; & *Idyle* autre mot de la même langue, ne signifie qu'un Poëme en racourci, par comparaison à ces figures délicates gravées sur des pierres précieuses qui servent de bagues & de cachets. Ces noms ne portent ni l'un ni l'autre rien qui par soi-même les détermine au genre pastoral, plutôt qu'à tout autre genre. Aussi voit-on qu'Ausone, Poëte Latin, a intitulé Idyles quantité de poésies qui ne ſont rien moins que des Eglogues.

Cependant nous avons fixé le ſens d'*Eglogue* aux petits Poëmes, où les mœurs paſtorales ſont repréſentées. Il ſemble que Madame des Houlieres nous ait accoutumés à nommer *Idyle* une autre ſorte de piéces. Tels ſont les *Moutons*, le *Ruiſſeau*, l'*Hyver*, les *Fleurs*, & autres petits ouvrages qui font le principal mérite de ſon recueil; mais elle n'a pas borné l'Idyle à ces ſortes de ſujets. Elle en a fait ſur la *Naiſſance du Duc de Bourgogne*, ſur le *retour de la ſanté du Roi*. Racine a donné le nom d'*Idyle* à ce qu'il a compoſé *ſur la paix pour être chanté dans l'orangerie de Seaux*. Perrault a publié ſous le même titre d'Idyle, deux petits Poëmes admirables, l'un ſur *le génie*; l'autre ſur *les Jardins*. On voit bien qu'à la plûpart de ces Idyles, le nom d'Eglogue ne conviendroit pas.

On a en François les *Idyles de Théocrite*, de *Bion* & de *Moſchus*. Mr. de Longepierre qui avoit aſſez de ſçavoir pour entendre ces Auteurs, n'avoit pas aſſez de douceur dans la verſification pour les bien rendre. Auſſi y a-t-il une extrême différence entre ses originaux & lui pour l'expression. Messieurs de Port-Royal ont traduit les Bucoliques de Virgile, & le P. *Catrou* Jesuite après eux. Ce mot BUCOLIQUE mérite bien d'être expliqué.

Du tems de Théocrite il y avoit quatre espéces de Pasteurs. La premiere & la plus considérable, étoit de ceux dont les troupeaux consistoient en bœufs ; ils étoient riches, & menoient une vie aisée & agréable. C'est de ceux-là que vient le nom de Bucolique. Une traduction littérale de ce mot en François seroit basse & grossiere ; le caprice de notre langue a donné aux mots de *Bœufs* & de *Vaches* une certaine bassesse que n'ont point les noms de *genisse*, de *taureau*, de *brebis*, d'*agneau* & de *moutons*.

La seconde espéce étoit des Pasteurs dont les troupeaux consistoient en brebis. Ils étoient peu différens des premiers. La troisiéme étoit de ceux qui nourrissoient des chévres ; ceux-ci étoient plus grossiers que les bergers. La quatriéme classe renfermoit les Pasteurs mercenaires, qui n'étant pas assez riches pour avoir un troupeau à eux, gardoient ceux des autres. Le mélange de ces quatre espéces produisoit une agréable diversité dans les Eglogues des Anciens, par la différence des manieres de penser & de s'exprimer ; mais chez nous tout est plus uniforme, & la seconde espéce qui est celle des Bergers, est la seule que nos Poëtes employent.

On peut lire utilement ce que Mr. l'Abbé *Genest* a écrit *de la Poësie Pastorale* en quatre Dissertations. *Segrais* & *Racan* ont réussi dans ce caractere : Despréaux les en a loués ; c'est tout dire. Mr. de *Fontenelle* a fait aussi des Eglogues dans lesquelles il prête généreusement à ses Bergers toute la finesse & la délicatesse de son style; il a justifié cette maniere par un *discours sur l'Eglogue* où il ajuste les régles à ses idées. Ce sont les seuls Auteurs qui se soient particuliérement attachés à la poësie pastorale ; d'autres ont fait des Eglogues, mais elles sont dispersées dans les recueils. *

* Depuis, on a imprimé les Eglogues de Mr. de la *Motte*, avec un discours sur ce genre de

Despréaux pourroit bien avoir découragé sans le vouloir, ceux de nos Poëtes qui avoient du talent pour l'Eglogue, par ce qu'il a dit dans sa neuviéme Satire.

Viendrai-je en une Eglogue, entouré de troupeaux,
Au milieu de Paris enfler mes Châlumeaux,
Et dans mon cabinet assis au pied des hêtres,
Faire dire aux Echos des sotises champêtres?

Cependant son but n'étoit pas de tourner l'Eglogue en ridicule: ceux qui l'en ont soupçonné, n'ont pas compris sa pensée. Il n'a voulu blâmer que les mauvais faiseurs d'Eglogues; puisqu'ailleurs il parle avec éloge d s Eglogues de *Segrais*; & dans son art poétique il commence le second Chant par vanter les charmes de ce genre de Poësie, & il en marque les régles & les modéles.

§. XIX. *Des Cantates.*

On peut ranger sous le nom d'Idyle un nouveau genre de poësie Lyrique

Poësie, dans l'Edition de ses œuvres qui a paru en 1754. *Note de l'Edit.*

que nous avons vû naître vers le commencement de ce Siécle. Ce sont les CANTATES, nous en parlerons quand nous serons à la Musique.

§. XX. *De l'Elégie.*

Les Latins conservent encore sur nous jusqu'à présent l'avantage de la supériorité par rapport à l'ELEGIE ; nous n'en avons point, pour ainsi dire, en notre langue. Il y a à la vérité dans les Oeuvres de Pelisson & de la Comtesse de la Suze plusieurs ouvrages très-mignons, intitulés *Elégie*, mais c'est tout. Chez les Anciens, la Langue Gréque & la Latine avoient une mesure particuliere pour l'Elégie, & cette sorte de vers portoit même le nom de *Vers Elégiaques*. Cette mesure est la même dans ces deux langues. *Tibulle* parmi les Latins, occupe avec justice le premier rang ; *Ovide* lui ressemble assez dans les endroits où il n'a pas abandonné la nature, pour l'esprit. *Properce* a de grandes beautés, mais son défaut est de mêler trop d'érudition dans les vers qu'il adresse à sa Maîtresse.

Pour nous autres François, ce que nous appellons Elégie est une poésie amoureuse, touchante, qui pour la mesure du vers ne differe point du Poëme Epique, de la Tragédie, de l'Eglogue; en un mot, elle n'a point parmi nous de versification qui la distingue de tout autre ouvrage. Ainsi son état ne me paroît point encore fixé.

Je ne vois pas même que la définition qu'on en donne ordinairement, soit fort juste. On croit assez généralement que *l'Elégie doit être une plainte.* Cela vient, ce me semble, de ce que le plus grand nombre d'Elégies est composé sur le ton plaintif. Mais que deviennent les Elégies où Ovide exprime avec une joye très-vive & très-marquée, les plaisirs que sa maîtresse lui a permis, & tant d'autres Elégies dans le même goût? ne sont-ce plus des Elégies, dès qu'elles sont l'ouvrage d'un amour content? Despréaux qui a si bien réglé les fonctions de chaque genre de poésie, dit en parlant celui-ci:

D'un ton un peu plus haut, mais pourtant sans audace,

La

La plaintive Elégie en longs habits de deuil,
Sçait les cheveux épars gémir ſur un cercueil.
Elle peint des Amans la joie & la triſteſſe,
Flatte, menace, irrite, appaiſe une maîtreſſe:
Mais pour bien exprimer ces caprices heureux,
C'eſt peu d'être Poëte, il faut être amoureux.

Il ſemble que l'amour ſoit eſſentiel à l'Elégie, & qu'elle ſoit bornée à en repréſenter les Joyes, les Chagrins & les Caprices. Mais les trois premiers vers de Deſpréaux ne font aucune mention de l'amour. Ainſi l'Elégie peut bien, indépendamment de cette paſſion, ne rouler que ſur un ſujet triſte, tel que peut être la mort d'un Prince, d'un ami, &c. Nous en avons un bel exemple dans l'Elégie d'Ovide ſur la mort de Tibulle.

Je ſouhaite que Mr. le *Blanc* qui vient de publier quelques *Elégies avec un Diſcours ſur ce Genre de Poéſie*, en ait approfondi la nature & marqué le caractére diſtinctif. Faute de le connoître, j'ignore pourquoi l'Idyle de Bion ſur la mort d'Adonis, traduite en vers par Longepierre, n'eſt pas une Elégie auſſi-tôt qu'une Idyle. En ce cas l'*Idyle* &

l'*Elégie* ſont des titres qui conviennent également à certains ouvrages François.

§. XXI. *De la Satire.*

La Satire Françoiſe n'a point de meſure de vers qui lui ſoit particuliere ; mais elle a au reſte un caractere frappant qui empêche qu'on ne la confonde avec les autres genres de poéſie. Son emploi, qui eſt de corriger la dépravation du cœur, ou les égaremens de l'eſprit, ne permet pas de la méconnoître ; & d'ailleurs comme les trois Satiriques Latins ſe ſont ſervis du vers héroïque, à leur exemple *Regnier* qui a ébauché cet art parmi nous, & *Deſpreaux* qui lui a donné toute la perfection poſſible, ont fixé l'uſage aux vers de 12 à 13 ſyllabes en rimes plates, c'eſt à-dire, avec deux rimes maſculines & deux féminines qui ſe ſuccédent alternativement. Entre ces deux Auteurs, il y a *Furetiere* qui a mis au jour quelques ſatires imprimées avec ſes autres poéſies. Il eſt plus ſage & plus correct que Régnier, mais il a moins de génie. *Deſpréaux* qui a commencé après Furetiere, l'a effacé entiérement. Je ne dis rien du *Poéte sans fard*, ni de quelques autres qui ont glané dans ce genre d'écrire ; en général, c'est peu de chose. Les défauts qu'il est permis à la Satire d'attaquer, sont ceux qu'il dépend de nous de corriger. Un ignorant qui juge des matieres qu'il n'entend point, un homme qui fait des vers en dépit des Muses, un Magistrat qui oubliant la dignité de son état, prend des airs de petit-maître, un Ecclésiastique qui fait profession de galanterie, & une infinité d'autres sujets de cette nature sont de dignes objets de la satire. Le ridicule dont elle les couvre, peut servir à les réformer ; mais elle est froide & injuste, quand elle roule sur des défauts sans remede ; qu'elle attaque, par exemple, un bossu, un borgne, un boiteux. Il y a même de la cruauté à reprocher à un homme de pareils défauts qu'il n'auroit pas, si cela dépendoit de lui. La satire entre les mains d'un Poëte sage & éclairé, sert infiniment à rectifier le goût de son ſiécle. Horace & Deſpréaux en ſont la preuve. *

On a eſſayé de traduire les *Satires d'Horace* ; un homme de lettres qui vit en Hollande, en a publié ſix, & le P. *Du Cerceau* une ſeptiéme, qui peuvent donner quelque idée de la Satire d'Horace. On a outre cela les traductions de M. Dacier & du P. Tarteron, mais elles ſont en proſe. Ce pere a auſſi publié en François *Juvenal* & *Perſe*, ce dernier eſt imité en vers par *le Noble.*

§. XXII. *Des Epîtres.*

Horace a laiſſé dans ſes EPITRES un modéle que quelques François ont imité. Le P. *le Moine* avoue qu'il s'étoit propoſé de le ſuivre dans ſes *Entretiens* ou Lettres *Poétiques* ; mais ce Pere avoit un ſtyle naturellement bouffi, plein

* L'un & l'autre ont été trop loin, & ſont trop ſatiriques. De-là le mot, mais trop fort auſſi, du Duc de *Montauſier* ſur *Deſpréaux* ; *Qu'il falloit l'envoyer aux galéres couronné de lauriers. Note de l'Edit.*

d'emphaſe, & très-éloigné de la précieuſe médiocrité qui convient à ces ſortes d'ouvrages. *Deſpréaux* qui connoiſſoit mieux ſon Horace, s'eſt bien gardé de ſe livrer à une yvreſſe poétique dans ſes Epîtres. A la vérité il n'imite pas Horace dans la négligence de la verſification, notre langue ne le permettoit pas; mais du reſte, quoiqu'il ait plus de ſoin de ſes vers qu'Horace n'avoit des ſiens, on ſent aiſément qu'il lute avec lui, & on eſt tenté de le lui préférer, quand ce ne ſeroit qu'en faveur de la ſcrupuleuſe modeſtie que ce grand homme a obſervée en tout ce qu'il a écrit. Je crois ne rien riſquer, quand je dirai que dans les *Satires*, les *Epîtres*, l'*Art Poétique*, & le *Lutrin*, tout eſt régle ou modéle. En fait d'*Epîtres*, *Bois Robert* qui étoit d'ailleurs un aſſez mauvais Poëte, en a publié un recueil dans lequel il s'en trouve quelques-unes d'une naïveté charmante.

§. XXIII. *De l'Ode.*

L'Ode a été heureuſement cultivée

par les François. On a diverses traductions de celles d'*Anacreon* en vers & en prose ; ce que Mr. de la Motte a fait à l'imitation de cet Auteur est d'un grand goût. Quelques Odes d'Horace sont assez bien rendues en notre langue pour donner une idée de ce Poëte à ceux qui ne peuvent le lire en sa langue.

Malherbe est le premier Poëte François qui ait donné à ce genre de poésie la cadence & la noblesse qu'il doit avoir, Il a été imité avec succès. Mrs. *Rousseau & la Motte* se sont distingués par leurs Odes. Le dernier en a donné les régles dans un discours qui est à la tête de ses Odes ; & qui est très-digne d'être lû avec application.

Les *Chansons & les Stances* sont de véritables Odes. Il semble cependant que nous réservions le nom d'Ode aux ouvrages travaillés, où tout est soutenu & Poëtique & que nous distinguions l'Ode, des Chansons & des Stances. L'écueil ordinaire de l'Ode c'est de finir chaque strophe par un tour brillant, comme si on faisoit un Madrigal.

§. XXIV. *Des Stances.*

Nous avons pris le mot STANCE des Italiens Il signifie *repos* Quelques Poëtes trouvant trop de Monotonie dans les rimes plates, & remarquant que les rimes entrelacées donnent de l'agrément, ont préféré cette derniere façon comme plus agréable que l'autre. La premiere strophe est arbitraire pour le nombre, la mesure & l'arrangement des vers, mais elle sert de régle aux autres qui la suivent ; & qui doivent lui ressembler dans ces trois choses, *Arnauld d'Andi li* a fait ses Stances Chrétiennes, & la Vie de Jesus Christ en stances de dix vers de 12 à 13 syllabes.

Il y a des Stances détachées & indépendantes les unes des autres ; alors le Poëte est libre de changer de mesure & d'arrangement à chaque stance. Telles sont les *Stances Chrétiennes* de l'Abbé *Testu* ; telles sont aussi les *Réflexions Morales* de Madame *des Houlieres* & quantité d'autres. Quelques-uns ennemis de la gêne où est un Poëte qui veut rendre ces stances égales dans un

X iv

ouvrage qui a quelque longueur, se dispensent de cette fatigue, & c'est ce qu'on appelle *Stances irrégulieres*.

§. XXV. *Des Vers irréguliers.*

Rien n'est plus aisé que de faire des Vers irréguliers. Ce style ne differe guéres de la prose, & s'il n'est soutenu par la beauté des pensées & par une poésie de style, il ne mérite aucune louange. Les vers irréguliers où toutes les mesures de vers peuvent entrer, & où l'Auteur est le maître absolu de l'arrangement des rimes, ont été employés avec succès par *Moliere* dans son *Amphitrion*, par *Pavillon* dans presque tous ses petits poëmes, par *la Fontaine* dans ses *Fables*, par Madame *des Houlieres* dans ses *Idyles* & par quantité d'autres.

Cette sorte de versification est même nécessaire, puisque c'est la seule dont la Musique puisse s'accommoder. Les *Opera*, les *Cantates*, les *Airs à boire*, &c. sont en vers irréguliers. *

* Je crois qu'on pourroit même y retrancher la rime, du moins dans le récitatif, à l'exemple des Italiens. *Note de l'Edit.*

§. XXVI. *De la Fable.*

La FABLE a été parmi nous plus loin que chez les Grecs & chez les Romains. La *Fontaine* vaut incomparablement mieux que *Phedre. Le Noble* & Mr. *de la Motte* ont fait des Fables qui méritent bien d'être lûes. Ce dernier a donné les régles pour y réussir, mais il faut revevir à la Fontaine, lorsqu'il est question d'un modèle.

§. XXVII. *Des petits Ouvrages.*

Les *Rondeaux*, les *Sonnets*, les *Madrigaux*, les *Epigrammes*, fourmillent en France ; on en a un assez bon recueil sous le titre d'*Epigrammatistes François* ; l'Editeur y a joint quelques observations qui ne suffisent pas pour quiconque cherche à devenir un excellent Poëte en ce genre ; mais il y en a assez pour apprendre à distinguer les bons d'avec les médiocres.

§. XXVIII. *Du Style par rapport à la Poésie.*

Le Style des vers doit être conforme au génie dominant du genre de poésie auquel on s'applique. Celui du *Poëme Epique* doit être pur, grand sans enflure, soutenu, plein sans superfluité. Celui de l'*Eglogue* doit être simple, touchant, également éloigné de l'élévation & de la bassesse. Le *Tragique* doit être noble, travaillé, mais sans périphrases, sans ces expressions ingénieuses qui énervent les passions au lieu de les orner. Les Descriptions poétiques qui font un bel effet dans un Poëme épique, parce que c'est le Poëte qui parle, sont déplacées dans le tragique. La mort d'*Hippolyte* racontée par *Theramene* est un beau morceau; mais il ne convient point à la douleur de Theramene. Je l'admire comme un chef-d'œuvre; je l'admirerois d'avantage, s'il étoit placé tout autre part que dans une scène d'où Hippolyte vient de sortir, & qu'il fût dans une autre bouche que celle d'un Gouverneur qui doit avoir le cœur ſerré d'épouvante & de triſteſſe ; la deſcription qu'il fait, brille trop par ſes détails pompeux & fleuris ; elle ſeroit excellente dans l'Epique où le Poëte parle perſonnellement. *

La *Paſtorale* & *l'Eglogue* veulent un ſtyle doux, ſimple, naturel; il ne lui convient point de prendre le ton ſublime, les penſées brillantes ne ſont point de ſon partage. Qu'un Berger ait vû la Cour par hazard, il ne doit point en avoir pris le langage ; & la deſcription qu'il en fera, doit être différente de celle qu'en feroit un Courtiſan ; il doit ramener tout à ſes idées & à ſes expreſſions paſtorales. La *Comédie* étant une imitation des diverſes conditions des hommes dans la vie commune, doit prêter à chaque condition le langage qui lui eſt propre. La Comédie n'a point de

* C'eſt le ſentiment de M. de la *Motte* dans ſon diſcours ſur l'Ode. M. *Deſpréaux* tâcha de juſtifier ce récit de *Theramene* dans ſa onziéme réflexion ſur *Longin*. M. de la *Motte* fit une réponſe imprimée parmi ces œuvres, T. 5. p. 84. de la derniere Edition. *Note de l'Edit.*

ſtyle particulier, elle doit prendre celui qui convient à chacun des perſonnages qu'elle employe.

On a cru autrefois que le Comique conſiſtoit en un amas de bouffonneries, qui ſervoit d'aſſaiſonnement à une intrigue aſſez ſérieuſe d'elle-même. On eſt revenu de cette erreur parmi les perſonnes de bon goût; la force du comique doit être priſe de la force des caracteres que l'on met ſur la ſcène, & de la peinture naïve des mœurs que le Poëte veut corriger.

Le *Style Burleſque* mis autrefois à la mode par *Scarron*, n'a point eu de ſuite; mais le *Style naïf* qui en eſt très-différent, a des graces qui donnent un grand prix aux ouvrages de ceux qui ont le bonheur de le ſaiſir. *Marot* en eſt pour ainſi dire le pere & le modèle; la *Fontaine*, ſurtout dans ſes Fables, le Pere *du Cerceau* dans la plûpart de ſes poéſies, M. *Rouſſeau* dans ſes Epîtres Marotiques, & quelques autres, ſe ſont très-bien trouvés de ce ſtyle que *Deſpréaux* appelle *l'élégant badinage de Marot.* A l'égard du ſtyle enjoué, *Voiture*, *Sarrazin*, *Pavillon*, l'Abbé *Régnier des Marais*, &c. ont fait des petites poésies très-estimables en ce genre.

§. XXIX. *Réflexions générales sur la poesie.*

J'ai déja dit que je ne conseille à qui que ce soit de se mêler de poésie, à moins qu'il ne se sente pour cela une vocation bien marquée. Il ne faut point perdre de vûe cette vérité, qu'il n'est point permis aux Poëtes d'êtres médiocres ; il faut exceller ou renoncer au commerce des Muses ; il n'y a point de milieu honorable entre ces deux partis. D'ailleurs, il est aisé de se consoler de n'être pas né avec le génie qui est nécessaire pour produire de bons vers. On l'achete ordinairement plus qu'il ne vaut, & ce n'est pas un avantage qui mérite d'être regretté, quand on ne l'a point.

Je voudrois donc que sans se mettre sur les rangs, on acquît seulement assez de goût & de principes, pour bien juger des poésies du tems. Je ne parle point d'un Madrigal, d'un Sonnet, &c. quoiqu'il ſoit aſſez difficile d'en faire qui ſoient exquis, il eſt aiſé de s'y connoître aſſez pour diſcerner s'ils le ſont; une ſaillie d'eſprit, une expreſſion heureuſe, une richeſſe de rimes, ne ſont pas ce qui conſtitue l'eſſence de la poéſie. La verſification elle-même n'en eſt que le méchaniſme. C'eſt la Fable qui en fait le caractere propre. J'entends par ce mot de *Fable* l'invention du Sujet, l'arrangement & la proportion des parties, le choix & le contraſte des paſſions, la force & la vivacité des images, & la ſage conduite des événemens bien ménagés. Et comme les Poëtes ont le malheur de ſe faire une vaſte idée de leur mérite, & de l'importance de leurs occupations, je voudrois qu'un jeune homme qui poſſéderoit le talent poétique au plus haut degré, fût aſſez modeſte pour convenir avec *Malherbe* : Qu'*un bon Poëte n'eſt pas plus néceſſaire, ni plus important à l'Etat, qu'un bon joueur de quilles.*

§. XXX. *De la Peinture.*

Si on borne cet Art au choix, & à la diſtribution des couleurs, à la correction du deſſein, & à la vérité de l'expreſſion, ce ne ſera plus une partie des belles lettres; ce ſera tout au plus une profeſſion manuelle qui s'acquiert par l'apprentiſſage & par un exercice continué. Mais ſi on fait réflexion que ces parties ne ſont que le corps de la peinture, & que pour donner de l'ame à ſes productions, il faut que le Peintre ait un génie aſſez reſſemblant à celui du Poëte; qu'il ait non-ſeulement une imagination aſſez riche pour fournir beaucoup d'idées, un jugement aſſez ſolide pour les choiſir & n'en employer que les plus convenables au ſujet qu'il traite, mais encore une érudition qui attache de la dignité & de l'élégance à ſes tableaux d'hiſtoire, alors on trouvera que la peinture mérite le nom de ſcience, & qu'elle a une extrême étendue. Rien n'eſt plus commun que de voir des tableaux: tout en eſt plein; mais il faut du goût & de la connoiſſance pour en bien juger.

On peut lire avec fruit sur cette matiere; *De Piles*, *Cours de peinture*; *l'Art de la peinture*, poëme de *du Frenoy*; il est vrai qu'il est en latin; mais *de Piles* l'a traduit en François avec des remarques; * l'*Abrégé de la Vie des Peintres*, précédé de l'*Idée du Peintre parfait*; joignez-y Felibien, *Entretiens sur la vie des Peintres*, & les *Réflexions sur la poésie & sur la peinture*. Mais ces livres ne suffisent pas pour former le goût que nous demandons; il faut sçavoir au moins la Théorie du Dessein, & avoir examiné des Tableaux & des Estampes sous les yeux & la conduite de quelque personne éclairée qui instruise à en remarquer les beautés & les défauts. Il en est de même de la Sculpture.

* Cette traduction a été revûe depuis, ou plûtôt refaite, & bien faite par M. de *Querlon*; il y a joint celle du Poëme du P. de *Marsy*, alors Jésuite, sur le même sujet, & a donné à son livre le titre de l'*Ecole d'Uranie*. On a beaucoup écrit sur la peinture depuis quelques années, à l'occasion des expositions de tableaux qui se font au Louvre; & parmi beaucoup de mauvaises brochures que ces expositions ont fait faire, il y en a quelques-unes de fort bonnes. *Note de l'Édit.*

§. XXXI.

§. XXXI. *De l'Obscénité dans les Poëtes & dans les Peintres.*

Rien n'est plus ordinaire que de voir des Poëtes & des Peintres qui abusent de leurs talens pour tracer des images très-contraires à la pudeur. Ce défaut est commun aux uns & aux autres. Combien de Cabinets où par un assortiment bizare les tableaux qui représentent nos saints mysteres & les souffrances des martyrs, sont entremêlés de tableaux où des nudités & des attitudes impudiques font un scandaleux contraste ! Combien de Recueils de vers où des hymnes assez édifiantes pour pouvoir être lûes au pied des Autels, sont associées dans un même volume à des poésies libertines que l'on ne peut entendre sans rougir !

Dieu ayant choisi la voye de la Génération pour perpétuer le genre humain, y a attaché des peines & des embarras qui en auroient facilement dégoûté les deux Sexes, s'il ne leur en avoit pas donné une compensation, par le plaisir qu'il a bien voulu qu'ils trouvassent dans la Société conjugale. Le penchant que les deux Sexes ont l'un pour l'autre, n'est pas un piége que la Nature ait tendu à l'homme. C'est au contraire un don par lequel la divine bonté a prétendu le dédommager des desagrémens souvent inséparables d'une union nécessaire. Mais l'homme dans l'état de corruption est sujet à abuser des présens que la Providence lui fait. Il se comporte à cet égard de la même maniere qu'un Enfant à qui on présente un peu de sucre pour corriger l'amertume d'une médecine dont il a besoin. L'enfant prend le sucre, & laisse là la Médecine, s'il peut; voilà précisément ce que fait l'homme.

Le penchant dont je viens de parler, est déterminé au bien par la sagesse. C'est elle qui nous en prescrit les bornes, les usages & les régles. La Religion y ajoute l'autorité divine qui affermit les nœuds de la société & en sanctifie l'union. Voilà la Médecine dont l'homme a besoin. Mais l'homme voluptueux n'envisage que le plaisir, sans songer à quelles conditions on le lui accorde. Il veut être heureux ; ce desir n'a rien que de raisonnable ; le mal n'est que dans le choix des moyens qu'il employe pour le devenir. Il sent par expérience que le plaisir des sens le rend heureux, aussi long-tems qu'il en jouit; il en cherche avidement la jouissance. Il s'étourdit sur les suites que le plaisir peut avoir & qu'il a effectivement, quand on l'achete aux dépens de l'innocence. Il s'habitue à ne lui plus résister; il le cherche, & le saisit toutes les fois qu'il en trouve les occasions ; il tâche même de les suppléer lorsqu'elles lui manquent, par une imagination qui ne le sert que trop bien en cela. Aidée des forces que la concupiscence lui donne, elle lui en embellit les objets, & leur prête mille perfections que la Nature ne leur a pas toujours accordées. Il n'y a point de jolie femme qui ne gagnât à être en effet telle qu'un amant nouvellement épris se la dépeint, lorsqu'il n'est point auprès d'elle.

C'est pour ceux qui sont dans ce malheureux état, que travaillent les Peintres & les Poëtes qui outragent la pudeur dans leurs infâmes ouvrages. Leur propre corruption trouve son compte à s'exercer sur des sujets qui la flatent. Catule a beau dire pour excuser l'effronterie de quelques-uns de ses vers, *qu'il faut qu'un Poëte soit chaste dans ses mœurs. Mais qu'il n'est pas nécessaire que ses Poësies soient aussi chastes que lui.* Tout homme qui n'a pas renoncé à la pudeur, lui répondra que cette maxime est fausse; quoique des Chrétiens ayent eu la folie de l'alléguer comme une justification de leurs mœurs dont ils avoient donné une fort mauvaise idée par la liberté cynique de leur Muse. Un Poëte vraiment chaste ne se permet point des licences de cette nature, & on peut toujours conclure sans injustice que l'Auteur d'une Poësie obscène n'est rien moins que chaste.

Ce qui multiplie les images lubriques, c'est l'encouragement que donne aux Auteurs le goût dépravé de mille oisifs sans religion, qui recherchent & payent fort cher ces funestes alimens d'une cupidité criminelle qu'ils ne se soucient plus de réprimer. On voit des gens de tout âge s'empoiſonner à l'envi les uns des autres. Les jeunes perſonnes y apprennent à découvert & ſans énigme ce que la concupiſcence intérieure ne leur diſoit qu'à demi ; d'autres en qui l'impétuoſité de l'âge rend les paſſions plus vives & plus ſéditieuſes, s'en ſervent, ou pour s'entretenir eux-mêmes dans ces émotions auxquelles ils attachent leur félicité, ou pour tendre des piéges aux ames innocentes qu'ils veulent rendre complices de leur déréglement. Et enfin des vieillards qui ſe ſont fait une habitude invétérée du libertinage, y prennent de quoi réchauffer une imagination réfroidie & languiſſante, & ranimer des ſentimens que l'âge devroit avoir éteins. Tels ſont les pernicieux effets des obſcénités répandues ſur la toile, ou ſur le papier.

Plus les ouvrages qui en ſont infectés, approchent de la perfection de l'art, plus il y a de crime à les avoir faits. Les ornemens dont on les embellit, la réputation du Maître, la délicateſſe & le vrai de l'expreſſion, concourent à les faire conſerver avec plus de ſoin : on les multiplie par des copies qui ſe répandent. L'Auteur eſt d'autant plus blâmable qu'il y a plus mis de tems & de travail : & ce qui agrave ſon crime, c'eſt que ces productions font connoître qu'il avoit aſſez de génie & de talent pour plaire en traitant des ſujets honnêtes, ſans acheter par une honteuſe proſtitution de ſon art le funeſte applaudiſſement d'une foule de débauchés.

Un Chrétien qui ſçait ſa religion, & qui ſonge ſérieuſement au compte que Dieu lui demandera de ſes actions, de ſes paroles, de ſes penſées, peut-il bien ſe prêter à des idées ſi contagieuſes, & non-ſeulement s'y arrêter, mais encore les éterniſer, pour ſcandaliſer ſon ſiécle, & inſtruire la poſtérité des déréglemens de ſon cœur ? La chaſteté veut qu'on fuie ſcrupuleuſement tous les objets qui pourroient exciter en nous des déſirs qu'elle déſapprouve ; les impreſſions qu'ils font ſur le cœur, laiſſent des traces profondes que l'on n'efface pas quand on veut ; mais de faire ſoi-même des peintures laſcives, ou des poéſies obſcènes, c'eſt le comble de la corruption & de l'impudence, & on ne riſque rien à aſſurer que ceux qui s'oublient juſques-là ſont de malhonnêtes gens ; quelque ſoit le vernis de probité dont ils tâchent d'orner le portrait qu'ils ſont d'eux-mêmes.

§. XXXII. *De la Muſique.*

Le même génie que demandent la poéſie & la peinture, eſt néceſſaire au *Muſicien* ; ſans cela il peut bien à force d'étude & d'application, trouver du neuf, & compoſer des piéces dont les habiles gens regarderont le travail avec quelque ſurpriſe. Mais ce ſera tout, & les graces refuſeront de ſe prêter à ſes compoſitions ; les Muſes qui ne les ont point inſpirées, n'y répandront point le charme délicieux qui ſéduit autant le cœur que l'oreille. Je n'entrerai point dans le détail des divers genres de Muſique inſtrumentale. Cela me meneroit trop loin. L'Italie a porté cette partie de la Muſique aſſez près de la perfection. Je me bornerai donc à la Muſique vocale, c'est-à-dire, qui est accompagnée de paroles.

Le plus digne emploi de la Musique, c'est quand elle est appliquée aux saints cantiques; on convient que c'est son plus ancien usage; une chose digne d'être remarquée, c'est que parmi nos Musiques d'Eglise, il se trouve des ouvrages qui égalent, s'ils ne surpassent pas, tout ce que la Musique profane a de plus touchant. Quoique la vulgate ne soit pas d'une Latinité fort harmonieuse, les Musiciens d'Italie & de France n'ont pas laissé d'en traiter des morceaux avec un agrément & une délicatesse qu'ils n'auroient peut-être pas eue, s'ils eussent travaillé sur les poésies les plus coulantes & les plus lyriques de nos meilleurs Poëtes. *

Chez les Grecs & les Latins l'*Ode* est faite pour être chantée, son nom même le signifie. On accompagnoit le chant avec la lyre; de là vient que les Odes sont appellées *Poésies lyriques*. Le chant du second couplet étoit le même

* Par exemple, les Motets de *Mondonville* sont supérieurs à ses Opera. *Note de l'Edit.*

que celui du premier. Nous avons encore cet uſage dans nos Vaudevilles ; Godeau a fait ſa paraphraſe des Pſeaumes pour être chantée de cette maniere, & c'eſt pour cela que la premiere ſtrophe eſt notée. Mais ce genre de Muſique a un grand défaut. A moins que d'être fort ſimple, il eſt difficile qu'un air qui convient à pluſieurs couplets, convienne bien à aucun ; on ne peut y mettre tous les agrémens dont le premier ſeroit ſuſceptible, parce que les autres ne le ſeroient pas également. On a donc laiſſé aux chanſonnettes cette maniere, qui leur ſuffit toujours, parce qu'elles ſe ſoutiennent moins par la Muſique, que par la naïveté, ou par le ſel des paroles ; on a regardé l'Ode comme plus propre à être récitée qu'à être chantée, ſur-tout celles dont les Strophes ſont de dix vers ; & on a inventé un nouveau Lyrique que les Anciens ne connoiſſoient pas.

Nous avons déja parlé de l'Opera. C'eſt ce ſpectacle qui étant établi en France par Lully ſous le nom d'*Académie de Muſique*, donna à notre Nation un goût pour cet art qu'elle n'avoit pas auparavant. *Lambert*, beau-pere de Lully, avoit mis à la mode les airs tendres pour lesquels il avoit un grand talent. Les siens avoient communément deux couplets, le premier étoit simple & l'autre double ; on ne parloit alors que des doubles de Lambert, & ils étoient l'ornement des Concerts. Mais l'Opera attira bien-tôt toute l'attention. La Musique fut de toutes les fêtes ; ce fut un mérite de sçavoir les plus beaux airs de Lully, & on chantoit des Scènes entieres dans les parties de plaisir.

Après la mort de Lully, *Colasse* ne dédommagea point le Public de cette perte ; * mais il servit à faire mieux sentir le mérite de *Campra* qui vint après. Peut-être que ce dernier auroit moins réussi, s'il fût venu immédiatement après Lully, mais il venoit après Colasse, & cette comparaison lui fut heureuse. *Des Touches*

* On pouvoit néanmoins l'espérer sur son premier ouvrage. *Thetis & Pelée* est un Opera d'une grande beauté ; non-seulement pour les paroles, mais encore pour la Musique. *Note de l'Edit.*

a travaillé en même-tems que Campra, & a fait de bons ouvrages.

Lully avoit affaire à des sujets sans expérience; il les forma tous; & ce fut pour lui une obligation de composer une Musique aisée à chanter, mais belle, touchante, neuve pour ce tems-là. A force d'exécuter ses œuvres, & de voir de nouveaux Opera où les tons de Lully étoient répétés, on en est venu à perdre insensiblement l'admiration que l'on avoit pour ce grand homme. On a trouvé trop de facilité dans son chant; un écolier médiocre le peut exécuter à livre ouvert; on a voulu de la difficulté, & des piéces qui s'écartant de la simplicité naturelle, fussent assez travaillées pour embarrasser les maîtres. En un mot on a mis de l'esprit jusques dans la Musique.

Les scènes d'Opera bien choisies avoient occupé les concerts; il ne falloit pour cela que deux ou trois belles voix; mais un chœur, ou quelqu'autre suite qui ne pouvoit pas s'exécuter si facilement, troubloit tout-à-coup le plaisir, & empêchoit de poursuivre. On inventa les CANTATES. C'est un petit poéme sur quelque événement pris de la fable, ou sur quelqu'autre sujet poétique ; il est composé de trois Récitatifs entremêlés de trois Airs de mouvement. Les Poëtes qui se sont distingués dans ce genre, sont Mrs. *Rousseau*, *Fuselier*, *la Grange*, &c. Les Musiciens dont les Cantates ont fait le plus de bruit, sont *Bernier*, *Campra*, *Clerambaut*, &c. Quoique l'Italie ait inventé la Cantate, on peut dire sans flatter les François, qu'elle leur doit la perfection où elle est arrivée en très-peu de tems. Le François excelle dans le Vaudeville & dans les Airs à boire.

Dans les réflexions sur la poésie & la Peinture, par l'Abbé du *Bos*, on trouvera d'excellentes choses sur la Musique des Anciens. On a aussi quelques traités sur la Musique moderne. Tels sont l'*Histoire de la Musique*, de ses effets, & en quoi consiste sa beauté ; le *Dictionnaire de Musique de Brossard*, le *Parallelle des Italiens & des François* en ce qui regarde la Musique ; l'Abbé Raguenet y donne la préférence aux Italiens. Mr.

de Freneuſe prit le parti de la Muſique Françoiſe dans ſon livre de la *Comparaiſon de la Muſique Italienne & de la Muſique Françoiſe* imprimé à Bruxelles. Cela lui attira une réponſe de l'Abbé Raguenet, intitulée *Défenſe du Parallele des Italiens & des François*, &c. Il y répliqua en deux parties qu'il ajouta à ſa *comparaiſon de la Muſique*, &c. Cet ouvrage de Mr. de Freneuſe eſt aſſez maltraité dans le Journal des Sçavans de 1706. * Quant aux régles pour apprendre, on a les *Elémens de Louilié*, la *Méthode de Rouſſeau* & les *Principes de l'Afilard*.

Juſqu'ici nous n'avons parlé de la

* L'Extrait eſt de feu M. *Andry*, Journaliſte quelquefois trop critique. On a beaucoup écrit ſur la Muſique Italienne & Françoiſe depuis quelques années à l'occaſion des *Bouffons*, &c. Le principal de ces ouvrages eſt la lettre de Mr. R. de G. ſur la Muſique, & on y trouve d'excellentes choſes. Mais l'Auteur eſt injuſte à l'égard de la muſique Françoiſe. On a fait pluſieurs réponſes à cette lettre; peu méritent d'être lûes. Les meilleures ſont celles qu'on a attribuées au P. *Laugier* Jéſuite, à Mr. de *Rochemont*, à Mr. *Bâton*, &c. *Note de l'Edit.*

Musique que par rapport au génie qui est nécessaire pour la composition des bons ouvrages; mais on peut la regarder sous un autre aspect; c'est-à-dire, par rapport à certaines observations sur lesquelles sont fondés les principes qui concernent la consonance ou la dissonance des accords, & dans ce sens la Musique n'est plus un Art dont les agrémens soient arbitraires. Elle devient une science qui fait une partie essentielle des Mathématiques. C'est pour cela qu'Ozanam l'a mise au nombre des sciences dont il traite dans son dictionnaire aussi-bien que l'Algebre, la Géométrie, &c. On a d'excellentes observations sur l'Acoustique dans les Mémoires de l'Académie Royale des sciences. Ceux qui n'ont point d'étude, ont besoin qu'on les avertisse que l'*Acoustique* est la science des sons.*

* Il faut voir sur-tout les élémens de musique de M. d'*Alembert*, faits d'après les principes de Mr. *Rameau*. Les ouvrages de Mr. *Rameau* lui-mêm, quoiqu'excellens, sont à la portée de de peu de personnes. *Note de l'Edit.*

§. XXXIII. *Du Génie.*

J'ai ſouvent parlé du Génie dans les chapitres précédens; il eſt juſte que j'explique ici l'idée que j'en ai. On eſt tenté de croire qu'il ne differe point de l'Eſprit; c'eſt-à-dire de ce qui forme en nous la penſée. Cependant ce ſont des choſes très-différentes. C'eſt ſi peu une même choſe ſous divers noms, qu'on peut avoir beaucoup d'eſprit & peu de génie dans le ſens que nous lui donnons ici, de même qu'on peut au contraire avoir beaucoup de génie & peu d'eſprit. Quand ces deux préſens de la Nature ſe rencontrent heureuſement réunis dans un même ſujet, c'eſt de quoi former un de ces hommes rares qu'on ne ſe laſſe point d'admirer, & qui ſont l'ornement de leur ſiécle & de leur patrie.

Que l'Eſprit & le Génie ne ſoient pas toujours enſemble, c'eſt une vérité dont on peut faire tous les jours l'épreuve. Rien n'eſt plus commun que de voir des gens qui défrayent agréablement toute une Compagnie pluſieurs heures de ſuite. Rien n'eſt plus joli que les ſaillies vives & neuves qui leur échapent. Elles partent à coups redoublés comme des éclairs. Ils ſoutiennent ce caractere long-tems & ſouvent. Ils paſſent pour gens d'eſprit ; cependant ils n'ont pas la moindre aptitude pour les affaires, ni pour les ſciences, ni pour les beaux Arts. S'ils s'y appliquent, ce ſera ſans aucun progrès ; le travail le plus opiniâtre ne les menera guéres au-delà de la médiocrité ; le génie leur manque, & ſans lui on n'excelle jamais.*

Il y en au contraire qui ont un génie heureux pour les Affaires, ou pour l'Etude, & qui hors de là ont à peine le ſens commun. Ces ſortes de caracteres ne ſont point rares parmi les artiſans célebres. Le génie qui les domine, les éleve, & leur fournit au beſoin des moyens pour arriver à leur but. Mettez-les ſur quelque matiere différente de la

* Mais cet homme agréable en compagnie a du moins le génie de cette ſorte d'agrément, génie frivole ſi l'on veut, & dès-lors peu eſtimable ; vrai génie néanmoins, lorſqu'on l'a dans le plus haut degré. *Note de l'Edit.*

chose

chose pour laquelle ils semblent uniquement nés, leur conversation est pesante, embarrassée, à peine devine-t-on qu'ils pensent mieux qu'ils ne parlent. La plûpart des portraits que j'ai vûs du Maréchal de Turenne ne lui donnent qu'un gros bon sens pour le commerce ordinaire de la vie. Cependant quelle élévation de génie pour la guerre! quelle pénétration pour déconcerter les desseins des ennemis! quelles ressources pour suppléer souvent à l'infériorité du nombre par la supériorité de la conduite!

L'Esprit nous sert à saisir, à recueillir & à arranger un nombre d'idées; la Mémoire à les conserver, le Jugement à les choisir & à les apprécier. Le Génie vient ensuite, profite de tous ces secours, & s'en passe même en cas de besoin. S'il se tourne vers une science, il ne se borne pas à en sçavoir les régles & la pratique; il pousse ses vûes plus loin, il va jusqu'à inventer des beautés originales. Il ne s'embarrasse point s'il voit devant lui des traces auxquelles il puisse reconnoître que quelqu'un l'a

Z

précédé ; il s'ouvre de nouvelles routes ; il est son guide à soi-même ; il marche seul, & porte la science qu'il a embrassée jusqu'à un point fixe d'où doivent ensuite partir ceux qui la cultiveront après lui, s'ils veulent en continuer la découverte. Tels ont été parmi les anciens *Homere* & *Virgile* pour le poéme Epique, *Demosthene* & *Ciceron* pour l'Eloquence, *Sophocle* & *Euripide* pour le Tragique & quantité d'autres, & depuis un siécle *Descartes* pour la Physique, *Newton* pour la Géométrie, *Cassini* pour l'Astronomie, *Tournefort* pour la Botanique, le Maréchal de *Vauban* pour la Fortification, *Despréaux* pour la Poésie Françoise, *Lully* pour la Musique, &c. Mais plusieurs choses doivent concourir pour élever jusques-là un génie heureux.

Ce n'est pas assez que la Nature l'ait donné ; il faut encore que la Fortune accorde les moyens de le cultiver, & mette un homme en place pour le faire valoir. Mr. de Vauban entra au service à l'âge de dix-sept ans, précisément durant les troubles dont la minorité de

Louis XIV. fut agitée. Un régne long & guerier, lui multiplia les occasions de perfectionner ses talens & d'atteindre jusqu'au bâton de Maréchal de France. S'il fût né soixante ans plus tard, une longue paix l'auroit arrêté dès le commencement de sa carriere, & l'auroit borné à réparer quelques bastions, ou tout au plus à tracer des plans dont l'exécution eût été fort éloignée, & qui peut-être seroient demeurés ensevelis avec beaucoup d'autres dans le cabinet du Ministre de la guerre, ou de quelque Officier Général.

Encore un second exemple avant que de quitter cette matiere. Virgile étoit un génie du premier ordre; ses ouvrages en sont une preuve à laquelle il n'y a rien à répliquer. Les premieres années de sa jeunesse se passerent à étudier les humanités, après quoi il s'appliqua aux Mathématiques, à la Médecine & à l'histoire naturelle des Animaux. Si nous en croyons l'auteur de sa vie, son habileté dans cette derniere science passoit de beaucoup les connoissances ordinaires; cependant elle ne lui valut qu'un maigre emploi dans les Ecuries d'Auguste. Mais cet emploi lui procura l'honneur d'entretenir ce Monarque qui le goûta, & le combla de bienfaits. Il ne fut plus question de médecine, ni de chevaux; la pension ne fut plus assignée sur la Boulangerie de l'Empereur. Le loisir que lui procurerent les gratifications de la Cour, le mit en état d'entreprendre l'Eneïde, à laquelle je doute qu'il eût jamais songé, si la fortune l'eût toujours laissé dans l'humble état où elle l'avoit d'abord placé.

Non-seulement le Génie differe de l'esprit; mais chaque Génie a son caractere particulier, & differe si bien d'un autre, que je doute que depuis la création jusqu'à présent, le genre humain ait fourni deux génies parfaitement semblables. Cela s'accorde d'ailleurs avec l'admirable variété que la Nature a mise dans ses ouvrages. Quelques Dames, s'amusant à la campagne, s'obstinerent à chercher dans tout un bois d'une même espéce d'arbres, deux feuilles entiérement semblables, & ne purent y réussir; il s'y trouva toujours une différence sensible ; je ne sçais si ces deux feuilles se trouveroient dans toute l'Europe. Il en est de même des Génies. L'Education, l'Age, le Climat, les Alimens, la conformation des Organes y mettent une différence nécessaire, qui tourne au profit des sciences qui demandent des génies différens pour y exceller. Cette diversité de génie se décele souvent de bonne heure. Le jeune Pascal privé du secours des livres que son pere lui cachoit, guidé seulement par son génie & par la liaison des principes de la science qu'il méditoit, créa, pour ainsi dire, des Elémens de Géométrie où tout étoit nouveau jusqu'aux dénominations des figures qu'il avoit eu la peine de deviner. A force de charbonner le plancher, il poussa lui-même ses recherches jusqu'à la trente-deuxiéme proposition du Livre d'Euclide. Mr. Sauveur ne fut touché ni des Oraisons de Ciceron, ni des Poésies de Virgile. L'Arithmétique de Pelletier du Mans eut beaucoup plus de charmes pour lui; il l'étudia, & devint avec le tems un des premiers Mathématiciens de France.

La Quintinie, encore écolier, profitant de quelques pieds de terrain qu'on lui avoit abandonnés par complaisance, arrachoit de petits arbres pour observer le progrès que la Nature avoit fait dans la formation de leurs racines depuis qu'il les avoit plantés. Son génie se disposoit ainsi par une sçavante curiosité à tout ce qu'il exécuta ensuite dans les jardins de Versailles. Dès que Mr. Tournefort vit des Plantes, il se sentit Botaniste.

Les effets du génie sont décrits d'une maniere poétique, mais charmante, dans une Epitre en vers adressée à Mr. de Fontenelle. C'est une des meilleures choses que Perrault ait jamais composées. On y sent que le Génie l'a véritablement inspiré. Je l'insérerois ici avec plaisir, si elle n'étoit pas déja dans plusieurs Recueils, entr'autres dans celui de Vers choisis que le P. Bouhours publia à Paris chez Josse en 1693.

§. XXXIV. *Le Génie doit être guidé par le Goût.*

En matiere de Belles Lettres le Génie seul ne sçauroit aller fort loin sans s'égarer, s'il n'est accompagné du Goût. Il produira du nouveau, du brillant; mais ce sera un nouveau défectueux & bizarre; ce sera un faux brillant. Je ne citerai qu'un seul exemple parmi les Poëtes.

Le Pere le Moine ne manquoit pas de génie. Au contraire nous avons peu d'Auteurs qui en ayent eu autant que lui. Il y en a beaucoup dans ses poésies; il lui fournit des images assez heureuses; mais il les gâte à force de les vouloir embellir; la noble simplicité d'Homere n'est pas de son goût; il s'efforce d'aller au-delà & devient extravagant. Son caractere a été très-bien exprimé par un bel esprit dans un petit ouvrage anonyme.

Le P. le Moine, dit-il, avoit sans contredit, une imagination très-heureuse & très-brillante, & un feu fort propre à ſoutenir le long travail d'un Poëme épique ; mais il eſt vrai auſſi que ſon imagination le maîtriſoit un peu trop & qu'elle l'emportoit trop loin. Il paroît toujours monté ſur le Pégaſe, & à chaque moment on le perd de vûe : on ſent que ce qui eſt naturel, lui ſemble fade : il ne ſe contente pas du grand ; il veut du ſurprenant, du prodigieux. Son entouſiaſme eſt le même par-tout : il dit les petites choſes, du même ton que les plus grandes : les couleurs, dans ce qu'il peint, ſont preſque toujours également chargées : il veut que ſes ombres mêmes ayent du brillant. Enfin c'eſt un de ces génies outrés qui forcent tout, qui exagerent tout, & qui à force de s'élever pour trouver le beau, le laiſſent derriere eux, & vont ſe perdre dans les nues.

Que le Génie produiſe du neuf tant qu'il voudra, pourvû que le bon ſens l'examine, & en retranche ſévérement tout ce qui ſort des bornes de la nature & de la raiſon. C'eſt à l'imagination de fournir ; c'eſt au goût de choiſir & de mettre en œuvre. Le P. le Moine manquoit de goût, comme on vient de voir: de-là vient qu'il reçoit tout ce que lui dicte une imagination échauffée. Veut-on voir au contraire ce que c'est qu'un Poëte qui a beaucoup de jugement ; mais point de génie ? Il n'y a qu'à considérer le portrait de Chapelain fait par le même Auteur que celui du Pere le Moine.

Chapelain, dit-il, étoit un de ces génies froids & pesans, dans qui le flegme domine, & qui destitués de ce beau feu d'imagination si nécessaire en tout genre de poésie, font sentir dans leurs productions tout le travail qu'elles leur ont couté. On voit un homme las & harassé, qui à chaque pas qu'il fait, est obligé de reprendre haleine. Ce qu'il dit, est assez sensé ; mais cela est mort, rien n'anime, rien ne réveille. Pour sa versification, on ne peut pas nier qu'elle ne soit assez correcte & travaillée : mais avec cela ce sont des vers arrachés en dépit de la Nature. Jamais homme n'a été moins Poëte que Chapelain, & son génie n'étoit tourné à rien moins qu'à la Poésie. Le Pere le Moine avoit de ce côté-là un grand avantage ſur lui ; car il étoit véritablement né Poëte ; mais il a gâté ce talent faute de goût. De ces deux Poëtes l'un péchoit par excès, & l'autre par défaut ; l'un avoit trop d'imagination ; ou du moins s'y livroit trop, & l'autre en avoit trop peu, ou pour mieux dire, en manquoit abſolument. Le Pere le Moine étoit monté ſur un bon cheval, mais fort fougueux & qu'il ne ſçavoit pas gouverner. Pour Chapelain, il auroit bien ſçu gouverner le ſien, mais le pauvre homme étoit à pied.

Cette comparaiſon ſert à prouver que le génie eſt abſolument néceſſaire, lorſqu'il eſt queſtion de produire & de compoſer. Sans lui on n'enfante rien qui ait de l'élévation & de la vie. Vers, Tableaux, Muſique, quoique ce ſoit à quoi l'on travaille ; on n'y réuſſit qu'à proportion qu'on y apporte un génie heureux. Mais il faut que le génie ſoit réglé par un diſcernement ſage & éclairé. Sans ce diſcernement, on ſe livre imprudemment à la fougue impétueuſe d'une folle yvreſſe : on en adopte ſans choix toutes les ſaillies. Au lieu de s'attacher à la Nature, on en ſort à chaque pas. Le génie ſeul ne ſçait pas s'arrêter aux bornes de la véritable beauté ; le goût ſeul, abandonné du génie, connoît ces bornes, mais il n'a point aſſez de force pour y arriver, & demeure bien en deçà. C'eſt l'union de ces deux talens qui fait exceller ; & c'eſt parce qu'ils ſont rarement enſemble, que l'on voit ſi peu de gens qui excellent.

Lorſqu'il n'eſt queſtion que d'apprécier les ouvrages que les autres ont compoſés, le génie n'eſt plus ſi néceſſaire, à beaucoup près. Il ſuffit du goût fortifié par la connoiſſance des régles de l'art. *

§. XXXV. *Du Goût.*

Le Goût ſi néceſſaire pour bien apprécier les productions de l'eſprit, eſt *un diſcernement délicat, vif, net, & précis de toute la beauté, & la juſteſſe des penſées & des expreſſions.* Le ſçavant homme ** qui

* Pour ſentir bien vivement les grandes beautés, il faut un peu du génie qui les a enfantées. *Note de l'Edit.*

** M. Rollin.

me fournit cette définition, est d'autant plus croyable sur cette matiere, que c'est un de nos écrivains qui a fait le plus d'usage de ce goût qu'il décrit ainsi.

Le Goût distingue ce qu'il y a de conforme aux plus exactes bienséances, de propre àchaque caractere, de convenable aux différentes circonstances. Et pendant qu'il remarque, par un sentiment fin & exquis, les graces, les tours, les manieres, les expressions les plus capables de plaire, il apperçoit aussi tous les défauts qui produisent un effet contraire, & il démêle en quoi précisément ces défauts consistent, & jusqu'où ils s'écartent des régles séveres de l'Art & des vraies beautés de la Nature. Cette heureuse qualité que l'on sent mieux qu'on ne peut la définir, est moins l'effet du génie que du jugement, & d'une espece de raison naturelle perfectionnée par l'étude. Elle sert dans la composition à guider l'esprit & à le régler. Elle fait usage de l'imagination; mais sans s'y livrer, & en demeure toujours maîtresse. Elle consulte en tout la Nature, la suit pas-à-pas, & en est une fidelle expression. Sobre & retenue au milieu de l'abondance & des richesses, elle dispense avec mesure & avec sagesse les beautés & les graces du discours. Elle ne se laisse jamais éblouir par le faux, quelque brillant qu'il soit, elle est également blessée du trop & du trop peu. Elle sçait s'arrêter précisément où il faut, & retranche sans regret tout ce qui est au-delà du beau & du parfait. Ce goût simple & unique dans son principe se varie & se multiplie en une infinité de manieres; en sorte pourtant que sous mille formes différentes, en prose ou en vers, dans un style étendu ou serré, sublime ou simple, enjoué ou sérieux, il est toujours le même, & porte par-tout un certain caractere de vrai & de naturel, qui se fait d'abord sentir à quiconque a du discernement. On ne peut pas dire que le style de Pascal, de Voiture, de Patru, de Flechier, de Bossuet, du Pere Daniel, de Despréaux, de Racine, de la Fontaine, &c. soit le même. Ils ont tous néanmoins une certaine teinture d'esprit qui leur est commune, & qui dans cette diversité de génie & de ſtyle, les rapproche & les réunit, & met une différence ſenſible entr'eux & les écrivains dont les ouvrages ne ſont pas marqués au même coin.

Il y a un goût naturel qui ſent les véritables beautés ; il en eſt frappé, ſans pouvoir en expliquer la raiſon. Un excellent Orateur eſt toujours infailliblement approuvé du peuple. La différence qu'il y a entre les ignorans & les ſçavans qui l'entendent, n'eſt pas dans le ſentiment & dans le goût, ils s'accordent là-deſſus. Il eſt dans la connoiſſance de l'art que l'Orateur a employé.

Il en eſt de même de la Muſique & de la Peinture. Un concert dont toutes les parties ſont bien compoſées & bien exécutées, tant pour les inſtrumens, que pour les voix, plaît généralement. Qu'il y ſurvienne quelque diſcordance, quelques faux accords, cela révolte ceux même qui ignorent les premiers Elémens de la Muſique. Ils ne ſçauroient expliquer ce qui les choque ; mais ils ſentent que leurs oreilles ſont bleſſées. C'eſt qu'ils ont naturellement du goût & du ſentiment pour l'Harmonie. De même un beau tableau charme & appelle un ſpectateur qui n'a aucune idée de peinture. Demandez-lui ce qui lui plaît, & pourquoi cela lui plaît, il ne pourra pas aiſément en rendre compte, ni en dire la véritable raiſon; mais le ſentiment fait à peu près en lui, ce que l'art & l'uſage font dans les connoiſſeurs; ils n'ont ſur lui que l'avantage de pouvoir dire pourquoi une choſe plaît, ou déplaît.

Quoique preſque tous les hommes ayent en eux les premiers principes de ce goût, il y en a un très-grand nombre en qui ils ſe développent très-peu, faute d'inſtruction & de réflexion. Ils ſont mêmes ſouvent étouffés ou corrompus par une éducation vicieuſe, par de mauvaiſes coutumes, par les préventions dominantes du ſiécle & du pays.

§. XXXVI. *Différens moyens de ſe perfectionner le Goût.*

Le goût naturel ſe perfectionne de pluſieurs manieres; par une excellente teinture des véritables Régles de l'art;

par une étude assidue des chefs-d'œuvre les plus applaudis en chaque genre, par un judicieux examen des Critiques qu'en font des Maîtres habiles & désintéressés.

Les régles de l'Art doivent éclairer le Goût. Un discours vous touche, un Poéme vous charme, une Musique vous enleve, un Tableau vous appelle. C'est que l'Orateur, le Poëte, le Musicien, le Peintre a donné de la vie à son ouvrage ; mais en supposant que ce qui enleve votre admiration, la mérite effectivement ; le plaisir que vous y trouvez, sera incomparablement plus grand, si vous pouvez vous assurer par vous-même que vous ne vous trompez point dans le jugement que vous en portez.

Les Regles dont je parle ici, ne sont point des Loix capricieuses que quelques beaux esprits ayent inventées au hazard. Ce n'est autre chose qu'une suite de réflexions que l'on a faites en divers tems sur les plus excellens ouvrages qui, par un concours d'applaudissemens, étoient devenus modèles. Des gens sensés voyant l'estime que l'on en faisoit

depuis

depuis plusieurs siécles, ont examiné par quelles beautés ils avoient mérité les suffrages de tant d'hommes différens ; & ils ont éprouvé que ces beautés venoient d'une expression vive, vraie, & choisie de ce que la Nature a de plus beau & de plus parfait. Cet examen & les découvertes qu'il a produites, ont servi de base aux régles. La connoissance de ces régles épure & fortifie le Goût qui étant cultivé avec soin, met en état non-seulement d'apprécier un Discours, un Poéme, un Tableau, une Musique, mais encore de démêler soi-même & d'expliquer aux autres les imperfections qui en diminuent le prix.

Le second moyen que j'ai marqué, est l'Etude des chefs-d'œuvre les plus applaudis en chaque genre. Toutes choses égales, on doit préférer pour cette étude ceux dont la réputation est établie, à ceux dont on peut soupçonner que l'éclat ne se soutiendra point, quand ils auront perdu le charme de la nouveauté. Ainsi quand nous supposerions que l'*Inès de Castro* est un chef-d'œuvre, & que les flots de spectateurs qui l'ont ſouvent redemandée avec inſtance, ſeroient une preuve certaine de ſa perfection; quand on la mettroit au-deſſus de *Phedre* & d'*Iphigénie*; je crois néanmoins que par la raiſon que je viens de dire, ſi j'avois à choiſir une de ces trois Tragédies pour en faire une étude, il ſeroit plus ſûr de préférer Iphigénie, ou Phédre; parce que leur réputation, a, pour ainſi dire, un ſceau qui manque à l'autre, & qu'il n'eſt pas ſûr que l'Inès de Caſtro ſoit auſſi longtems admirée.

En fait de modèles à étudier, je conſeillerai toujours de préférer ceux qui ont été eſtimés de pluſieurs nations, à ceux dont la réputation eſt bornée au pays qui les a produits. Par cette raiſon j'aimerois mieux qu'un jeune Peintre étudiât les ouvrages de Raphaël ou de Rubens, que ceux de Treviſani ou de le Sueur.

L'Etude aſſidue des meilleurs modéles ſert à fixer le goût & en voici la raiſon. Nous ne concevons pas les choſes nuement & ſimplement: nous y attachons une certaine maniere qui accompagne ces idées & qui ſe lie aiſément avec elles. En exprimant nos penſées, nous leur donnons un certain tour, un certain air vif ou languiſſant, agréable ou déſagréable. Or notre mémoire conſerve non-ſeulement les idées des choſes que nous avons conçues, mais encore l'idée du tour, de l'air & de la maniere avec laquelle elles nous ont été préſentées. Ces idées de manieres & de tours ſont comme des moules & des cachets que l'eſprit imprime ſur les nouvelles penſées qu'il produit enſuite. Souvent ce qui fait que les uns parlent mieux & plus agréablement que d'autres, c'eſt que leur eſprit eſt rempli d'idées, de tours & de manieres plus agréables. Les critiques qu'eſſuyent les fameux ouvrages, ſervent beaucoup à épurer le goût, mais il faut les lire ſans prévention. On en perd le fruit, lorſqu'ayant déja décidé légèrement pour ou contre l'ouvrage qu'il eſt queſtion de juger, on eſt réſolu d'avance de s'en tenir au préjugé du parti auquel on s'eſt dévoué. C'eſt imiter la partialité d'un Juge qui en montant au tribunal, auroit déja dans sa tête la sentence toute dressée, indépendamment du plaidoyé qu'il doit entendre. L'injustice est la même au fonds, quoique les suites ne soient pas également funestes. Pour bien juger d'une critique, il faut l'examiner sans passion, sans préjugé, & sans intérêt. Il faut examiner si celui qui l'a écrite, est dans le même état de liberté, & peser les raisons qu'il allegue.

Lorsqu'un homme se porte de son propre mouvement à publier ses remarques sur un ouvrage, s'il est dans l'équilibre que demande la qualité de Juge, on peut présumer que rien ne l'engage à trouver des defauts dans ce qu'il critique, sinon l'évidence de ces défauts, & qu'il laisseroit l'Auteur jouir paisiblement de l'erreur d'un petit nombre de partisans, s'il n'avoit pas en vûe de prévenir une imitation dangereuse, & d'arrêter une admiration injuste qui peut infecter le goût. Mais si la passion s'en mêle, le critique se décrédite autant lui-même, que l'ouvrage qu'il veut couler à fonds. Nous en avons un triste exemple dans Madame Dacier. La pasſion qui regne dans ſa maniere de combattre Mr de la Motte, nuit extrêmement à la cauſe qu'elle plaide ; on peut dire que ſa critique ne vaut pas mieux à cet égard que le livre qu'elle attaque, & que c'eſt une très-mauvaiſe critique d'un mauvais ouvrage.*

On voit au contraire des Critiques qui ont été approuvées, ſans pourtant détruire le livre que l'on y paſſe par l'étamine. La raiſon en eſt ſenſible. On convient des défauts qu'elles dénoncent; mais en même-tems on les trouve rachetés par des charmes ſuffiſans pour entrer en compenſation. C'eſt ainſi que le Cid a conſervé long-tems un rang honorable entre les piéces de Théâtre, malgré la judicieuſe critique qu'en pu-

* Si l'Auteur veut parler du diſcours de M. de la M. ſur Homere, auſſi-bien que de ſon Iliade, il a grand tort de l'appeller un *mauvais ouvrage* ; & c'eſt au contraire ce que Mr. de la M. a fait de plus beau & de plus travaillé. Ce diſcours eſt même ſupérieur aux *réflexions ſur la Critique*, quoique celles-ci ſoient peut-être plus agréables. *Note de l'Edit.*

blia l'Académie Françoise qui en faisoit toucher au doigt les irrégularités.

L'Académie en corps a beau à censurer ;
Le Public révolté s'obstine à l'admirer.

On pourroit faire d'excellentes observations critiques sur les meilleures piéces de Racine & de Moliere, sans nuire à la réputation de ces deux grands hommes. Il en est ainsi dans toutes les Belles Lettres. Les génies du premier ordre ont toujours quelque preuve de l'humanité ; Homere le plus grand Poëte qu'ait produit la nature, n'est pas Homere par-tout, & Horace l'un des plus judicieux critiques de l'Antiquité, dit que le bon homme s'assoupissoit quelquefois. Il faut tendre à la perfection, non pas pour y arriver, mais pour en approcher le plus qu'il est possible. Un excellent ouvrage n'est pas celui qui est absolument sans aucun défaut ; cela est au-dessus des forces humaines & ne se verra jamais. L'excellent dans les ouvrages de l'esprit consiste à n'avoir que très-peu de choses qui ayent besoin d'être excusées, & en même-tems à avoir un grand nombre de beautés qui réunissent tous les suffrages, & qui puissent soutenir l'examen des Juges habiles & intégres.

§. XXXVII. *Conclusion de ce Volume.*

Telles sont les Réflexions qui m'ont paru utiles à une personne qui veut étudier les Belles-Lettres. Les matieres que nous avons parcourues dans cette seconde Partie, composent ce que nos Ayeux appelloient la *Gaye Science*; il semble que par ce nom ils ayent supposé que le principal but que l'on s'y propose, est le plaisir. Il est vrai que tous les ouvrages d'Eloquence, de Poésie, de Musique & de Peinture, doivent causer en nous un véritable plaisir. Mais on ne doit pas s'y borner; il faut aller à l'utile. Si l'Eloquence nous force & nous entraîne, il faut que ce soit pour nous faire aimer le vrai bien, & pour nous exciter plus puissamment à prendre le parti le plus juste & le plus honnête. Si la Poésie, par ses tours heureux, s'imprime plus facilement dans notre mémoire, il faut que ce soit pour y attacher des leçons qui influent sur nos Moeurs. La Musique peut y joindre ses agrémens pour aider à en rendre le fruit plus durable.

Les Gaulois nos Ancêtres avoient leurs Poétes dont les ouvrages se chantoient. Leurs chansons contenoient l'Histoire de la Nation & les belles actions des Grands Capitaines, & par-là c'étoient autant d'instructions qui, en éternisant le souvenir de ces Heros, excitoient leurs descendans à les imiter. Ils ne connoissoient point ces passions tendres, lâches & efféminées, qui se sont emparées de la Poésie moderne, & ne faisoient point servir ce bel Art à amollir le courage & à corrompre la morale.

La Peinture est très-estimable, quand elle demeure dans les bornes du vrai, & qu'elle représente dans ses portraits les Hommes illustres qui ont utilement servi leur Patrie, ou dans ses tableaux les actions qui méritent d'être conservées à la Postérité. Elle peut aussi multiplier les Palais & les Lieux où la Nature & l'Art ont réuni de grandes beautés; mais je donne la préférence aux Portraits & à l'Histoire, à cause de l'utilité morale.

Je sçais que les *Langues* & *l'Histoire* appartiennent aux Belles-Lettres, & qu'il eût été dans l'ordre de les traiter dans cette seconde partie; mais j'avois déja parlé des Langues dans la premiere. L'Art de parler doit précéder quelqu'autre étude que ce soit; * & c'est pour cela que je l'ai mis avant les Sciences.

J'avoue que selon l'usage ordinaire des Ecoles, la Poësie & la Réthorique suivent immédiatement la Grammaire; cela vient, je pense, de ce que les enfans qu'on y forme, ne semblent pas avoir l'esprit assez mûr pour les scien-

* Je crois au contraire & je ne suis pas le seul, que l'étude de l'art de penser, devroit précéder celle de l'art de parler, & que l'éducation sera un jour réformée sur l'ordre des Études. *Note de l'Edit.*

ces qui demandent de l'attention & de la réflexion, au lieu que la Poésie & la Réthorique sont plus proportionnées à un âge qui est d'ordinaire plus sensible au plaisir qu'à l'utilité. J'ai suivi un autre ordre. Comme j'ai affaire à des personnes raisonnables, j'ai cru que je devois d'abord les conduire aux Sciences, comme étant l'Etude qui presse le plus, & j'ai réservé à la seconde partie ce qui n'est qu'un simple agrément, que l'on peut néanmoins rendre utile & louable, si on observe les bornes que j'ai marquées. Pour ce qui est de l'*Histoire*, ce sera la matiere du volume suivant; cette Etude est si importante, qu'elle mérite bien d'être traitée amplement & à part.

Que l'on me permette encore ce mot de Réflexion. J'ai dit des Sciences qu'elles ne sont pas un juste sujet de vanité, & que quelque progrès qu'on y eût fait, cela ne doit rien diminuer de la modestie qui sied toujours bien à un Homme de Mérite. Je le dis à plus forte raison des Belles-Lettres. L'Art d'arranger péniblement des syllabes, ou des tons, ou des couleurs, ne mérite pas que celui qui le possede, se regarde comme un homme très-respectable. La vanité de ceux qui sont capables de cette erreur, est très-digne de pitié. Mr. de la Loubere raconte que le Roi de Siam à qui il avoit fait une Harangue à la maniere des Ministres publics en Europe, lui fit dire qu'*il étoit un grand ingénieur de paroles*. Ce qui étoit un éloge pour lui, me paroîtroit une satire, si on le disoit de ceux qui font consister leur sçavoir à arrondir des périodes & à trier des mots. Il est beau de parler élégamment ; mais l'élégance du style, soit en prose, soit en vers, ne vaut qu'autant qu'elle est soutenue par la dignité des choses auxquelles elle sert d'ornement. Nous n'avons que trop de livres, dont les Auteurs ne s'appliquent qu'à l'expression, jusqu'à lui sacrifier toutes les pensées qui ne sont point susceptibles de cette Elégance. C'est ressembler aux enfans qui enferment précieusement des riens dans un morceau d'étofe très-magnifique. Je les aime pourtant encore mieux que ces malheureux écrivains qui abusent de leurs talens pour rendre le vice aimable, & qui en font des peintures dangereuses.

FIN DE LA SECONDE PARTIE.

TABLE DES MATIERES CONTENUES DANS L'INTRODUCTION A L'ETUDE, &c.

PARTIE PREMIERE.

INTRODUCTION GENERALE A L'ETUDE DES SCIENCES.

§. I. *DEs Etudes en général.* Pag. 145
II. *Tristes suites de l'ignorance.* 148
III. *Que nos connoissances ne s'acquierent que par le travail.* 149
IV. *De nos Devoirs.* 150
V. *Que les Etudes doivent se rapporter à nos devoirs.* 152
VI. *Du motif qui nous doit porter à l'Etude.* 154
VII. *Du choix des Etudes.* Ibid.
VIII. *Qu'il a y deux manieres d'étudier.* 155
Premiere maniere. 156
IX. *Seconde maniere.* 157
X. *Degrés d'utilité dans les Sciences.* 158
XI. *Sciences généralement utiles.* 159
XII. *Sciences qu'il ne faut que parcourir.* Ibid.

XIII. *Ordre des Etudes.* 160
De l'Etude des Langues. Ibid.
XIV. *De la Philosophie.* 165
XV. *Des Sciences qui appartiennent à la Philosophie.* 166
XVI. *Préparation à la Philosophie.* 170
XVII. *De la Logique.* 172
XVIII. *De la Métaphysique.* 176
XIX. *De la Physique générale.* 177
XX. *Des Mathématiques & des autres parties de la Physique.* 181
XXI. *De la Morale.* 201
XXII. *Des Passions.* 202
XXIII. *De la Jurisprudence.* 203
XXIV. *De la Politique.* 208
XXV. *Des Négociations.* 211
XXVI. *De l'Œconomie.* 214
XXVII *Réflexions générales sur les Sciences.* 216

PARTIE SECONDE.

INTRODUCTION GENERALE A L'ETUDE DES BELLES-LETTRES.

§. I. *DEs Belles-Lettres en général.* pag. 233
II. *Du Bel Esprit.* 236
III. *De l'Eloquence.* 239
IV. *Des Régles de l'Eloquence, ou de la Réthorique.* 243
V. *Du Style.* 250
VI. *Décadence du Style.* 252
VII. *Décadence de l'Eloquence & du Goût.* 254

VIII. *Que le mauvais Style ne doit pas faire rejetter un ouvrage.* 259
IX. *Des Poëtes.* 260
X. *Ce qu'il faut éviter en lisant les Poëtes.* 262
XI. *De la Poétique en général.* 267
XII. *De la Poésie Françoise.* 270
XIII. *De ce qu'on appelle Esprit dans les ouvrages de Poésie.* 271
XIV. *Du Poëme Epique.* 278
XV. *De quelques autres Poëmes.* 282
XVI. *Des Romans.* 283
XVII. *Du Poëme Dramatique.* 294
1. *Du Théâtre Grec.* 295
2. *Du Théâtre Latin.* 296
3 *Du Théâtre François.* 298
I. De la Tragédie. ibid.
II. De la Comédie. 306
III. De la Pastorale. 309
IV. De l'Opera. 311
XVIII. *De l'Eglogue.* 313
XIX. *Des Cantates.* 318
XX. *De l'Elégie.* 319
XXI. *De la Satire.* 322
XXII. *Des Epîtres.* 224
XXIII. *De l'Ode.* 325
XXIV. *Des Stances.* 327
XXV. *Des Vers irréguliers.* 328
XXVI. *De la Fable.* 329
XXVII. *Des petits Ouvrages.* ibid.
XXVIII. *Du Style par rapport à la Poésie.* 330
XXIX. *Réflexions générales sur la Poésie.* 333

XXX. *De la Peinture* 333
XXXI. *De l'Obscénité dans les Poëtes & dans les Peintres.* 337
XXXII. *De la Musique.* 343
XXXIII. *Du Génie.* 351
XXXIV. *Le Génie doit être guidé par le Goût.* 359
XXXV. *Du Goût.* 363
XXXVI. *Différens moyens de perfectionner le Goût.* 367
XXXVII. *Conclusion de ce Volume.* 375

Fin de la Table.

www.ingramcontent.com/pod-product-compliance
Ingram Content Group UK Ltd.
Pitfield, Milton Keynes, MK11 3LW, UK
UKHW020258230726
13925UKWH00001B/119